회계사 · 세무사 · 경영지도사 합격을 위한

해커스 경영아카데미
합격 시스템

해커스 경영아카데미 인강

취약 부분 즉시 해결!
**교수님께 질문하기
게시판 운영**

무제한 수강 가능+
**PC 및 모바일
다운로드 무료**

온라인 메모장+
**필수 학습자료
제공**

* 인강 시스템 중 무제한 수강, PC 및 모바일 다운로드 무료 혜택은 일부 종합반/패스/환급반 상품에 한함

해커스 경영아카데미 학원

쾌적한 환경에서 학습 가능!
**개인 좌석 독서실
제공**

철저한 관리 시스템
**미니 퀴즈+출석체크
진행**

복습인강 무제한 수강+
**PC 및 모바일
다운로드 무료**

* 학원 시스템은 모집 시기별로 변경 가능성 있음

회계사 · 세무사 · 경영지도사 단번에 합격! **해커스 경영아카데미 cpa.Hackers.com**

해커스
회계사
세법개론

실전동형모의고사

🎓 해커스 경영아카데미

▌이 책의 저자

원재훈

학력
서강대학교 경제학과 졸업

경력
2019 국회의장, 국세청장 표창
현 | 해커스 경영아카데미 교수
　　해커스금융 교수
　　국회 입법 자문위원(조세)
　　이촌회계법인 파트너
전 | 안진회계법인
　　신우회계법인

자격증
한국공인회계사, 세무사, 미국공인회계사

저서
해커스 세법 비기닝
해커스 세법엔딩 1/2
해커스 세무사 세법학개론 실전동형모의고사
해커스 회계사 세법개론 실전동형모의고사
해커스 세법 FINAL
해커스 세무회계연습 1/2
해커스 세무회계 기출문제집
해커스 세무사 세법학 기출문제집
해커스 판례세법
해커스 신용분석사 2부 이론 + 적중문제 + 모의고사
세법학 1/2/3
객관식 세법 1/2
세법플러스
월급전쟁

머리말

지금까지 공인회계사 1차 시험의 세법개론 과목에 대비하여 세법개론서로 세법용어에 대한 기초 지식을 중심으로 학습한 후 세법엔딩으로 학습한 내용을 다시 한 번 정리하고, 세법 FINAL로 양질의 문제를 충분히 풀어보며 각자의 실력을 점검하고 부족한 부분을 보완하였을 것이다. 세법 내용을 단계별로 충실히 학습하였다면, 한정된 시험 시간 동안 본인의 실력을 전부 발휘하여 득점할 수 있도록 실제 시험에 대비하여 실전 감각을 극대화할 필요가 있다. 세법개론 실전동형모의고사는 공인회계사 1차 세법개론 시험 대비를 위한 실전동형모의고사 문제집으로, 본 교재의 특징은 다음과 같다.

1. 매 회차를 실제 시험과 유사한 난이도의 문제들로 구성하였다.

객관식 세법 교재를 통하여 다양한 주제를 다루는 여러 유형의 문제를 다수 풀어보았을 것이다. 1차 시험을 앞둔 시점에는 무조건 많은 문제를 풀어보며 지식을 축적하는 것보다 한정된 시간에 정확하게 문제를 푸는, 실전에 대비한 문제풀이 방법을 익히는 것이 중요하다. 세법개론 실전동형모의고사에는 최신 출제경향을 분석하여, 매 회차를 실제 시험과 유사한 난이도의 문제들로 구성하여 양질의 문제를 풀어보며 실전 감각을 극대화할 수 있도록 하였다.

2. 전략적인 문제풀이 방법을 익힐 수 있는 해설을 수록하였다.

문제에 대한 상세한 해설과 부가적인 설명을 읽어보는 것이 세법 학습에 도움이 될 수 있다. 그러나 시험까지 얼마 남지 않은 시기까지 단순한 지식을 축적하는 것에 치중한다면 세법개론에서 고득점할 수 없다. 앞서 말한 바와 같이 실전동형모의고사를 풀어보는 단계의 수험생에게는 단순한 지식의 축적이 아닌 전략적인 문제풀이 방법을 익히는 것이 더 중요하다. 따라서 본 교재의 해설에는 실전 문제풀이를 위하여 반드시 알아야 하는 핵심 내용만을 수록하였고, 유형별로 일관된 문제풀이 방법을 제시하여 빠르고 정확하게 문제를 푸는 방법을 체득할 수 있도록 하였다.

3. 최신 개정세법을 모두 반영하였다.

세법 과목을 학습할 때 중요한 부분 중 하나는 최신 개정세법 내용을 정확하게 파악하는 것이다. 다만, 수험생 입장에서는 모든 세법 개정사항을 일일이 확인하고 정리하는 것이 쉽지 않다. 본 교재는 수험생 입장에서 개정세법 내용을 따로 학습하지 않아도 되도록 문제와 해설에 개정세법을 모두 반영하였다.

이 책 교정에 도움을 준 강원섭/박이슬/배상준 세무사에게 감사의 뜻을 전한다.

원재훈

목차

PART 2 모의고사 분석표 & 정답 및 해설

 OMR 답안지

공인회계사 1차 세법개론 출제경향 및 교재활용 Tip

공인회계사 1차 세법개론 출제경향

구분	2022 이론	2022 계산	2021 이론	2021 계산	2020 이론	2020 계산	2019 이론	2019 계산	2018 이론	2018 계산	합계 이론	합계 계산
「국세기본법」	5		5		5		5		5		25	
총설					1						1	
국세부과와 세법적용	1						1				2	
납세의무의 성립, 확정 및 소멸	1		1				1		1		4	
조세채권 확보제도	1								1		2	
국세와 일반채권의 관계	1		1		1		1		1		5	
과세와 환급	1		1		1		1		1		5	
조세쟁송			1		1		1		1		4	
납세자의 권리 및 보칙			1		1						2	
「법인세법」	6	8	6	8	6	8	6	8	6	8	30	40
총칙	1				1		1				3	
익금과 익금불산입		2		1	1	1				2	1	6
손금과 손금불산입		1	2	1		2		2	2	2	4	8
소득처분 및 결산조정	1		1		1		1				4	
손익귀속시기와 자산·부채 평가	1	1			1		1	1	1	1	4	3
감가상각비		1				1		1	1	1	1	4
충당금과 준비금		1		2	1	1		1		1	1	6
부당행위계산부인		1			1	1			1	1	2	3
과세표준과 세액계산 및 납세절차	1	1	1	2	1	3	2	3	1		6	9
합병과 분할	1										1	
그 밖의 법인세	1		2							1	3	1
「소득세법」	4	6	5	5	4	6	4	6	4	6	21	29
총칙	1				3		1				5	
이자·배당소득		1		1		1		1		1		5
사업소득				1		1		1	1		1	3
근로·연금·기타소득		2	1	1		1		2	1	1	2	7
소득금액계산특례							1		1		2	
종합소득과세표준			1	1				1		1	1	4
종합소득세액	1		1	1		1		1		1	2	5
퇴직소득						1			1		1	1
양도소득세			1	1		1	1			1	1	4
소득세납세절차	2		1		1		1		1		6	
비거주자와 외국법인의 납세의무												

구분	2022		2021		2020		2019		2018		합계	
	이론	계산	이론	계산	이론	계산	이론	계산	이론	계산	이론	계산
「부가가치세법」	4	4	5	3	3	5	4	4	5	3	21	19
총설	1						1				2	
과세거래	1	1	2		1	1		1	1	1	5	4
세율과 면세	1				1		1		1		4	
과세표준과 세액		1	1			1		1			1	3
세금계산서와 영수증					1		1		1		3	
매입세액			1	1				1	1	1	2	3
겸영사업자		1		2		1		1		1		6
신고와 납부	1					1	1		1		3	1
간이과세		1	1			1					1	2
「상속세 및 증여세법」	2		1	1	1	1	1	1	1	1	6	4
총칙					1				1		2	
상속세	1			1			1			1	2	2
증여세	1		1			1		1			2	2
재산의 평가												
「지방세법」·「종합부동산세법」	1		1		1		1		1		5	
총계	22	18	23	17	20	20	21	19	22	18	108	92

교재활용 TIP

TIP 1. 공인회계사 1차 세법개론 출제경향 표를 통해 어떤 주제가 시험에 자주 출제되는지 파악해 보세요.

TIP 2. 권장풀이시간 70분 동안 문제를 풀어보며 OMR 답안지에 답안을 작성해 보세요.

TIP 3. 직접 작성한 OMR 답안지와 모의고사 분석표의 정답을 대조하여 채점한 후, 출제 포인트를 통해 나의 학습상태를 확인해 보세요.

TIP 4. 꼭 필요한 내용만 담은 해설로 빠르고 정확하게 문제 푸는 노하우를 익혀보세요.

해커스 회계사 세법개론 실전동형모의고사

회계사 · 세무사 · 경영지도사 단번에 합격! **해커스 경영아카데미**
cpa.Hackers.com

PART 1

실전동형모의고사

✎ 40문항
⏱ 권장풀이시간 70분

● OMR 답안지를 이용하여 실전처럼 모의고사를 풀어보시길 바랍니다.

※ 각 문제의 보기 중에서 물음에 가장 합당한 답을 고르시오.
(주어진 자료 이외의 다른 사항은 고려하지 않으며, 조세부담 최소화를 가정할 것)

1. 「국세기본법」상 과세전적부심사청구에 대해 할 수 있는 결정에 관한 설명이다. 옳게 짝지어지지 않은 것은?

① 청구기간을 경과하여 청구한 경우 – 심사하지 아니한다는 결정
② 청구가 이유 있다고 인정되는 경우 – 채택하는 결정
③ 청구가 이유 없다고 인정되는 경우 – 채택하지 아니한다는 결정
④ 청구가 일부 이유 있다고 인정되는 경우 – 재조사 결정
⑤ 구체적인 채택범위를 정하기 위하여 사실관계 확인 등 추가적으로 조사가 필요한 경우 – 재조사 결정

2. 「국세기본법」상 정의 규정에 관한 설명이다. 옳지 않은 것은?

① 원천징수란 세법에 따라 원천징수의무자가 국세(이와 관계되는 가산세는 제외한다)를 징수하는 것을 말한다.
② 가산세란 「국세기본법」 및 세법에서 규정하는 의무의 성실한 이행을 확보하기 위하여 세법에 따라 산출한 세액에 가산하여 징수하는 금액을 말한다.
③ 납세의무자란 세법에 따라 국세를 납부할 의무(국세를 징수하여 납부할 의무는 제외한다)가 있는 자를 말한다.
④ 납세자란 납세의무자(연대납세의무자와 납세자를 갈음하여 납부할 의무가 생긴 경우의 제2차 납세의무자 및 보증인을 포함한다)와 세법에 따라 국세를 징수하여 납부할 의무를 지는 자를 말한다.
⑤ 세무조사란 납세자가 신고한 국세의 과세표준과 세액의 오류가 있는 경우 이를 경정하기 위하여 질문을 하거나 해당 장부·서류 또는 그 밖의 물건을 검사·조사하거나 그 제출을 명하는 활동을 말하는 것이므로 상속세를 결정하는 것은 세무조사에 해당하지 아니한다.

3. 「국세기본법」상 세무공무원의 비밀유지의무에 관한 다음 설명 중 옳지 않은 것은?

① 납세자가 세법에서 정한 납세의무를 이행하기 위하여 제출한 자료나 세무공무원이 국세의 부과·징수를 위하여 업무상 취득한 자료를 과세정보라고 하며, 세무공무원은 과세정보를 타인에게 제공하는 것은 원칙적으로 금지된다.
② 세무공무원은 국가기관이 조세쟁송이나 조세범의 소추를 위하여 요구하는 경우에는 예외적으로 과세정보를 제공할 수 있다.
③ 세무공무원 간에 질문·검사에 필요한 과세정보를 요구하는 경우 예외적으로 과세정보를 제공할 수 있다.
④ 「국정감사 및 조사에 관한 법률」 제3조에 따른 조사위원회가 국정조사의 목적을 달성하기 위하여 조사위원회의 의결로 공개회의에 과세정보의 제공을 요청하는 경우에는 예외적으로 과세정보를 제공할 수 있다.
⑤ 예외적 공개사유에 해당하여 과세정보를 알게 된 사람은 이를 타인에게 제공 또는 누설하거나 그 목적 외의 용도로 사용해서는 아니 된다.

4. 「국세기본법」상 부과권의 제척기간에 관한 설명이다. 옳지 않은 것은?

① 부담부 증여에 따라 증여세와 함께 양도소득세가 과세되는 경우 증여세의 제척기간과 양도소득세의 제척기간은 동일하다.
② 「행정소송법」에 따른 소송에 대한 판결이 있는 경우 그 판결이 확정된 날부터 1년이 지나기 전까지는 해당 판결에 따라 경정결정이나 그 밖에 필요한 처분을 할 수 있다.
③ 「행정소송법」에 따른 소송에 대한 판결에서 명의대여 사실이 확인된 경우라도 제척기간이 경과한 경우에는 실제로 사업을 경영한 자에게 경정결정이나 그 밖에 필요한 처분을 할 수 없다.
④ 과세표준과 세액을 신고하는 국세(종합부동산세 제외)의 제척기간 기산일은 과세표준신고기한의 다음 날이며, 이 경우 중간예납·예정신고기한과 수정신고기한은 과세표준신고기한에 포함되지 아니한다.
⑤ 「국세기본법」상 후발적 사유에 의한 경정청구가 있는 경우 경정청구일부터 2개월이 지나기 전까지는 해당 경정청구에 따라 경정결정이나 그 밖에 필요한 처분을 할 수 있다.

5. 「국세기본법」상 납세의무의 승계에 관한 설명이다. 옳지 않은 것은?

① 태아에게 상속이 된 경우에는 그 태아가 출생한 때에 상속으로 인한 납세의무가 승계된다.

② 피상속인에게 한 처분 또는 절차는 상속이 개시된 때에 납세의무를 승계한 상속인에 대하여도 동일한 효력이 있다.

③ 상속인 중 유류분을 청구하여 상속재산을 회복한 경우라도 상속 당시 상속재산을 취득한 바 없는 경우에는 피상속인의 납세의무를 승계하지 아니한다.

④ 납세의무의 확정 여부에 관계없이 성립된 국세는 모두 승계될 수 있다.

⑤ 납세의무 승계를 피하면서 재산을 상속받기 위하여 피상속인이 상속인을 수익자로 하는 보험계약을 체결하고 상속인은 상속을 포기한 것으로 인정되는 경우에는 상속인은 납세의무를 승계할 수 있다.

6. 「법인세법」상 납세의무자에 관한 설명이다. 옳지 않은 것은?

① 「국세기본법」상 법인으로 보는 단체는 「법인세법」상 비영리내국법인으로 본다.

② 신탁의 경우 신탁재산을 별도의 납세의무자로 보아 법인세를 부과하는 것이 원칙이다.

③ 「상법」상 합명회사는 법인세 납세의무자에 해당하나, 「조세특례제한법」상 동업기업과세특례를 적용신청한 경우에는 법인세를 부과하지 아니한다.

④ 국내에 사업의 실질적 관리장소가 없고 외국에 본점 또는 주사무소를 둔 경우에는 내국법인에 해당하지 아니한다.

⑤ 내국법인은 국세청장의 승인을 받아 발행주식의 100%를 보유하는 다른 내국법인과 합하여 하나의 과세단위로 법인세를 과세하는 방식을 적용받을 수 있다.

7. 「법인세법」상 과세소득의 범위에 관한 설명이다. 옳은 것은?

① 「국세기본법」에 의하여 법인으로 보는 법인격이 없는 단체에 대해서는 법인세가 부과되지 않는다.

② 합병등기일 전에 사실상 합병한 경우 합병의 날로부터 합병등기의 날까지 생기는 손익은 실질상 귀속되는 법인에게 과세한다.

③ 영리내국법인이 해산(합병이나 분할에 의한 해산 포함)한 경우 그 청산소득금액은 해산에 의한 잔여재산의 가액에서 해산등기일 현재의 자기자본의 총액을 공제한 금액으로 한다.

④ 「국세기본법」에 따른 법인으로 보는 단체는 주식의 양도로 인하여 생기는 수입에 대하여 법인세 납세의무가 없다.

⑤ 신탁재산에 귀속되는 소득은 그 신탁의 이익을 받을 수익자(수익자가 특정되지 아니하거나 존재하지 아니하는 경우에는 그 신탁의 위탁자 또는 그 상속인)가 그 신탁재산을 가진 것으로 보고 「법인세법」을 적용한다.

8. 「법인세법」상 익금에 관한 설명이다. 옳은 것은?

① 영리내국법인이 특수관계인인 개인으로부터 토지를 시가보다 낮은 가액으로 매입하여 보유하는 경우 시가와 매입가액의 차액은 그 토지를 매입한 사업연도의 익금으로 본다.

② 특수관계가 소멸되는 날까지 회수하지 아니한 가지급금은 특수관계가 소멸되는 날이 속하는 사업연도에 익금산입하고 소득처분한다.

③ 채무의 출자전환으로 주식을 발행함에 있어서 그 주식의 시가를 초과하여 발행된 금액은 법령상 이월결손금 보전에 충당하더라도 익금에 산입한다.

④ 영리내국법인이 이미 보유하던 주식에 대하여 받은 주식배당은 익금을 구성하지 아니한다.

⑤ 의제배당에 대하여는 수입배당금액의 익금불산입 규정을 적용하지 아니한다.

9. 「법인세법」상 손금에 관한 설명이다. 옳지 않은 것은?

① 잉여금의 처분으로 인한 배당금 지급액은 손금에 산입하지 아니한다.

② 내국법인이 「개인정보 보호법」 제39조 제3항을 위반하여 지급한 손해배상금은 전액 손금에 산입하지 아니한다.

③ 자기주식소각손실은 손금에 산입하지 아니한다.

④ 특수관계인에 대한 업무무관가지급금의 처분손실은 손금에 산입하지 아니한다.

⑤ 결산을 확정함에 있어서 이미 경과한 기간에 대응하는 지급이자를 손금으로 계상하지 아니한 경우에는 손금에 산입하지 아니한다.

10. 다음의 자료를 이용하여 법인주주 갑과 법인주주 을이 행할 세무조정 및 소득처분으로 옳은 것은?

(1) 비상장 영리내국법인 ㈜A는 특수관계에 있는 비상장 영리내국법인 ㈜B를 적격 흡수합병하였다.

(2) 합병 직전 ㈜A와 ㈜B의 발행주식 현황은 다음과 같다.

	1주당 평가액	발행주식총수
㈜A	40,000원	40,000주
㈜B	10,000원	20,000주

(3) ㈜A는 ㈜B의 주주에게 ㈜B의 주식 1주당 ㈜A의 주식 1주를 교부하였다.

(4) 합병 직전 ㈜A의 법인주주 갑(지분율 40%)은 ㈜B의 법인주주 을(지분율 5%)과 병(지분율 5%)의 특수관계인이다.

	법인주주 갑	법인주주 을
①	익금산입 16,000,000원(유보)	익금산입 8,000,000원(기타사외유출)
②	익금산입 16,000,000원(기타사외유출)	익금산입 8,000,000원(유보)
③	익금산입 16,000,000원(유보)	익금산입 24,000,000원(기타사외유출)
④	익금산입 8,000,000원(기타사외유출)	익금산입 16,000,000원(유보)
⑤	익금산입 8,000,000원(유보)	익금산입 16,000,000원(기타사외유출)

11. 다음의 자료를 이용하여 영리내국법인 ㈜A의 제23기 (2023. 1. 1. ~ 2023. 12. 31.) 의제배당금액을 계산한 것으로 옳은 것은?

(1) ㈜A는 ㈜B의 주식 20,000주를 보유하고 있다.

(2) ㈜B의 발행주식총수는 100,000주(주당 액면가액 5,000원)이며, ㈜B가 발행주식 중 일부를 자기주식으로 보유하고 있다.

(3) 2023년 6월 25일에 ㈜A는 ㈜B의 잉여금 자본전입으로 인한 무상주 15,000주를 수령하였다. 자기주식에 대해 실권주가 발생함에 따라 기존주주에게 지분비율대로 재배정함에 따라 추가로 배정받은 주식이 포함된 것이다.

(4) ㈜B의 무상주 재원은 다음과 같다.

주식발행초과금 (출자전환으로 인해 발생한 것이 아님)	50,000,000원
자기주식소각이익(소각일: 2022. 3. 5.)	50,000,000원
이익잉여금	200,000,000원
합계	300,000,000원

① 50,000,000원

② 60,000,000원

③ 65,000,000원

④ 70,000,000원

⑤ 85,000,000원

12. 비상장 영리내국법인인 ㈜A의 세무조정 자료를 이용하여 제9기(2023. 1. 1. ~ 2023. 12. 31.) 법인세 산출세액을 계산한 것으로 옳은 것은?

   (1) 제9기 각 사업연도 소득금액은 150,000,000원이고, 비과세소득은 20,000,000원이다.
   (2) 제8기 결손금 200,000,000원이 발생하였으며, 제8기 법인세 신고 시 결손금 소급공제를 최대한 적용받았다.
   (3) 제7기 사업연도까지 발생한 결손금은 없었다.
   (4) 제8기 법인세 과세표준은 300,000,000원이고, 공제감면세액은 20,000,000원이다.
   (5) 법인세율 자료

과세표준	8기 세율	9기 세율
2억원 이하	10%	9%
2억원 초과 200억원 이하	20%	19%

   (6) ㈜A는 제8기 사업연도까지는 중소기업에 해당하였으나, 제9기 사업연도부터는 중소기업에 해당하지 않으며, 회생계획 중인 기업 등에도 해당하지 아니한다.
   (7) 위에서 제시한 자료 이외에는 고려하지 않는다.

① 0원
② 900,000원
③ 2,700,000원
④ 4,500,000원
⑤ 5,400,000원

13. 다음은 제조업을 영위하는 영리내국법인(중소기업)인 ㈜A의 제13기(2023. 1. 1. ~ 2023. 12. 31.) 접대비 관련 자료이다. ㈜A의 접대비 관련 세무조정으로 인한 손금불산입 금액을 계산한 것으로 옳은 것은?

   (1) 손익계산서상 매출액은 860,000,000원이며, 다음의 금액이 포함되어 있다.
   　① 「부가가치세법」상 사업상 증여 20,000,000원
   　② 2023. 12. 20.에 대금을 선수령(제품인도: 2024. 1. 10.)하고 전자세금계산서를 발행한 공급가액 30,000,000원
   　③ 사업용 유형자산인 기계장치 매각대금 10,000,000원
   (2) 손익계산서상 접대비는 55,360,000원이며 다음의 금액이 포함되어 있다.
   　① 거래처에 제공한 법정문화공연 입장권 10,000,000원
   　② 고객이 조직한 임의단체에 지급한 금품 5,000,000원*
   　　* 시가 6,000,000원, 단 부가가치세 효과는 고려하지 않음

① 7,960,000원
② 7,990,000원
③ 10,280,000원
④ 10,310,000원
⑤ 11,280,000원

14. 다음의 자료를 이용하여 ㈜서울(중소기업 아님)이 제23기 사업연도(2023. 1. 1. ~ 2023. 12. 31.)에 시가 500,000,000원인 건물을 「사회복지사업법」에 의한 사회복지법인(고유목적사업비로 지출됨)에 300,000,000원에 매각할 때의 기부금한도초과액을 계산한 것으로 옳은 것은?

   (1) 건물의 장부가액: 150,000,000원
   　 (매각 시 유형자산 처분이익 150,000,000원 계상)
   (2) 기부금 관련 세무조정 전 차가감소득금액: 650,000,000원
   (3) 당해 사업연도 공제 가능한 이월결손금: 600,000,000원
   (4) 당해 사업연도 중 건물의 양도 이외에는 다른 자산의 양도 및 기부금의 지급은 없다.

① 0원
② 36,000,000원
③ 40,000,000원
④ 50,000,000원
⑤ 136,000,000원

15. 다음은 제조업을 영위하는 영리내국법인 ㈜A의 제13기 (2023. 1. 1.~2023. 12. 31.) 대손금 및 대손충당금 관련 자료이다. ㈜A의 대손금 및 대손충당금 관련 세무조정으로 인하여 제13기 각 사업연도 소득금액이 감소하는 금액을 계산한 것으로 옳은 것은?

---

(1) 제13기 대손충당금 계정

대손충당금

당기상계액* 5,000,000원	기초잔액 10,000,000원**
기말잔액 35,000,000원	당기설정액 30,000,000원

* 당기상계액은 법령상 대손금 요건을 충족하였다.

** 기초잔액 중 전기 대손충당금 한도초과액 5,000,000원이 포함되어 있다.

(2) 제13기 말 재무상태표상 채권가액은 500,000,000원이고, 이 금액에는 특수관계인이 아닌 제3자에 대한 채무보증으로 인한 구상채권 200,000,000원이 포함되어 있다.

(3) 전기의 대손실적률은 2%이다.

(4) 제12기 말 대손 부인된 매출채권 50,000,000원 중 20,000,000원이 「채무자 회생 및 파산에 관한 법률」에 따른 법원의 면책결정에 따라 회수불능으로 확정되었다.

(5) 상기 (4) 매출채권 외에는 당기 말 대손부인된 채권은 없다.

---

① 10,000,000원

② 14,000,000원

③ 20,000,000원

④ 23,000,000원

⑤ 25,000,000원

16. 다음은 ㈜A의 제13기(2023. 1. 1. ~ 2023. 12. 31.) 사업연도의 거래내역이다. 세무조정으로 인한 각 사업연도 소득금액 증감액을 계산한 것으로 옳은 것은?

---

(1) ㈜A는 업무에 사용하지 않는 토지 X를 취득하면서 지출한 취득세 1,000,000원을 취득시점에 비용처리하였고, 당기 중 토지 X에 대한 재산세 2,000,000원을 납부하고 비용으로 처리하였다.

(2) ㈜A의 임직원이 당기 중 주식매수선택권(세법상 손금산입 적용 요건을 갖춘 성과급)을 행사함에 따라 행사가액과의 차액을 현금으로 지급하고 다음과 같이 회계처리하였다.

(차) 주식보상비용   1,000,000   (대) 현금 3,000,000
       장기미지급비용 2,000,000

(3) ㈜A의 건설현장에 파견된 직원들의 회식비 1,000,000원을 지급하고 결산상 복리후생비에 반영하였다.

---

① 1,000,000원 감소

② 2,000,000원 감소

③ 1,000,000원 증가

④ 2,000,000원 증가

⑤ 5,000,000원 증가

17. 다음은 제조업을 영위하는 영리내국법인 ㈜A(한국채택국제회계기준 적용대상 아님)의 감가상각 관련 자료이다. ㈜A의 제13기(2023. 1. 1. ~ 2023. 12. 31.) 감가상각과 관련하여 세무조정한 것으로 옳은 것은?

---

(1) 제12기의 세무조정계산서상 감가상각비 조정내역은 다음과 같으며, 세무조정은 적정하게 이루어졌다고 가정한다.

(단위: 원)

	취득원가	기초감가상각누계액	기초상각부인액누계	당기감가상각비	당기상각범위액
건물	800,000,000	240,000,000	-	48,000,000	40,000,000
기계장치	200,000,000	120,000,000	10,000,000	14,000,000	16,000,000

(2) 건물: 정액법(20년), 기계장치: 정률법(8년, 상각률 0.313)
(3) 제13기 회계상 건물 감가상각비는 30,000,000원이고, 기계장치 감가상각비는 30,000,000원이며, 적절한 회계처리가 이루어졌다.

	건물	기계장치
①	손금산입 8,000,000원	손금불산입 4,842,000원
②	손금산입 8,000,000원	손금불산입 6,242,000원
③	손금산입 8,000,000원	손금불산입 6,838,000원
④	손금산입 10,000,000원	손금불산입 6,242,000원
⑤	손금산입 10,000,000원	손금불산입 6,838,000원

18. 「법인세법」상 법인세 신고와 납부에 관한 설명이다. 옳은 것은?

① 각 사업연도의 기간이 6개월을 초과하는 신설 내국법인(합병·분할에 의하여 설립된 법인 포함)의 최초 사업연도에는 중간예납의무가 없다.

② 「주식회사 등의 외부감사에 관한 법률」에 따라 감사인에 의한 감사를 받은 내국법인이 법 소정 요건을 갖추더라도 성실신고확인서를 제출하여야 한다.

③ 법인이 휴업 또는 폐업상태에 있는 경우 법인세를 부과할 수 없다.

④ 신고한 과세표준에 이미 산입된 미지급소득은 원천징수대상 소득에서 제외된다.

⑤ 납세의무가 있는 법인은 각 사업연도 종료일이 속하는 달의 말일부터 3개월 이내에 해당 소득에 대한 과세표준과 세액을 납세지 관할세무서장에게 신고하여야 하나 각 사업연도의 소득이 없는 법인은 예외이다.

19. 「법인세법」상 각 연결사업연도의 소득에 대한 법인세에 관한 설명이다. 옳은 것은?

① 완전자법인이 둘 이상인 완전모법인은 연결납세방식을 적용할 완전자법인을 선택할 수 있다.

② 연결모법인이 다른 영리내국법인의 완전 지배를 받는 경우에는 연결모법인의 납세지 관할지방국세청장이 연결납세방식의 적용 승인을 취소할 수 있다.

③ 연결모법인의 완전 지배를 받지 아니하게 된 연결자법인은 해당 사유가 발생한 날이 속하는 연결사업연도까지 연결납세방식을 적용한다.

④ 연결모법인이 새로 다른 내국법인을 완전 지배하게 된 경우에는 완전 지배가 성립한 날이 속하는 연결사업연도부터 해당 내국법인은 연결납세방식을 적용하여야 한다.

⑤ 연결모법인이 연결자법인으로부터 지급받은 연결법인세액 할당 상당액은 익금에 산입하지 않으나, 연결자법인이 지급한 연결법인세액 할당 상당액은 연결자법인의 손금으로 산입할 수 있다.

20. 「소득세법」상 납세의무와 납세지에 관한 설명이다. 옳지 않은 것은?

① 거주자 또는 비거주자로 보는 법인 아닌 단체 중에서 구성원 간 이익의 분배방법이나 분배비율이 정하여져 있거나 사실상 이익이 분배되는 것으로 확인되는 경우에는 해당 구성원이 공동으로 사업을 영위하는 것으로 보아 구성원별로 소득세를 과세한다.

② 수익자가 특별히 정하여지지 아니하거나 존재하지 아니하는 신탁 또는 위탁자가 신탁재산을 실질적으로 통제하는 등 대통령령으로 정하는 요건을 충족하는 신탁의 경우에는 그 신탁재산에 귀속되는 소득은 위탁자에게 귀속되는 것으로 본다.

③ 내국법인의 국외사업장에서 현지 채용된 임원 또는 직원은 거주자로 본다.

④ 납세자의 주소지가 변경됨에 따라 「부가가치세법」에 따른 사업자등록 정정을 한 경우에는 납세지의 변경신고를 한 것으로 본다.

⑤ 국내사업장이 있는 비거주자가 납세관리인을 둔 경우 그 비거주자의 소득세 납세지는 그 국내사업장의 소재지 또는 그 납세관리인의 주소지나 거소지 중 납세관리인이 그 관할세무서장에게 납세지로서 신고하는 장소로 한다.

21. 다음은 제조업을 영위하는 개인사업자인 거주자 갑의 2023년 소득자료이다. 추계조사결정에 의하여 거주자 갑의 2023년 귀속 사업소득금액을 계산한 것으로 옳은 것은? 단, 거주자 갑은 복식부기의무자이며 기준경비율 적용대상자이다.

> (1) 2023년 귀속 수입금액: 100,000,000원(사업용 유형자산의 양도가액 20,000,000원 제외)
> (2) 세법에서 정한 증명서류로 확인되는 주요경비의 지급명세
>   가. 원재료의 매입비용: 5,000,000원
>   나. 사업용 유형자산의 매입비용: 4,000,000원
>   다. 사업용 유형자산의 임차료: 5,000,000원
>   라. 급여(거주자 갑의 급여와 퇴직급여 10,000,000원 포함): 25,000,000원
> (3) 거주자 갑의 해당 업종의 기준경비율은 30%이고 단순경비율은 80%이며, 기획재정부령이 정하는 배율은 복식부기의무자의 경우 3.4배이고 간편장부대상자인 경우 2.8배이다.
> (4) 천재·지변 기타 불가항력으로 장부 기타 증명서류가 멸실됨에 따라 추계조사결정하는 것은 아니다.

① 60,000,000원
② 68,000,000원
③ 77,000,000원
④ 81,600,000원
⑤ 100,000,000원

22. 다음 자료를 이용하여 개인사업자인 거주자 갑의 2023년 사업소득 총수입금액을 계산한 것으로 옳은 것은?

> (1) 2023년 과세기간의 손익계산서상 총매출액: 25,000,000원(매출에누리와환입 700,000원과 매출할인 800,000원이 차감되어 있지 않음)
> (2) 위의 총매출액에 포함되지 않은 기타 매출거래는 다음과 같음
>   가. 판매장려금
>   2023년 거래처로부터 장려금 2,000,000원을 수령하였음
>   나. 시용판매
>   2023년 7월 4일에 거래처로부터 제품 500,000원(원가 400,000원)에 대한 구입의사표시를 받았지만 2023년 말까지 대금결제를 받지 못함
>   다. 무인판매기에 의한 판매
>   2023년 과세기간의 무인판매기에 의한 매출액은 1,200,000원(원가 800,000원)이며 2023년 12월 31일에 동 금액을 무인판매기에서 현금으로 인출함
>   라. 위탁판매
>   2023년 11월 7일에 수탁자에게 제품(판매가 1,600,000원, 원가 1,300,000원)을 발송하여 수탁자는 이 중의 절반을 2023년 12월 29일에 판매하고, 나머지는 2024년 1월 7일에 판매함

① 23,500,000원
② 24,800,000원
③ 26,000,000원
④ 26,800,000원
⑤ 28,000,000원

23. 다음은 근로자(일용근로자 아님)인 거주자 갑의 2023년 의료비 세액공제액을 산출하기 위한 자료이다. 근로자 갑의 2023년 의료비 세액공제액을 두 가지 상황별로 계산한 것으로 옳은 것은? 단, 각 상황은 상호 독립적이다.

(1) 근로자 갑(41세)의 2023년 총급여액: 50,000,000원(다른 소득 없음)

(2) 부양가족은 부친(71세, 소득 없음), 배우자(40세, 소득 없음)이며 모두 생계를 같이 하고 장애인은 없음

(3) 2023년 중 의료비 지급명세

구분	내역
지출 1	병원치료비 8,000,000원, 건강증진 영양제 구입비 1,500,000원
지출 2	건강진단비 4,000,000원, 치료의약품 구입비 6,000,000원
지출 3	시력보정용 안경구입비 800,000원, 난임치료비 1,500,000원

(4) 상황 구분

상황 1: 지출 1은 근로자 갑을 위한 지출이고, 지출 2는 부친을 위한 지출이며, 지출 3은 배우자를 위한 지출인 경우

상황 2: 지출 1은 부친을 위한 지출이며, 지출 2와 지출 3은 배우자를 위한 지출인 경우

	상황 1	상황 2
①	2,730,000원	2,100,000원
②	2,730,000원	2,250,000원
③	2,730,000원	2,730,000원
④	2,850,000원	2,550,000원
⑤	3,000,000원	2,700,000원

⊙ [문제 24]와 [문제 25]는 다음의 자료를 참조하시오.

소득세 기본세율 자료

과세표준	산출세액
1,400만원 이하	과세표준 × 6%
1,400만원 초과 5,000만원 이하	84만원 + (과세표준 − 1,400만원) × 15%
5,000만원 초과 8,800만원 이하	624만원 + (과세표준 − 5,000만원) × 24%
8,800만원 초과 1억 5천만원 이하	1,536만원 + (과세표준 − 8,800만원) × 35%

24. 다음 자료를 이용하여 부동산임대업자(임대사업자 등록함)인 거주자 甲의 2023년 주택임대소득에 대한 소득세 산출세액(「조세특례제한법」상 감면세액을 적용하기 전의 세액)을 계산하시오. 단, 甲은 분리과세를 선택할 수 있는 경우에는 분리과세를 선택한다.

(1) 주택임대현황

구분	임대보증금	월임대료	임대기간
A주택	200,000,000원	1,500,000원	2022. 7. 1. ~ 2024. 6. 30.

① 위의 임대주택 외에 보유주택 1채가 더 있으며, 이 주택에는 甲이 거주한다.

② 기획재정부령으로 정하는 정기예금이자율은 연 2%로 가정하고, A주택 임대사업부분에서 발생한 미수이자 1,000,000원이 있다.

③ A주택 월임대료는 매월 말 받기로 되어 있으나 2023. 11. 30., 2023. 12. 31. 임대료는 수령하지 못하였다. 단, 임대보증금에 충당하기로 하지는 않았다.

(2) 임대사업자 등록한 자의 필요경비율은 60%이며, 甲은 주택임대소득 외의 다른 소득으로는 정기예금이자 15,000,000원이 전부이다.

① 192,000원

② 312,000원

③ 448,000원

④ 580,000원

⑤ 728,000원

25. 다음은 거주자 갑의 2023년 종합소득세를 계산하기 위한 자료이다. 거주자 갑의 2023년 종합소득산출세액을 계산한 것으로 옳은 것은? 단, 원천징수는 적법하게 이루어졌으며, 모든 금액은 원천징수세액을 차감하기 전 금액이다.

> (1) 소득명세
> 가. 상장내국법인으로부터 받은 현금배당(법인세가 과세된 잉여금이 재원임): 20,000,000원
> 나. 국내은행의 정기예금으로부터 받은 이자: 20,000,000원
> 다. 집합투자기구로부터의 이익: 5,000,000원
> 라. 비영업대금으로 인한 이익: 5,000,000원
> 마. 사업소득금액: 15,000,000원
> (2) 종합소득공제는 2,500,000원이다.

① 8,135,000원
② 8,190,000원
③ 8,245,000원
④ 8,300,000원
⑤ 8,355,000원

26. 「소득세법」상 연금소득에 관한 설명이다. 옳지 않은 것은?

① 공적연금소득은 2002년 1월 1일 이후에 납입된 연금 기여금 및 사용자 부담금을 기초로 하거나 2002년 1월 1일 이후 근로 제공을 기초로 하여 받는 연금소득으로 한다.

② 퇴직연금계좌에서 법령상 정하는 연금형태로 인출하는 경우라도 퇴직연금계좌에서 발생한 운용수익이 배당인 경우에는 배당소득으로 과세한다.

③ 연금소득이 있는 거주자가 주택담보노후연금 이자비용 공제를 신청한 경우 법령상 요건에 해당하는 주택담보노후연금 수령액에서 해당 과세기간에 발생한 이자비용 상당액을 200만원 한도 내에서 공제한다.

④ 공적연금소득의 수입시기는 공적연금 관련 법에 따라 연금을 지급받기로 한 날이다.

⑤ 공적연금소득을 지급하는 자가 연금소득의 일부 또는 전부를 지연하여 지급하면서 지연지급에 따른 이자를 함께 지급하는 경우 해당 이자는 연금소득으로 본다.

27. 「소득세법」상 양도소득세에 관한 설명이다. 옳지 않은 것은?

① 채무자가 양도담보계약에 따라 소유권이전등기하는 경우에는 양도로 보지 않는다. 다만, 양도담보계약을 체결한 후 채무불이행으로 인하여 해당 자산을 변제에 충당한 경우에는 양도로 본다.

② 양도소득금액 계산 시 양도차손이 발생한 자산이 있는 경우에는 다른 자산에서 발생한 양도소득금액에서 그 양도차손을 공제하되, 이때 양도차손이 발생한 자산과 같은 세율을 적용받는 자산의 양도소득금액에서 우선 공제한다.

③ 국외에 있는 토지의 양도일까지 계속 5년 이상 국내에 주소를 둔 거주자가 해당 토지의 양도로 발생한 소득은 양도소득이다.

④ 토지 및 건물을 함께 양도하는 이축권은 감정평가업자가 별도로 평가하여 신고하더라도 양도소득세 과세대상이다.

⑤ 국내주식과 국외주식을 동일한 과세기간에 양도하여 양도차익과 양도차손이 발생한 경우 양도차손은 양도차익과 통산할 수 있다. 단, 국내주식과 국외주식 모두 양도소득세 과세대상 주식이다.

28. 다음 중 원천징수에 대한 설명으로 옳지 않은 것은?

① 사업자가 아닌 거주자 A로부터 1억원을 차입한 거주자 B가 이자비용 3천만원을 지급하는 경우 A는 소득세 750만원을 원천징수하여야 한다.

② 공동사업에서 발생한 소득금액 중 출자공동사업자 C에게 손익 1천만원을 분배하는 경우 250만원을 원천징수하여야 한다.

③ 거주자 D는 건물을 매수하기 위하여 거주자 E에게 계약금 1천만원을 송금하였으나, 개인사정으로 매수계약을 해지함에 따라 계약금이 위약금으로 대체되었다. 이 경우 D는 원천징수의무자에 해당하지 아니한다.

④ A법인이 거주자 F에게 2023년 12월에 발생한 근로소득을 2024년 2월 말까지 지급하지 아니한 경우, A법인은 관련 근로소득세에 대한 원천징수세액을 2023년 3월 10일까지 납부하여야 한다.

⑤ 2023년 8월에 A법인에 대한 2020년 귀속 법인세 세무조사를 실시하고 A법인 대표자에게 소득처분하는 경우 대표자의 근로소득금액 귀속시기는 근로를 제공한 때인 2020년이다. 따라서 A법인은 2020년 소득에 대한 원천징수를 누락한 것이므로 원천징수불이행 가산세를 부담해야 한다.

세법개론

29. 다음은 중소기업에 인사과 대리로 근무하는 거주자 갑의 2023년 귀속 소득자료이다. 거주자 갑의 2023년 근로소득금액과 기타소득금액을 각각 계산한 것으로 옳은 것은? 단, 원천징수는 적법하게 이루어졌으며, 모든 금액은 원천징수세액을 차감하기 전 금액이다.

(1) 급여 등의 소득명세는 다음과 같다.

　가. 급여: 35,000,000원(비과세소득 제외)

　나. 상여금: 8,800,000원(2023년 2월 18일의 주주총회에서 2022년도 이익잉여금처분결의에 의해 지급받은 금액 2,500,000원 포함)

　다. 주택임차에 소요되는 자금을 저리로 제공받음에 따라 얻은 이익: 5,000,000원

　라. 본인 업무 관련 학자금 지원 수령액: 2,400,000원(교육기간은 3개월)

　마. 고용보험료의 근로자 부담분을 회사가 대납한 금액: 600,000원

　바. 월 150,000원의 급식비 수령액: 1,800,000원(현물식사를 별도로 제공받음)

(2) 근로소득공제액 자료

총급여액	공제액
500만원 초과 1,500만원 이하	350만원 + (총급여액 − 500만원) × 40%
1,500만원 초과 4,500만원 이하	750만원 + (총급여액 − 1,500만원) × 15%
4,500만원 초과 1억원 이하	1,200만원 + (총급여액 − 4,500만원) × 5%

(3) 급여 등 이외에 일시적·우발적으로 발생한 소득은 다음과 같다.

　가. A대학교에서 소상공인 컨설팅 관련 특강을 하고 받은 금액: 500,000원

　나. 분양받은 아파트의 입주가 지연됨에 따라 받은 지체상금: 1,200,000원

　다. 토지양도 계약상 매수자가 매매계약을 위반함으로써 보상받은 손해배상금: 700,000원

　라. 상표권을 대여하고 받은 금액: 3,000,000원(적격증명서류로 확인된 필요경비 2,500,000원 있음)

　마. 보유 중인 골동품(500년 전의 도자기)을 국립박물관에 양도하여 받은 금액: 3,000,000원

	근로소득금액	기타소득금액
①	32,490,000원	1,840,000원
②	34,140,000원	1,840,000원
③	34,140,000원	1,640,000원
④	38,890,000원	1,640,000원
⑤	38,890,000원	1,080,000원

30. 「부가가치세법」상 재화와 용역의 공급에 관한 설명이다. 옳은 것은?

① 재화의 인도대가로 다른 용역을 제공받는 교환계약에 따라 재화를 인도하는 것은 재화의 공급으로 보지 않는다.

② 사업자가 과학상의 지식·경험 또는 숙련에 관한 정보를 제공하는 것은 재화의 공급으로 본다.

③ 건축물을 자영건설하여 분양·판매하는 것을 사업목적으로 하는 건설업은 재화를 공급하는 사업으로 본다.

④ 사업자가 저작권을 양도하는 것은 용역의 공급으로 본다.

⑤ 「민사집행법」에 따른 경매로 재화를 인도하는 것은 재화의 공급으로 본다.

31. 「부가가치세법」상 면세에 관한 설명이다. 옳지 않은 것은?

① 면세의 포기를 신고한 사업자는 신고한 날부터 3년간 부가가치세를 면제받지 못한다.

② 「음악산업진흥에 관한 법률」의 적용을 받는 전자출판물을 공급하는 것은 면세되는 재화를 공급하는 것으로 본다.

③ 면세를 포기하려는 사업자는 면세포기신고서를 관할세무서장에게 제출하고, 지체 없이 사업자등록을 하여야 한다.

④ 면세되는 금융·보험 사업 외의 사업을 하는 자가 주된 사업에 부수하여 금융·보험 용역과 같거나 유사한 용역을 제공하는 경우에도 면세되는 금융·보험 용역에 포함되는 것으로 본다.

⑤ 지방자치단체에 무상으로 공급하는 재화에 대하여는 부가가치세가 면제된다.

32. 「부가가치세법」상 일반과세자의 납세절차에 관한 설명이다. 옳지 않은 것은?

　① 사업양도로 사업을 양수받는 자는 그 대가를 지급하는 때에 부가가치세를 징수하여, 그 대가를 지급하는 날이 속하는 달의 다음 달 25일까지 관할세무서장에게 납부할 수 있다.

　② 국외사업자로부터 권리를 공급받는 경우에는 재화의 공급장소에 관한 일반원칙에도 불구하고 공급받는 자의 국내에 있는 사업장의 소재지 또는 주소지를 해당 권리가 공급되는 장소로 본다.

　③ 납세지 관할세무서장 등은 사업자가 예정신고를 한 내용에 오류가 있는 경우 해당 예정신고기간에 대한 부가가치세의 과세표준과 납부세액 또는 환급세액을 결정 또는 경정한다.

　④ 납세지 관할세무서장 등은 결정한 과세표준과 납부세액에 오류가 있는 경우 즉시 다시 경정한다.

　⑤ 재화의 수입에 대한 부가가치세는 관할세무서장이 「관세법」에 따라 징수한다.

33. 「부가가치세법」상 매출세액에서 공제하는 매입세액에 관한 설명이다. 옳지 않은 것은?

　① 토지의 가치를 현실적으로 증가시켜 토지의 취득원가를 구성하는 비용에 관련된 매입세액은 매출세액에서 공제하지 않는다.

　② 재화 또는 용역의 공급시기 이후에 발급받은 세금계산서로서 해당 공급시기가 속하는 과세기간에 대한 확정신고기한까지 세금계산서를 발급받은 경우 그 매입세액은 공제한다.

　③ 전자세금계산서 의무발급 사업자로부터 받은 전자세금계산서가 국세청장에게 전송되지 않더라도 발급사실이 확인되면 전자세금계산서 매입세액은 매출세액에서 공제한다.

　④ 재화 또는 용역의 공급시기가 속하는 과세기간에 대한 확정신고기한이 지난 후 세금계산서를 발급받았더라도 확정신고기한 다음 날부터 1년 이내 세금계산서를 발급받고, 납세자가 경정청구한 경우에는 매입세액을 공제한다.

　⑤ 재화 또는 용역의 공급시기 전에 세금계산서를 발급받았더라도 재화 또는 용역의 공급시기가 그 세금계산서 발급일로부터 6개월 이내 도래하고, 해당 거래사실이 확인되어 관할세무서장이 결정하는 경우에는 매입세액을 공제한다. 단, 세금계산서 발급일로부터 6개월 이내 대가를 수령하여야 한다.

34. 「부가가치세법」상 주사업장 총괄납부에 관한 설명이다. 옳은 것은?

　① 주사업장 총괄납부 사업자가 개인인 경우 개인의 주사무소 또는 지점을 주된 사업장으로 할 수 있다.

　② 주사업장 총괄납부 사업자가 되려는 자는 그 납부하려는 과세기간 개시 후 20일 이내에 주사업장 총괄납부 신청서를 제출하여야 한다.

　③ 사업장이 하나이나 추가로 사업장을 개설하는 경우에는 추가 사업장의 사업개시일부터 20일(추가 사업장의 사업개시일이 속하는 과세기간 이내로 한정한다) 이내에 총괄납부를 신청하여야 한다.

　④ 주사업장 총괄납부 사업자가 주사업장 총괄납부를 포기할 때에는 주사업장 총괄납부 포기신고서를 주된 사업장 관할세무서장에게 제출하고 승인을 받아야 한다.

　⑤ 주사업장 총괄납부 사업자가 종된 사업장을 신설하는 경우 주된 사업장 관할세무서장에게 주사업장 총괄납부 변경신청서를 제출하여야 한다.

35. 다음 자료를 이용하여 아래 제시된 거래와 관련하여 각 사업자의 제1기 과세기간(2023. 1. 1. ~ 2023. 6. 30.)에 대한 부가가치세 공급가액을 모두 합하여 계산한 것으로 옳은 것은? 단, 제시된 금액은 부가가치세를 포함하지 않은 금액이다.

> (1) ㈜A는 2023년 1월 10일 자신의 사업에 사용하던 다음의 토지와 건물 ㉠·㉡을 모두 1,000,000,000원에 일괄 양도하였다. 토지, 건물 ㉠·㉡의 실지거래가액 구분은 불분명하며, 각각의 자산에 대한 감정평가가액은 없다.
>
> | 구분 | 장부가액 | 취득가액 | 기준시가 |
> |------|---------|---------|---------|
> | 토지 | 600,000,000원 | 500,000,000원 | 400,000,000원 |
> | 건물 ㉠ | 300,000,000원 | 250,000,000원 | 100,000,000원 |
> | 건물 ㉡ | 100,000,000원 | 250,000,000원 | – |
>
> (2) ㈜B는 2023년 2월 3일 기계를 10,000,000원에 공급하기로 계약하였다. 완성도에 따른 공급가액 수령비율은 다음과 같으며, 2023년 6월 30일 현재 기계는 60% 완성되었다. 단, ㈜B는 2023년 2월 3일 10,000,000원을 공급가액으로 하여 세금계산서를 발급하였으며, 계약 시 계약금 1,000,000원만 수령하였다.
>
> | 완성도 | 0%
(계약 시) | 40% | 60% | 100%
(완성 시) |
> |--------|------|------|------|------|
> | 수령비율 | 10% | 50% | 20% | 20% |
>
> (3) ㈜A와 ㈜B는 과세사업만을 영위하는 사업자이다.

① 282,000,000원
② 288,000,000원
③ 290,000,000원
④ 302,000,000원
⑤ 308,000,000원

36. 다음은 소시지제조업과 돼지고기도매업을 겸영하고 있는 사업자 ㈜A(중소기업 아님)의 부가가치세 관련 자료이다. 2023년 제1기 과세기간(2023. 1. 1. ~ 2023. 6. 30.)의 의제매입세액 공제액으로 옳은 것은? 단, 제시된 금액은 부가가치세를 포함하지 않은 금액이며, 세금계산서는 적법하게 발급 및 수취되었다.

> (1) 과세기간별 공급가액
>
> | 구분 | 2022년 제2기 | 2023년 제1기 |
> |------|------|------|
> | 소시지제조업 | 70,000,000원 | 90,000,000원 |
> | 돼지고기도매업 | 30,000,000원 | 60,000,000원 |
>
> (2) 2023년 제1기 중 소시지제조업에서 돼지고기와 관련하여 공급한 과세표준은 90,000,000원이다.
>
> (3) 2023년 제1기 돼지고기 매입 및 사용내역
>
> | 구분 | 금액 |
> |------|------|
> | 돼지고기 기초재고액 | 0원 |
> | (+) 돼지고기 매입액 | 31,000,000원[*1] |
> | (−) 소시지제조 사용액 | 18,600,000원 |
> | (−) 돼지고기도매 판매액 | 3,100,000원 |
> | = 돼지고기 기말재고액 | 9,300,000원[*2] |
>
> [*1] 운송업자의 운송비 400,000원이 포함됨
> [*2] 소시지제조업과 돼지고기도매업에 대한 실지귀속은 불분명
>
> (4) 의제매입세액공제율은 2/102이다.

① 414,000원
② 452,344원
③ 468,000원
④ 652,000원
⑤ 705,882원

37. 다음은 제조업(최종소비자에게 직접 재화를 공급하는 사업)을 영위하고 있던 간이과세자 갑에 관한 자료이다. 2023년 과세기간(2023. 7. 1. ~ 2023. 12. 31.)의 부가가치세 최종 납부세액을 계산한 것으로 옳은 것은? 단, 전자신고세액공제 등은 고려하지 아니한다.

> (1) 재화의 공급 시에 공급가액과 세액을 구분하여 발급한 영수증 내역은 다음과 같다.
>
> | 구분 | 공급가액 | 세액 |
> |------|----------|------|
> | 영수증 | 60,000,000원 | 6,000,000원 |
>
> (2) 사업 관련 매입내역은 다음과 같으며, 세금계산서는 모두 일반과세자로부터 수취하였다.
>
> | 구분 | 세금계산서 | 영수증 |
> |------|-----------|--------|
> | 공급대가 | 33,000,000원 | 2,200,000원 |
>
> (3) 제조업의 부가가치율은 20%로 가정한다.
> (4) 갑은 2023. 7. 1.부터 간이과세자로 전환되었으며 부담하게 될 재고납부세액 100,000원이다.

① 1,144,000원
② 1,155,000원
③ 1,244,000원
④ 1,255,000원
⑤ 1,355,000원

38. 「상속세 및 증여세법」상 연부연납과 물납에 관한 설명이다. 옳지 않은 것은?

① 납세지 관할세무서장은 상속세 납부세액이나 증여세 납부세액이 2천만원을 초과하는 경우에는 납세의무자의 신청을 받아 연부연납을 허가할 수 있다.
② 상속세 과세표준과 세액의 결정통지를 받은 자가 연부연납을 신청하고자 할 경우 해당 납세고지서의 납부기한까지 연부연납신청서를 제출할 수 있다.
③ 가업상속재산을 상속받은 경우가 아닌 경우의 상속세와 증여세의 최대 연부연납기간은 10년이다.
④ 납세지 관할세무서장은 물납신청을 받은 재산에 저당권이 설정되어 관리·처분상 부적당하다고 인정하는 경우에는 물납허가를 하지 않을 수 있다.
⑤ 물납을 신청할 수 있는 납부세액은 상속재산 중 물납에 충당할 수 있는 부동산 및 유가증권의 가액에 대한 상속세 납부세액을 초과할 수 없으나 상속재산인 부동산 및 유가증권 중 납부세액을 납부하는데 적합한 가액의 물건이 없을 때에는 세무서장은 당해 납부세액을 초과하는 납부세액에 대해서도 물납을 허가할 수 있다.

39. 다음 자료를 이용하여 거주자 갑의 2023년도 귀속 증여재산가액을 계산한 것으로 옳은 것은?

> (1) 갑은 2023년 1월 1일 아버지로부터 500,000,000원을 대출받은 후 1년간 대출이자(연 이자율 3%)를 아버지에게 지급하였다. 대출기간은 2023년 1월 1일부터 2023년 12월 31일까지이며, 법령상 적정이자율은 연 4.6%로 가정한다.
> (2) 갑은 2023년 7월 5일 할머니로부터 시가 200,000,000원인 부동산을 증여받았으나, 2023년 10월 3일 할머니에게 반환하였다. 단, 반환 전에 증여세 과세표준과 세액을 결정받지 않았다.
> (3) 갑은 2023년 3월 30일 어머니로부터 시가 500,000,000원인 비상장주식을 200,000,000원에 양수하였다.

① 120,000,000원
② 150,000,000원
③ 158,000,000원
④ 350,000,000원
⑤ 358,000,000원

40. 「지방세법」상 취득세에 관한 설명이다. 옳지 않은 것은?

① 요트회원권은 취득세 과세대상이다.
② 취득의 범위에는 교환에 의한 승계취득도 포함된다.
③ 법인 설립 시에 발행하는 주식을 취득함으로써 과점주주가 된 경우 그 과점주주는 해당 법인의 취득세 과세대상을 취득한 것으로 보지 아니한다.
④ 관계 법령에 따라 등기·등록을 요하는 취득세 과세대상의 취득은 사실상 취득하여도 해당 등기·등록을 하지 아니하면 취득한 것으로 보지 아니한다.
⑤ 기계장비의 종류를 변경하거나 토지의 지목을 사실상 변경함으로써 그 가액이 증가한 경우에는 취득으로 본다.

모의고사 분석표 & 정답 및 해설 ▶ p.90

※ 각 문제의 보기 중에서 물음에 가장 합당한 답을 고르
시오.
(주어진 자료 이외의 다른 사항은 고려하지 않으며, 조세
부담 최소화를 가정할 것)

1. 「국세기본법」상 납세의무의 성립과 확정 등에 관한 설명
이다. 옳지 않은 것은?

① 원천징수하는 법인세는 소득금액 또는 수입금액을 지급
하는 때에 납세의무가 성립함과 동시에 자동적으로 확정
된다.

② 소득세의 납세의무자가 과세표준 및 세액을 신고하지 아
니한 경우에는 정부가 이를 결정하는 때에 납세의무가
확정된다.

③ 소득세의 납세의무자가 과세표준 및 세액을 신고하지 아
니함에 따라 발생하는 무신고가산세의 납세의무 성립시
기는 법정납부기한 경과 후 1일마다 그 날이 경과하는
때이다.

④ 「상속세 및 증여세법」에서 과세대상으로 정하는 증여가
있으면 그 증여에 의하여 재산을 취득하는 때에 증여세
납세의무가 성립한다.

⑤ 세법에 따라 당초 확정된 세액을 증가시키는 경정(更正)
은 당초 확정된 세액에 관한 「국세기본법」 또는 세법에
서 규정하는 권리·의무관계에 영향을 미치지 아니한다.

2. 납세자의 재산을 강제매각절차에 의하여 매각할 때 국세
의 우선징수권에 관한 설명 중 옳은 것을 모두 묶은 것
은? 단, 소액임차보증금채권 및 임금 관련 채권은 고려
하지 아니한다.

> ㄱ. 공과금의 체납처분을 할 때 그 체납처분금액 중에서 국
> 세 및 강제징수비를 징수하는 경우 그 공과금은 국세에
> 우선한다.
> ㄴ. 해당 재산에 대하여 부과된 종합부동산세는 법정기일
> 전에 설정된 저당권에 의하여 담보된 채권보다 우선한다.
> ㄷ. 국가의 조세채권은 담보물권이 설정되어 있지 아니한
> 민사채권보다 그 민사채권의 발생시기에 관계없이 우선
> 한다.
> ㄹ. 국가의 결정에 의하여 납세의무가 확정되는 조세채권의
> 납세고지서가 저당권이 설정되어 있는 민사채권의 그
> 설정 등기일보다 먼저 발송된 경우 조세채권이 민사채
> 권보다 우선한다.

① ㄴ
② ㄱ, ㄴ
③ ㄴ, ㄷ, ㄹ
④ ㄱ, ㄴ, ㄹ
⑤ ㄱ, ㄴ, ㄷ, ㄹ

3. 「국세기본법」상 제2차 납세의무에 관한 설명이다. 옳지
않은 것은?

① 사업양수인이 제2차 납세의무를 지는 국세 등의 범위는
사업양도일 이전에 양도인의 납세의무가 확정된 것이어
야 한다.

② 제2차 납세의무를 부담하기 위한 사업양수인은 양도인
과 특수관계인에 해당하면서 양도인의 조세회피를 목적
으로 사업을 양수한 자이어야 한다.

③ 제2차 납세의무를 지는 과점주주는 그와 특수관계인의
주식을 합하여 해당 법인의 발행주식총수의 100분의 50
을 초과하면서 그 법인의 경영에 대하여 지배적인 영향
력을 행사하는 자들을 말한다.

④ 법인이 무한책임사원의 조세채무에 대하여 부담하는 제
2차 납세의무는 당해 법인의 순자산가액에 무한책임사
원의 출자지분비율을 곱하여 산출한 금액을 한도로 한
다.

⑤ 과점주주가 회사의 조세채무에 관하여 자신의 고유재산
으로 책임을 져야 하는 경우, 그 책임의 한도는 해당 과
점주주가 실질적으로 권리를 행사하는 주식수를 발행주식
총수로 나눈 비율(의결권 없는 주식 제외)에 비례한다.

4. 「국세기본법」상 납부의무의 소멸에 관한 설명 중 옳은
것을 모두 묶은 것은?

> ㄱ. 금전으로 납부하는 대신에 금전 이외의 재산으로 납부
> 하는 방식도 있는데 이를 물납이라고 한다. 물납은 개별
> 세법에 규정이 있는 경우에 한하여 허용된다.
> ㄴ. 국세부과 제척기간 내에 국세가 부과되지 않고 그 기간
> 이 종료된 경우에는 국세 등의 납부의무가 소멸한다.
> ㄷ. 납세의무자 갑이 100만원의 증여세 납세고지서를 받았
> 고 소득세 100만원을 돌려받을 권리가 있는 경우, 갑이
> 이러한 권리를 납세고지서상의 세금에 충당할 것을 청
> 구하면 증여세 납세고지서의 납기일과 소득세 환급금
> 발생일 중 늦은 때로 소급하여 납부한 것으로 본다.
> ㄹ. 과세의 대상이 되는 소득, 수익, 재산, 행위 또는 거래의
> 귀속이 명의일 뿐이고 실질귀속자가 따로 있어 명의대
> 여자에 대한 과세를 취소하고 실질귀속자를 납세의무자
> 로 하여 과세하는 경우 명의대여자 대신 실질귀속자가
> 납부한 것으로 확인된 금액은 명의대여자의 기납부세액
> 으로 먼저 공제하고 남은 금액이 있는 경우에는 명의대
> 여자에게 환급한다.

① ㄷ
② ㄹ
③ ㄱ, ㄴ
④ ㄱ, ㄴ, ㄷ
⑤ ㄷ, ㄹ

5. 「국세기본법」상 수정신고 및 경정청구 등에 관한 설명이다. 옳지 <u>않은</u> 것은?

① 납세의무자 갑이 100만원의 소득세를 법에서 정한 기한까지 신고하였는데, 그 후 300만원으로 수정신고한 경우 세액이 300만원으로 확정된다.

② 납세의무자 을이 법에서 정한 기한이 지난 후 100만원의 소득세를 신고한 경우에도 300만원으로 수정신고할 수 있다.

③ 납세의무자 병이 200만원의 소득세를 법에서 정한 기한까지 신고하였는데, 그 후 100만원으로 감액경정을 청구한 경우 그 청구만으로는 세액이 100만원으로 확정되지 아니한다.

④ 납세의무자 정이 300만원의 소득세를 법에서 정한 기한이 지난 후 6개월 내 신고한 경우 과소신고가산세는 감면된다.

⑤ 납세의무자 무가 2022년 한 해 동안의 소득에 대하여 2023년 5월 20일에 500만원의 소득세를 신고·납부한 후 신고 내용에 계산 오류가 있어 감액경정을 청구하는 경우, 이 경정청구는 2028년 5월 31일까지 할 수 있다.

6. 지주회사가 아닌 영리내국법인인 ㈜A의 제13기(2023. 1. 1. ~ 2023. 12. 31.) 수입배당금 익금불산입액을 계산한 것으로 옳은 것은?

(1) 비상장내국법인 ㈜B로부터 수입배당금 90,000,000원(배당기준일: 2022. 12. 31., 배당결의일: 2023. 2. 20.)을 수령하여 수익계상하였다. ㈜B 주식에 대한 취득 및 처분내역은 다음과 같으며, ㈜B의 발행주식총수는 80,000주이다. ㈜B는 지급배당에 대한 소득공제와 「조세특례제한법」상 감면규정 및 동업기업과세특례를 적용받지 않는다. 2023년도 중 보유주식변동은 없다.

일자	거래유형(주식수)	금액
2021. 12. 29.	매입(40,000주)	6억원
2022. 10. 13.	매입(10,000주)	2억원
2022. 12. 8.	처분(5,000주)	△1억원
2022. 12. 31.	총 보유주식수 45,000주	7억원

(2) ㈜A의 제13기 말 현재 재무상태표상 자산총액은 100억원이며, 손익계산서상 지급이자는 2억원이다. 이 지급이자에는 구매자금대출이자 10,000,000원이 포함되어 있다.

(3) 수입배당금액의 익금불산입률은 다음과 같다.

구분	익금불산입률
출자비율이 20% 이상 50% 미만인 경우	80%
출자비율이 50% 이상인 경우	100%

① 29,750,000원　　② 47,600,000원

③ 49,750,000원　　④ 57,600,000원

⑤ 59,500,000원

7. 「법인세법」상 의제배당에 관한 설명으로 옳지 <u>않은</u> 것은?

① 잉여금의 자본전입으로 인한 의제배당은 주주총회 또는 이사회에서 이를 결의한 날이 속하는 사업연도에 귀속한다.

② 법인이 자기주식을 보유한 상태에서 익금불산입 항목인 자본잉여금을 자본금에 전입함에 따라 그 법인 외의 주주가 지분비율이 증가한 경우 증가한 지분비율에 상당하는 주식의 가액은 배당으로 본다.

③ 자기주식소각이익을 자본금에 전입하는 경우 주주가 받은 무상주는 자기주식소각일로부터 2년 이내 자본에 전입하는 경우 소각 당시 시가에 관계없이 의제배당에 해당한다.

④ 자기주식 취득 당시의 시가가 액면가액을 초과한 경우로서 자기주식을 소각하여 생긴 이익을 소각일부터 4년이 지난 후 자본에 전입하여 주주가 받은 주식가액은 의제배당에 해당한다.

⑤ 해산한 법인의 주주가 그 법인의 해산으로 분배받은 잔여재산가액이 해당 주식을 취득하기 위하여 소요된 금액을 초과하는 금액은 배당으로 본다.

8. 「법인세법」상 인건비의 손금산입에 관한 설명으로 옳은 것은?

① 법인이 임원인 지배주주 등에게 지급한 여비 또는 교육훈련비는 손금불산입한다.

② 상근이 아닌 법인의 임원에게 지급하는 보수는 「법인세법」상 부당행위계산 부인에 해당하는 경우에도 손금에 산입한다.

③ 「파견근로자 보호 등에 관한 법률」에 따른 파견근로자를 위하여 지출한 직장연예비와 직장회식비는 접대비로 본다.

④ 현실적으로 퇴직하지 아니한 임원 또는 직원에게 지급한 퇴직급여는 손금에 산입하지 않고 당해 임원 또는 직원이 현실적으로 퇴직할 때까지 이를 가지급금으로 본다.

⑤ 법인이 임원에 대하여 퇴직 시까지 부담한 확정기여형 퇴직연금의 부담금은 전액 손금에 산입한다.

세법개론

9. 제조업을 영위하는 영리내국법인(중소기업 아님)인 ㈜A의 제23기(2023. 1. 1. ~ 2023. 12. 31.) 접대비 한도초과액을 계산한 것으로 옳은 것은?

(1) 손익계산서상 매출액은 500억원이며, 이 중 200억원은 「법인세법」상 특수관계인과의 거래에서 발생한 수입금액이다. 위 매출액에는 포함되지 않으나, 특수관계인과의 거래 외에서 매출 중 100억원이 중단사업 매출액에 포함되어 있다.

(2) ㈜A는 그의 특수관계인에 대한 매출액 중 시가(100억원)보다 낮은 금액으로 판매한 매출액 50억원이 있다.

(3) 제23기에 지출한 접대비는 총 110,000,000원으로, 80,000,000원은 손익계산서상 매출원가에, 나머지 30,000,000원은 재무상태표상 재고자산에 포함되어 있다.

(4) 건당 3만원을 초과하는 접대비는 모두 신용카드(적격증명서류 수취분)로 결제되었으며, 문화접대비 해당액은 없다.

(5) 수입금액에 관한 적용률은 다음과 같다.

수입금액	적용률
100억원 이하	0.3%
100억원 초과 500억원 이하	3천만원 + 100억원을 초과하는 금액의 0.2%
500억원 초과	1억 1천만원 + 500억원을 초과하는 금액의 0.03%

① 5,685,000원
② 5,700,000원
③ 5,850,000원
④ 29,685,000원
⑤ 29,700,000원

10. 다음은 건설업을 영위하는 영리내국법인인 ㈜C(중소기업이며 국제회계기준을 적용하지 아니함)의 제23기(2023. 1. 1. ~ 2023. 12. 31.) 차입금 및 대여금 관련 자료이다. 「법인세법」상 손금불산입으로 세무조정해야 하는 지급이자 중에서 기타사외유출로 소득처분되어야 할 금액을 계산한 것으로 옳은 것은? 단, 일반차입금이자는 이자비용처리한다.

(1) 제23기 손익계산서상 이자비용의 내역은 다음과 같다.

구분	이자율	이자비용
회사채	10%	2,000,000원
은행차입금	5%	3,000,000원

*당기 중 건설 중인 재고자산(아파트 분양)에 사용된 것이 분명한 회사채 이자임

(2) 제23기 말 재무상태표상 대여금의 내역은 다음과 같다.

내역	금액	비고
대표이사 대여금	2,000,000원	귀속이 불분명하여 대표자상여로 처분한 금액에 대한 소득세를 법인이 납부한 금액
	10,000,000원	대표이사에 대한 주택자금 대여액
종업원 대여금	15,000,000원	직원에 대한 학자금 대여액

(3) 당기 중 차입금 및 대여금의 변동은 없었다.

① 312,500원
② 375,000원
③ 781,500원
④ 625,000원
⑤ 1,562,500원

11. 영리내국법인 ㈜A의 제23기(2023. 1. 1. ~ 2023. 12. 31.) 각사업연도소득에 대한 법인세 세무조정에 관한 설명으로 **옳지 않은** 것은?

① 이미 경과한 기간에 대한 미수이자 10만원을 이자수익으로 계상한 경우에는 별도로 세무조정하지 않는다. 단, ㈜A는 금융업을 영위한다.

② 이미 경과한 기간에 대한 미지급이자 20만원을 이자비용으로 계상한 경우에는 세무조정이 필요 없다. 단, ㈜A는 제조업을 영위한다.

③ 당기 중 파산한 B회사(㈜A의 특수관계법인에 해당함) 주식(2023년 12월 31일 현재 시가 0원)의 장부가액 100만원을 전액 감액손실로 계상한 경우에는 1,000원을 손금불산입한다.

④ 건물을 2023년 10월 1일부터 1년간 임대하고 1년치의 임대료 1,200만원을 임대만료일에 회수하기로 약정하여 당기 임대료수익을 계상하지 아니한 경우에는 300만원을 익금산입하여야 한다.

⑤ 장기할부조건으로 제품을 판매하고 발생한 장기매출채권을 기업회계기준에 따라 현재가치로 평가하여 현재가치할인차금을 계상한 경우에는 세무조정이 필요 없다.

12. 다음은 제조업을 영위하는 비상장 영리내국법인(한국채택국제회계기준을 적용하지 않음)인 ㈜A의 제22기(2022. 1. 1. ~ 2022. 12. 31.)와 제23기(2023. 1. 1. ~ 2023. 12. 31.) 감가상각비 관련 자료이다. ㈜A가 기계장치에 대해 신고한 감가상각방법이 정률법일 때 제23기말 유보잔액을 계산한 것으로 옳은 것은?

(1) 2022년 7월 1일에 신규 기계장치를 100,000,000원에 취득하여 사업에 사용하고 있다.
(2) 손익계산서상 기계장치의 수선비 중 자본적 지출에 해당하는 금액은 제22기에 6,000,000원, 제23기에 10,000,000원이다.
(3) 손익계산서상 기계장치의 감가상각비는 제22기에 20,000,000원, 제23기에 25,000,000원이다.
(4) 정률법 상각률은 0.2이며, 모든 세무조정은 적정하게 이루어진 것으로 가정한다.

① 13,920,000원
② 15,400,000원
③ 18,400,000원
④ 28,200,000원
⑤ 29,320,000원

13. 「법인세법」상 자산의 취득가액에 관한 설명으로 **옳지 않은** 것은?

① 적격물적분할에 따라 분할법인이 취득하는 주식의 세무상 취득가액은 물적분할한 순자산의 시가이다.

② 일괄구입한 자산의 시가가 불분명한 경우는 감정가액을 기준으로 안분계산하여 각 개별자산의 취득가액을 계산한다.

③ 매입대금을 매월 1백만원씩 30회에 걸쳐 분할하여 지급하는 조건으로 기계장치를 취득하고 명목가액인 3천만원(현재가치 2천만원)을 장부상 취득원가로 계상한 경우, 동 기계장치의 세무상 취득가액은 3천만원이다.

④ 법인의 대표이사로부터 비상장주식을 10억원(시가 12억원)에 매입하고 실제지급액인 10억원을 장부상 취득원가로 계상한 경우, 동 비상장주식의 세무상 취득가액은 10억원이다.

⑤ 본사건물 신축을 위하여 10억원에 토지를 매입하고 동 토지의 취득을 위한 특정차입금 이자 1천만원을 장부상 이자비용으로 계상한 경우, 동 토지의 세무상 취득가액은 10억 1천만원이다.

세법개론

14. 제조업을 영위하는 영리내국법인인 ㈜A(중소기업 아님)의 제23기(2023. 1. 1. ~ 2023. 12. 31.) 대손충당금 손금산입 한도초과액을 계산한 것으로 옳은 것은?

> (1) ㈜A의 제22기(2022. 1. 1. ~ 2022. 12. 31.)와 제23기의 재무상태표상 채권 및 대손충당금 금액은 다음과 같다.
>
> | 과목 | 기말산액 | |
> |---|---|---|
> | | 제22기 | 제23기 |
> | 매출채권 | 246,000,000원 | 220,000,000원 |
> | 대손충당금 | (26,000,000원) | (33,000,000원) |
>
> (2) 제23기 손익계산서상 대손상각비는 10,000,000원이다.
>
> (3) 2023년 12월 31일에 회수가 불가능하다고 판단해 거래처 C에 대한 매출채권 3,000,000원을 결산서상 대손충당금과 상계하였다. 동 매출채권은 「법인세법」상 대손요건을 충족하지 못하였다.
>
> (4) 제22기 자본금과 적립금 조정명세서(을)의 기말잔액은 다음과 같다.
>
> | 과목 또는 사항 | 기말잔액 |
> |---|---|
> | 매출채권 대손부인액* | 4,000,000원 |
> | 대손충당금 한도초과액 | 10,000,000원 |
>
> * 거래처 D에 대한 매출채권으로 2023년 3월 23일에 「상법」에 따른 소멸시효가 완성됨
>
> (5) 모든 세무조정은 적정하게 이루어졌다.

① 28,560,000원
② 29,120,000원
③ 29,432,000원
④ 29,480,000원
⑤ 29,500,000원

15. 「법인세법」상 충당금의 손금산입에 관한 설명으로 옳은 것은?

① 법인이 기업회계기준에 따라 제품보증충당부채를 손금으로 계상한 때에는 일정한 한도 내에서 이를 손금에 산입한다.

② 동일인에 대하여 매출채권과 매입채무가 함께 있는 경우에는 당사자간 약정 유무와 관계없이 당해 매입채무를 상계하고 대손충당금을 계상한다.

③ 대손충당금을 손금에 산입한 내국법인이 합병(비적격합병)한 경우 피합병법인의 대손충당금은 합병법인이 승계할 수 있다.

④ 내국법인이 건물의 화재로 인하여 보험금을 지급받아 그 지급받은 날이 속하는 사업연도에 토지의 취득에 사용한 경우, 토지의 취득에 사용된 보험차익에 상당하는 금액은 압축기장충당금 설정을 통해 손금산입이 가능하다.

⑤ 내국법인이 「보조금 관리에 관한 법률」에 따라 국고보조금을 지급받은 법인이 그 지급받은 날이 속하는 사업연도 종료일까지 사업용 기계장치를 취득하지 못한 경우에는 일시상각충당금의 설정을 통한 손금산입이 가능하지 않다.

16. 다음의 자료를 이용하여 ㈜갑이 행할 세무조정과 소득처분으로 옳은 것은?

> 1. ㈜A는 제23기(2023. 1. 1. ~ 12. 31.) 사업연도 중 특수관계에 있는 법인인 ㈜B를 흡수합병하였으며, 합병 직전 ㈜A와 ㈜B의 발행주식 현황은 다음과 같다.
>
> | 구분 | ㈜A | ㈜B |
> |---|---|---|
> | 1주당 평가액 | 38,000원 | 10,000원 |
> | 발행주식수 | 40,000주 | 10,000주 |
>
> 2. 합병 직전 ㈜A와 ㈜B의 합병 직전 주주구성은 다음과 같고, 이 중 ㈜갑과 ㈜병은 특수관계인에 해당한다.
>
> | 회사명 | 주주명 | 보유주식수 | 지분율 |
> |---|---|---|---|
> | ㈜A | ㈜갑(법인주주) | 30,000주 | 75% |
> | | 을(개인주주) | 10,000주 | 25% |
> | ㈜B | ㈜병(법인주주) | 4,000주 | 40% |
> | | 정(개인주주) | 6,000주 | 60% |
>
> 3. ㈜A는 ㈜B의 주주에게 ㈜B의 주식 2주당 ㈜A의 주식 1주를 교부하였다.

① 세무조정 없음
② 익금산입 24,000,000 (기타사외유출)
③ 익금산입 24,000,000 (유보)
④ 익금산입 32,000,000 (기타사외유출)
⑤ 익금산입 32,000,000 (유보)

17. 다음은 제조업을 영위하는 영리내국법인 ㈜A가 제23기 (2023. 1. 1. ~ 2023. 12. 31.) 말에 해산(합병이나 분할에 의한 해산은 아님)하기로 결의한 후의 해산등기일 현재 재무상태 등에 관한 자료이다. ㈜A의 청산소득금액을 계산한 것으로 옳은 것은?

> (1) 제23기 해산등기일(2023. 12. 31.) 현재 재무상태표는 다음과 같다.
>
> | 재무상태표 | | | (단위: 원) |
> |---|---|---|---|
> | 현금 | 5,000,000 | 차입금 | 40,000,000 |
> | 토지 | 35,000,000* | 자본금 | 50,000,000 |
> | 건물 | 66,000,000* | 자본잉여금 | 10,000,000 |
> | 기계장치 | 12,000,000* | 이익잉여금 | 18,000,000 |
> | 합계 | 118,000,000 | 합계 | 118,000,000 |
>
> * 청산과정 중 토지는 40,000,000원, 건물은 70,000,000원, 기계장치는 15,000,000원으로 환가하여 차입금 상환 등에 사용되었다.
>
> (2) 제23기 말 현재 세무상 이월결손금은 40,000,000원이며, 이 금액 중 자기자본의 총액에서 이미 상계되었거나 상계된 것으로 보는 금액은 없다.
>
> (3) 2022. 5. 30. 자본잉여금 10,000,000원을 자본에 전입한 바 있다.

① 40,000,000원
② 45,000,000원
③ 48,000,000원
④ 50,000,000원
⑤ 52,000,000원

18. 「조세특례제한법」상의 중소기업인 ㈜A의 제23기(2023. 1. 1. ~ 2023. 12. 31.) 각 사업연도 소득에 대한 법인세 과세표준과 세액 계산에 관한 설명으로 옳지 않은 것은?

① 이월결손금공제는 각 사업연도 소득의 100%까지 할 수 있다.
② 직전 사업연도의 중소기업으로서 직전 사업연도 산출세액을 기준으로 계산한 중간예납세액이 50만원 미만인 내국법인은 사업연도의 기간이 6개월을 초과하더라도 중간예납 의무가 없다.
③ 천재지변으로 자산총액의 20% 이상을 상실하여 납세가 곤란하다고 인정되는 경우에는 재해손실세액공제를 적용받을 수 있다.
④ 당기에 발생한 결손금에 대하여 소급공제를 신청한 경우, 환급가능액은 직전 사업연도의 소득에 대하여 과세된 법인세액(토지 등 양도소득에 대한 법인세액 포함)을 한도로 한다.
⑤ 중소기업의 분납기한은 납부기한 경과 후 2개월 이내이다.

19. 비영리내국법인의 법인세 납세의무와 과세소득에 관한 설명으로 옳지 않은 것은?

① 처분일 현재 고유목적사업에 3년 이상 직접 사용한 자산의 처분이익은 과세하지 아니한다.
② 고유목적사업준비금을 손금으로 계상한 비영리법인이 고유목적사업에 사용하지 아니한 때에는 5년이 되는 날이 속하는 사업연도 이전 사업연도에는 미사용액을 익금에 산입할 수 없다.
③ 직전 사업연도 종료일 현재의 고유목적사업준비금의 잔액을 초과하여 해당 사업연도의 고유목적사업 등에 지출한 금액은 그 사업연도에 계상할 고유목적사업준비금에서 지출한 것으로 본다.
④ 해당 법인의 고유목적사업 또는 일반기부금에 지출하기 위하여 고유목적사업준비금을 손금으로 계상한 경우에는 법정한도까지 이를 손금에 산입한다.
⑤ 토지·건물의 양도소득만 있는 경우 법인세 과세표준 신고를 하지 않고 「소득세법」을 준용하여 계산한 금액을 법인세로 납부할 수 있다.

20. 「소득세법」상 납세의무에 관한 설명으로 옳지 않은 것은?

① 한국국적인 갑은 외교부 공무원으로 영국에서 국외근무하고 있으며, 영국에 거소를 둔 기간은 183일을 넘고 있다. 이 경우 갑은 국내·외 원천소득에 대하여 납세의무를 진다.
② 미국국적인 을은 외국법인 L.A. Ltd.에서 외국을 항행하는 선박 승무원으로 근무하며, 생계를 같이하는 가족과 함께 인천에 살고 있다. 이 경우 을은 국내·외 원천소득에 대하여 납세의무를 진다.
③ 미국국적인 A는 국내 프로축구단에 2023년에 처음으로 3년 연봉계약을 체결하고 국내에서 선수로 활동하기 시작하였다. A가 국내에서 얻은 소득은 국내에서 지급되거나 국내로 송금된 것에 한하여 납세의무를 진다.
④ 영국국적인 B가 2023년 5월 3일에 영국국적을 포기하고 한국국적을 취득하여 거주자로 된 경우에는 2023년 5월 2일까지는 국내원천소득에 대해서만 납세의무를 지고, 2023년 5월 3일부터는 국내·외 원천소득에 대하여 납세의무를 진다.
⑤ 미국국적인 C는 주한 미국대사관에 외교관으로 근무하고 있으며, 생계를 같이하는 가족(대한민국 국민이 아님)과 함께 서울에 살고 있다. 이 경우 C는 국내 원천소득에 대해서만 납세의무를 진다.

세법개론

21. 다음 자료에 의하여 거주자 갑(여성)의 2023년도 종합소득공제액을 계산한 것으로 옳은 것은?

(1) 본인 및 가족현황			

가족	연령	소득현황	비고
본인	58세	총급여액 50,000,000원	–
배우자	57세	총급여액 4,000,000원	–
부친	82세	주택임대소득 20,000,000원	2023년 6월 10일 사망함
모친	78세	전통주 제조소득 13,000,000원	
장남	22세	소득 없음	장애인
장녀	19세	소득 없음	–

(2) 국민건강보험료 및 노인장기요양보험료 본인부담분 500,000원, 국민연금보험료 본인부담분 2,000,000원을 납부하였다.

(3) 부양가족은 모두 분리과세 선택이 가능한 경우는 분리과세를 신청하였다.

① 10,500,000원
② 12,500,000원
③ 13,000,000원
④ 14,500,000원
⑤ 16,000,000원

22. 다음은 거주자 갑의 2023년도 보험료 및 의료비 지급내역이다. 거주자 갑의 보험료 및 의료비 관련 세액공제액을 각각 계산한 것으로 옳은 것은?

(1) 부양가족은 배우자(35세, 소득 없음), 부친(63세, 소득 없음), 자녀(5세, 장애인, 소득 없음)이며 모두 생계를 같이하고 있다.

(2) 보험료 지급내역

대상	내역	지출액
본인	자동차보험료	400,000원
부친	노후보장보험[*]	600,000원
자녀	장애인전용상해보험료	1,500,000원

[*] 만기환급금이 납입보험료를 초과하는 보험임

(3) 의료비 지급내역(의료비는 모두 국내지급분임)

대상	내역	지출액
본인	건강검진비	1,000,000원
배우자	난임시술비	2,500,000원
부친	질병치료비	10,000,000원

(4) 갑은 총급여액 50,000,000원(비과세 급여 10,000,000원 제외)만 있으며, 항목별 특별세액공제를 적용받는다.

	보험료세액공제	의료비세액공제
①	198,000원	1,750,000원
②	198,000원	1,950,000원
③	270,000원	1,750,000원
④	270,000원	1,950,000원
⑤	345,000원	1,950,000원

23.「소득세법」상 퇴직소득 과세에 관한 설명으로 옳지 않은 것은?

① 법인의 상근임원이 비상근임원이 되었지만 퇴직급여를 받지 아니한 경우 퇴직으로 보지 않을 수 있다.

② 임원의 2012년 1월 1일 이후 근무기간에 대한 퇴직소득금액(공적연금 관련 법에 따라 받는 일시금 제외)이 퇴직소득 한도액을 초과하는 금액은 근로소득으로 본다.

③ 거주자가 국외원천의 퇴직소득금액이 있고 그 소득에 대하여 국외에 외국소득세액을 납부한 경우에는 법정한도 내에서 외국납부세액공제를 받을 수 있다.

④ 퇴직소득금액이 퇴직소득공제금액에 미달하는 경우에는 그 퇴직소득금액을 공제액으로 한다.

⑤ 퇴직소득에 대하여 외국정부에 납부하였던 외국소득세액에 의한 외국납부세액공제의 한도초과액은 10년간 이월공제를 적용받을 수 있다.

24. 거주자인 김 씨의 2023년 귀속 금융소득의 내역은 다음과 같다. 종합소득금액에 합산될 금융소득금액을 계산한 것으로 옳은 것은?

> (1) 은행예금이자: 12,000,000원
> (2) 직장공제회초과반환금: 10,000,000원
> (3) 주권상장법인으로부터 수령한 주식배당
>   발행가액: 15,000,000원, 액면가액: 10,000,000원
> (4) 집합투자기구로부터의 이익: 20,000,000원
>   (상장주식을 대상으로 하는 장내파생상품의 거래로 인한 매매차익 10,000,000원, 비상장주식 매매차익 11,000,000원, 수수료 1,000,000원을 차감한 금액으로 구성됨)
> (5) 외국법인으로부터 받은 현금배당금(국내에서 원천징수되지 않음): 5,000,000원

① 42,650,000원
② 43,650,000원
③ 44,750,000원
④ 45,300,000원
⑤ 55,850,000원

25. 제조업을 영위하는 개인사업자 갑(간편장부대상자)의 2023년도 사업소득금액을 계산한 것으로 옳은 것은?

> (1) 손익계산서상 당기순이익: 50,000,000원
> (2) 손익계산서에 포함된 수익항목
>   가. 거래상대방으로부터 받은 장려금: 2,000,000원
>   나. 비품처분이익: 1,000,000원
>   다. 예금이자 수입: 1,500,000원
> (3) 손익계산서에 포함된 비용항목
>   가. 소득세비용: 2,500,000원
>   나. 업무와 관련하여 지급한 손해배상금: 3,000,000원
>   (경과실로 타인의 권리를 침해한 경우에 해당함)
>   다. 갑의 배우자(경리부서에 근무)에 대한 급여: 2,000,000원
>   라. 업무용 승용자동차 감가상각비: 6,000,000원(정액법 5년 상각 시 범위액은 8,000,000원임)
> (4) 가사용으로 소비하고 회계처리하지 않은 재고자산: 취득원가 2,000,000원, 시가 3,500,000원

① 51,000,000원
② 51,500,000원
③ 53,500,000원
④ 54,500,000원
⑤ 55,500,000원

26. 사업자인 거주자 갑의 2023년도 종합소득금액을 계산한 것으로 옳은 것은?

> (1) 금융소득의 내역(원천징수 전의 금액)
>   가. 비영업대금의 이익: 20,000,000원(원금 200,000,000원이며, 2023년 12월 31일 채무자의 파산이 확정되어 원리금 220,000,000원 중 210,000,000원만 회수함)
>   나. 회사채 이자 중도매각 시 보유기간 이자: 3,000,000원
>   다. 비상장법인이 이익잉여금을 자본에 전입함에 따라 받은 무상주: 20,000,000원(액면금액)
> (2) 사업소득의 총수입금액 100,000,000원, 필요경비 70,000,000원
> (3) 기타소득인 특강료 20,000,000원(원천징수 전의 금액)

① 63,000,000원
② 68,430,000원
③ 72,430,000원
④ 76,430,000원
⑤ 83,200,000원

27. 국내 중소기업의 기업부설연구소에서 연구활동 직원으로 근무하는 거주자 갑의 「소득세법」상 2023년도 근로소득의 총급여액을 계산한 것으로 옳은 것은?

> (1) 급여: 24,000,000원(비과세소득 제외)
> (2) 「법인세법」에 의해 상여로 처분된 금액: 6,000,000원
>   - 근로제공 사업연도는 2022년이며, 결산확정일은 2023년 2월 3일임
> (3) 자가운전보조금(월 300,000원×12개월): 3,600,000원
>   - 갑이 임차한 차량을 업무수행에 이용하고 실제여비를 받는 대신에 지급기준에 따라 받은 금액임
> (4) 연구보조비(월 300,000원×12개월): 3,600,000원
> (5) 배우자의 출산수당(월 200,000원×3개월): 600,000원
> (6) 식사대(월 100,000원×12개월): 1,200,000원
>   - 현물식사를 별도로 제공받았음
> (7) 주택구입자금을 무상대여받음으로써 얻은 이익: 5,000,000원

① 27,900,000원
② 29,100,000원
③ 32,900,000원
④ 33,900,000원
⑤ 34,100,000원

세법개론

28. 「소득세법」상 원천징수에 관한 설명으로 <u>옳지 않은</u> 것은?

① 거주자가 내국법인이 발행한 채권의 이자를 지급받기 전에 다른 내국법인에게 매도하는 경우 그 보유기간 이자상당액에 대하여는 원천징수의무자가 채권의 매수법인이다.

② 반기별 납부를 승인받은 원천징수의무자는 2023년 2월 26일에 원천징수한 소득세를 2023년 7월 10일까지 원천징수 관할세무서 등에 납부하여야 한다.

③ 잉여금의 처분에 따른 배당을 11월 1일에 결정하였고 다음 연도 2월 말까지 배당소득을 지급하지 아니한 경우, 다음 연도 2월 말에 그 배당소득을 지급한 것으로 보아 소득세를 원천징수한다.

④ 법인세 과세표준을 신고하면서 법인의 개인주주에게 배당으로 소득처분하는 경우에는 법인이 소득금액변동통지서를 받은 날에 그 배당소득을 지급한 것으로 보아 소득세를 원천징수한다.

⑤ 매월분의 공적연금소득에 대한 원천징수세율을 적용할 때에는 법령으로 정한 연금소득 간이세액표를 적용하여 원천징수한다.

29. 다음 자료를 이용한 거주자 갑의 2023년도 양도소득세 계산과정에서 양도차익을 계산한 것으로 옳은 것은?

(1) 2019년 7월 1일에 특수관계인이 아닌 자로부터 토지(비과세 아님)를 600,000,000원(취득 당시 개별공시지가 500,000,000원)에 취득하였다.

(2) 2021년 8월 1일 토지의 이용가치를 증대시키기 위해 자본적 지출 50,000,000원을 지출하였다.

(3) 갑의 자녀인 거주자 을은 2023년 8월 16일에 차입금 400,000,000원을 인수하는 조건으로 갑으로부터 당해 토지(증여 당시의 시가는 800,000,000원이며, 개별공시지가는 600,000,000원)를 증여받았다. 이 차입금액 및 인수사실이 관련 증빙에 의하여 객관적으로 입증되며 을은 당해 차입금 및 이자를 상환할 능력이 있는 것으로 판단된다.

(4) 취득가액 이외의 필요경비 개산공제율: 토지 3%

(5) 갑과 을은 양도소득세를 부당하게 감소시킬 의도가 없으며, 위의 토지 외의 다른 양도소득세 과세대상은 없다.

① 72,500,000원
② 75,000,000원
③ 82,000,000원
④ 100,000,000원
⑤ 150,000,000원

30. 2023년 1분기(2023. 1. 1. ~ 2023. 3. 31.) 손익계산서에서 발췌한 다음 자료를 이용하여 과세사업만을 운영하는 ㈜C의 2023년 제1기 예정신고기간(2023. 1. 1. ~ 2023. 3. 31.)의 부가가치세 과세표준을 계산한 것으로 옳은 것은? 단, 제시된 금액은 부가가치세를 포함하지 아니한 것이며, 상품, 기계 및 비품에 대해서는 매입세액공제를 받았다.

(1) 상품 매출은 100,000,000원이며, 이 금액은 매출에누리 1,000,000원, 매출할인 2,000,000원, 매출환입 3,000,000원이 포함된 금액이다.

(2) ㈜C의 매출 시 일정비율로 적립한 마일리지로 결제되어 대금 유입이 없는 상품 판매 4,000,000원은 매출로 계상하지 않았다.

(3) 용역 매출은 5,000,000원이며, 이 금액에는 거래처(특수관계인 아님)에게 제공한 운송용역 500,000원(시가 1,000,000원)이 포함되어 있다.

(4) 사용하던 기계의 처분으로 인한 유형자산처분이익 500,000원이 계상되어 있다. 동 기계(2022년 3월 3일 5,000,000원에 취득)는 장부가액 3,000,000원인 상태에서 3,500,000원에 처분하였다.

(5) 사용하던 비품을 임원의 향우회에 기부하고 장부가액 1,600,000원을 기부금으로 처리하였다. 동 비품은 2022년 8월 8일에 2,000,000원에 구입하였다.

① 102,000,000원
② 102,500,000원
③ 104,000,000원
④ 108,000,000원
⑤ 112,500,000원

31. 다음 경우 중 부가가치세 과세대상이 <u>아닌</u> 것은?

① 유류판매업을 운영하는 사업자가 매입세액이 공제된 판매용 휘발유를 영업활동을 위해 사용하는 개별소비세 과세대상 소형승용자동차에 주유한 경우

② 자동차판매업을 운영하는 사업자가 매입세액이 공제되었으며 개별소비세 과세대상인 자동차판매용 소형승용자동차를 고객시승용으로 전용한 경우

③ 컴퓨터판매업을 운영하는 사업자가 폐업할 때, 자기의 과세사업과 관련하여 취득하였고 매입세액이 공제된 상품이 남아 있는 경우

④ 부동산임대업을 운영하는 사업자가 사용인에게 대가를 받지 아니하고 사업용 부동산의 일부에 대하여 임대용역을 제공하는 경우

⑤ 기계제조업을 운영하는 사업자가 대가를 받지 아니하고 거래처인 상대방으로부터 인도받은 재화에 주요 자재(매입세액공제를 받음)를 부담하고 완성된 재화를 거래처에 인도하는 경우

32. 다음 자료를 이용하여 과세사업자 ㈜A의 2023년 제1기 예정신고기간(2023. 1. 1. ~ 2023. 3. 31.)의 부가가치세 과세표준을 계산한 것으로 옳은 것은? 단, 아래에 제시된 금액들은 부가가치세를 포함하지 아니한 것이다.

(1) 1월 30일: 상품을 20,000,000원에 판매하였는데, 그 대금은 1월 말일부터 매월 말일에 1,000,000원씩 20회 받기로 하였다.

(2) 2월 10일: 제품을 10,000,000원에 주문생산판매하기로 하였는데 그 대금은 ① 계약 시 10%, ② 30% 완성 시 40%, ③ 70% 완성 시 30%, ④ 인도 시 20%를 받기로 하였다. 3월 말일 현재 생산의 완성도는 30%이다.

(3) 2월 20일: 사업용 부동산을 10,000,000원(건물가액 7,000,000원, 토지가액 3,000,000원)에 양도하기로 계약하였다. 대금은 2월 20일에 1,000,000원, 3월 20일에 4,000,000원, 10월 20일에 5,000,000원을 받기로 하였으며, 부동산은 10월 20일에 양도하기로 했다.

(4) 3월 10일: 상품을 1,000,000원에 판매하기로 계약하고 계약금 300,000원을 수령하였으며, 수령한 대가에 대하여 세금계산서를 발급하였다. 상품은 7월 10일에 인도되었다.

① 11,200,000원
② 11,500,000원
③ 11,800,000원
④ 13,300,000원
⑤ 16,300,000원

33. 「부가가치세법」상 세금계산서에 관한 설명이다. <u>옳지 않은</u> 것은?

① 3월 25일 재화를 인도하고 6월 25일 대금을 수령하면서 6월 25일자로 세금계산서가 발행된 경우에도 공급받는 자는 해당 세금계산서로 매입세액을 공제받을 수 있다.

② 3월 25일 재화를 인도하고 6월 25일 대금을 수령하면서 6월 25일자로 세금계산서를 발급하는 경우, 공급자는 공급가액의 1%에 해당하는 가산세를 납부세액에 더하거나 환급세액에서 뺀다.

③ 계약의 해제로 재화 또는 용역이 공급되지 아니한 경우에는 계약이 해제된 때에 그 작성일은 당초 공급일로 적고 비고란에 처음 세금계산서 작성일을 덧붙여 적은 후 붉은색 글씨로 쓰거나 음(−)의 표시를 하여 발급한다.

④ 법인은 전자세금계산서를 발급하여야 하며, 전자세금계산서를 발급하였을 때에는 발급일의 다음 날까지 전자세금계산서 발급명세를 국세청장에게 전송하여야 한다.

⑤ 간이과세자 중 직전 연도의 공급대가의 합계액이 4천 800만원 미만인 자가 재화 또는 용역을 공급하는 경우에는 세금계산서를 발급하는 대신 영수증을 발급하여야 한다.

34. 부동산임대사업자 ㈜B는 다음의 임대용 부동산을 양도하였다. 부동산 양도에 따른 부가가치세 과세표준을 계산한 것으로 옳은 것은? 단, 아래에 제시된 금액들은 부가가치세를 포함하지 아니한 것이다.

> (1) 건물의 1층은 상가, 2층은 사무실, 3층은 주택이며, 각 층의 면적은 각각 40㎡이다. 부수토지의 면적은 400㎡이며, 도시지역에 있다.
>
> (2) 건물과 부수토지는 2023년 6월 6일에 200,000,000원을 받고 양도하였다. 양도가액 중 건물가액과 토지가액의 구분은 불분명하다.
>
> (3) 양도한 부동산의 가액
>
> (단위: 원)
>
> | 구분 | 취득가액 | 장부가액 | 기준시가 | 감정평가액* |
> |---|---|---|---|---|
> | 건물 | 60,000,000 | 40,000,000 | 64,000,000 | 54,000,000 |
> | 부수토지 | 40,000,000 | 40,000,000 | 96,000,000 | 126,000,000 |
> | 계 | 100,000,000 | 80,000,000 | 160,000,000 | 180,000,000 |
>
> * 감정평가는 2023년 9월 9일에 감정평가업자에 의해 시행되었다.

① 40,000,000원

② 60,000,000원

③ 80,000,000원

④ 53,333,333원

⑤ 156,666,666원

35. 「부가가치세법」상 간이과세의 포기에 관한 설명이다. 옳지 않은 것은?

① 간이과세자가 간이과세를 포기하고 일반과세자에 관한 규정을 적용받으려는 경우 간이과세포기신고서를 납세지 관할세무서장에게 제출하면 된다.

② 간이과세자가 간이과세포기신고서를 제출한 경우 제출일이 속하는 달의 다음 달 1일부터 일반과세자에 관한 규정을 적용받게 된다.

③ 간이과세자는 간이과세를 포기하지 않더라도 수출에 대하여 영세율을 적용받을 수 있다.

④ 간이과세포기신고서를 제출한 개인사업자는 일반과세자에 관한 규정을 적용받으려는 달의 1일부터 3년이 되는 날이 속하는 과세기간까지는 간이과세자에 관한 규정을 적용받지 못한다.

⑤ 간이과세포기신고서를 제출한 개인사업자가 3년이 지난 후 공급가액이 기준금액 이하인 경우에는 별도의 신청 없이 간이과세자로 과세유형이 전환된다.

36. 과세재화와 면세재화를 모두 판매하는 소매업자 ㈜D의 2023년 제1기 예정신고기간(2023. 1. 1. ~ 2023. 3. 31.)의 부가가치세 납부세액(또는 환급세액)을 계산한 것으로 옳은 것은? 단, 제시된 금액은 부가가치세를 포함하지 아니한 것이며, 모든 과세 매입거래에 대해서는 세금계산서를 발급받았다.

> (1) 1월 10일에 과세사업과 면세사업에 공통으로 사용하기 위한 건물과 부수토지를 100,000,000원(건물가액 60,000,000원, 토지가액 40,000,000원)에 구입하였으며, 과세사업에 사용하는 면적과 면세사업에 사용하는 면적비율은 각 50 : 50이다.
>
> (2) 1월 20일에 과세사업과 면세사업에 공통으로 사용 중인 배달용 트럭(2011년 1월 5일 구입가액 8,000,000원)을 3,000,000원에 매각하고, 같은 용도의 새 트럭을 10,000,000원에 구입하였다.
>
> (3) 예정신고기간의 상품 매입액과 매출액은 다음과 같다.
>
> | 구분 | 매입액 | 매출액 |
> |---|---|---|
> | 과세상품 | 40,000,000원 | 60,000,000원 |
> | 면세상품 | 40,000,000원 | 40,000,000원 |
>
> (4) 2022년 제2기의 과세공급가액과 면세공급가액은 각각 49,500,000원, 40,500,000원이다.

① 환급세액 1,435,000원

② 환급세액 1,985,000원

③ 환급세액 2,020,000원

④ 환급세액 2,035,000원

⑤ 환급세액 4,035,000원

37. 「부가가치세법」상 일반과세자의 가산세 계산으로 옳은 것은?

① 2023년 3월 25일에 사업을 개시하고 2023년 6월 24일에 사업자등록을 신청한 경우에는 2023년 3월 25일부터 2023년 6월 23일까지의 공급가액에 2%를 곱한 금액

② 2023년 3월 25일에 배우자의 명의로 사업자등록을 하여 사업을 하다가 2023년 4월 25일에 그 사실이 확인된 경우에는 2023년 3월 25일부터 2023년 4월 24일까지의 공급가액에 1%를 곱한 금액

③ 재화를 공급하고 실제로 재화를 공급하는 자가 아닌 자의 명의로 세금계산서를 발급한 경우에는 그 공급가액에 3%를 곱한 금액

④ 재화를 공급받고 실제로 재화를 공급하는 자가 아닌 자의 명의로 세금계산서를 발급받은 경우에는 그 공급가액에 2%를 곱한 금액

⑤ 재화를 공급받지 아니하고 세금계산서를 발급받은 경우에는 그 세금계산서에 적힌 공급가액에 2%를 곱한 금액

38. 「상속세 및 증여세법」상 주식의 평가에 관한 설명이다. 옳은 것은?

① 유가증권시장에서 거래되는 주식은 평가기준일 현재의 최종시세가액에 의한다.

② 사업개시 후 3년 미만인 비상장법인 주식의 시가를 산정하기 어려워 「상속세 및 증여세법」에서 규정하고 있는 보충적 평가방법을 적용하는 경우 그 주식의 가액은 순손익만으로 평가한다.

③ 비상장주식의 1주당 순자산가치를 산정함에 있어서 해당 법인의 자산가액은 시가와 장부가액 중 적은 금액으로 한다.

④ 비상장주식의 1주당 순손익가치를 산정함에 있어서 최근 3년간의 순손익액의 가중평균액은 과거 순손익액과 장래의 추정이익 중 적은 금액을 기준으로 계산한다.

⑤ 최대주주의 주식에 대하여 할증평가를 하는 경우 할증비율은 최대주주의 지분율에 관계없이 20%가 적용된다.

39. 다음의 자료를 이용하여 거주자 갑의 상속세 과세가액을 계산한 것으로 옳은 것은?

> (1) 거주자 갑은 2023년 5월 1일에 사망하였다.
> (2) 상속개시 당시 상속재산가액: 1,000,000,000원
> (3) 갑이 2022년 8월 1일에 상속인 외의 자에게 토지를 매각하고 받은 금액: 500,000,000원(이 중 300,000,000원은 사용용도가 분명함)
> (4) 갑이 2017년 7월 1일에 상속인 외의 자인 친구 을에게 증여한 재산의 상속개시 당시 시가: 300,000,000원(증여 당시 시가는 200,000,000원)
> (5) 증빙에 의해 확인되는 장례비용: 30,000,000원(봉안시설의 사용비용 5,000,000원 포함)

① 1,085,000,000원
② 1,285,000,000원
③ 1,385,000,000원
④ 1,485,000,000원
⑤ 1,515,000,000원

40. 재산세에 관한 설명 중 옳은 것을 모두 묶은 것은? 단, 주택조합 등에 해당하지 아니한다.

> ㄱ. 재산세는 토지, 건축물, 주택, 선박 및 항공기를 과세대상으로 한다.
> ㄴ. 「신탁법」 제2조에 따른 수탁자의 명의로 등기 또는 등록된 신탁재산의 경우에는 수탁자가 재산세 납세의무자이다.
> ㄷ. 재산세의 과세기준일은 매년 1월 1일이다.
> ㄹ. 납세자의 재산세 부담의 급증을 방지하기 위해 세부담 상한 제도를 운영한다.

① ㄱ, ㄴ
② ㄴ, ㄷ
③ ㄷ, ㄹ
④ ㄱ, ㄹ
⑤ ㄴ, ㄹ

모의고사 분석표 & 정답 및 해설 ▶ p.100

제3회 실전동형모의고사

📎 **40문항**
🕐 **권장풀이시간 70분**

● OMR 답안지를 이용하여 실전처럼 모의고사를 풀어보시길 바랍니다.

※ 각 문제의 보기 중에서 물음에 가장 합당한 답을 고르시오.

(주어진 자료 이외의 다른 사항은 고려하지 않으며, 조세부담 최소화를 가정할 것)

1. 다음 중 「국세기본법」상 공시송달 요건에 해당하지 <u>않는</u> 것은?

① 송달받을 자의 주소 또는 영업소가 국외에 있으면서 동시에 그 송달이 곤란한 경우

② 서류를 송달받아야 할 자가 정당한 사유로 송달받기를 거부한 경우

③ 송달받을 자의 주소 또는 영업소가 분명하지 않은 경우

④ 서류를 등기우편으로 송달하였으나 수취인이 부재중인 것으로 확인되어 반송됨으로써 납부기한 내에 송달이 곤란하다고 인정되는 경우

⑤ 세무공무원이 2회 이상 납세자를 방문해 서류를 교부하려고 하였으나 수취인이 부재중인 것으로 확인되어 납부기한까지 송달이 곤란하다고 인정되는 경우

2. 「국세기본법」에 관한 설명으로 <u>옳지 않은</u> 것은?

① 세법 중 과세표준의 계산에 관한 규정은 소득, 수익, 재산, 행위 또는 거래의 명칭이나 형식과 관계없이 그 실질 내용에 따라 적용한다.

② 종합부동산세는 부과과세제도가 원칙이지만, 납세의무자가 신고하는 경우 그 신고하는 때 납세의무가 확정된다.

③ 소득세 수정신고는 당해 국세의 세액을 확정하는 효력이 있으나 법인세 경정청구는 세액을 확정시키는 효력이 없다.

④ 뇌물을 수령한 지 15년이 경과한 후 「형사소송법」에 따른 소송에 대한 판결이 확정된 경우에는 과세관청은 국세부과권을 행사할 수 없다.

⑤ 5억원 이상의 국세에 대한 징수권은 이를 행사할 수 있는 때부터 10년 동안 행사하지 아니하면 소멸시효가 완성된다.

3. 「국세기본법」상 조세불복제도에 관한 설명으로 옳은 것을 모두 묶은 것은?

ㄱ. 세법에 따른 과태료 부과처분에 대해서는 「국세기본법」에 따른 불복을 할 수 없다.

ㄴ. 국세청장은 심사청구를 받으면 국세심사위원회의 의결에 따라 결정을 하여야 한다. 다만, 심사청구기간이 지난 후에 제기 심사청구 등 대통령령으로 정하는 사유에 해당하는 경우에는 그러하지 아니하다.

ㄷ. 재조사 결정에 따른 처분청의 처분에 대해서는 해당 재조사 결정을 한 재결청에 대하여 심사청구 또는 심판청구를 제기할 수 없다.

ㄹ. 이의신청인, 심사청구인, 심판청구인 및 과세전적부심사 청구인은 5,000만원 이하의 법인세부과처분에 대해서는 국선대리인을 선정하여 줄 것을 신청할 수 있다.

① ㄱ, ㄴ

② ㄱ, ㄷ

③ ㄱ, ㄴ, ㄷ

④ ㄴ, ㄷ, ㄹ

⑤ ㄱ, ㄴ, ㄷ, ㄹ

4. 「국세기본법」상 납세자의 권리에 관한 설명으로 <u>옳지 않</u>은 것은?

① 세무조사 결과통지 및 과세예고통지를 하는 날부터 국세부과 제척기간의 만료일까지의 기간이 3개월이 남은 경우에는 과세전적부심사를 청구할 수 없다.

② 거래상대방에 대한 조사가 필요한 경우 세무공무원은 같은 세목 및 같은 과세기간에 대하여 재조사를 실시할 수 있다.

③ 세무공무원은 세무조사를 하는 경우에는 조사를 받을 납세자에게 조사를 시작하기 15일 전에 조사대상 세목, 조사기간 및 조사 사유 등을 통지하여야 한다.

④ 세무조사 사전통지를 받은 납세자가 세무조사 연기신청을 한 경우 관할세무관서의 장은 연기신청 승인 여부를 결정하고 그 결과를 조사 개시 5일 전까지 통지하여야 한다.

⑤ 세무공무원은 법에 따라 세무조사의 범위를 확대하는 경우 그 사유와 범위를 납세자에게 문서로 통지하여야 한다.

5. 「법인세법」상 사업연도와 납세지에 관한 설명으로 옳지 않은 것은?

　① 법령이나 정관 등에 사업연도에 관한 규정이 없는 내국법인은 매년 1월 1일부터 12월 31일까지를 그 법인의 사업연도로 한다.

　② 법령에 따라 사업연도가 정하여지는 법인이 관련 법령의 개정에 따라 사업연도가 변경된 경우에는 사업연도의 변경신고를 하지 아니한 경우에도 그 법령의 개정내용과 같이 사업연도가 변경된 것으로 본다.

　③ 국내사업장이 없는 외국법인으로서 국내원천 부동산소득이 있는 법인은 따로 사업연도를 정하여 그 소득이 최초로 발생하게 된 날부터 1개월 이내에 납세지 관할세무서장에게 사업연도를 신고하여야 한다.

　④ 법인의 등기부상 본점 등의 소재지가 변동되지 않은 경우에는 납세지 지정을 제외하고는 법인이 임의로 납세지를 변경할 수 없다.

　⑤ 내국법인이 사업연도 중에 연결납세방식을 적용받는 경우 그 사업연도 개시일부터 연결사업연도 개시일의 전날까지의 기간을 1사업연도로 본다.

6. 「법인세법」상 당해 과세기간의 세무조정 및 소득처분에 관한 설명으로 옳은 것은? 단, 전기 이전 세무조정은 모두 정상적으로 이루어졌다.

　① 장부상 자기주식소각이익 500,000원을 손익계산서상 기타포괄손익으로 회계처리한 경우 익금산입하여야 한다.

　② 「보험업법」에 따른 유형자산의 평가로 재평가이익 3,000,000원을 장부상 영업외수익항목으로 회계처리한 경우, 익금불산입 3,000,000원(△유보)으로 처리하여야 한다.

　③ 전기에 특수관계자인 개인으로부터 500,000원(취득 당시 시가 800,000원)에 취득하고 지급액을 장부상 취득원가로 회계처리한 유가증권을 당기 중 600,000원에 처분하고 처분이익 100,000원을 당기손익에 반영한 경우, 익금불산입 300,000원(△유보)으로 처리하여야 한다.

　④ 전기에 비용처리한 업무무관부동산에 대한 재산세 중 1,000,000원이 당기에 과오납금으로 환급되면서 환급금 이자 25,000원을 함께 받고 모두 잡이익으로 회계처리한 경우, 익금불산입 1,000,000원(△유보), 익금불산입 25,000원(기타)으로 처리하여야 한다.

　⑤ 회사의 비특수관계인으로부터 정당한 사유없이 토지를 10,000,000원에 매입(시가 9,000,000원)하고 지급금액을 취득원가로 회계처리한 경우, 손금산입 1,000,000원(△유보), 손금불산입 1,000,000원(기타사외유출)으로 처리하여야 한다.

7. 「법인세법」상 자산의 취득가액에 관한 설명으로 옳지 않은 것은?

　① 무상으로 받은 토지의 가액은 당해 토지의 취득 당시의 시가에 의하는 것이나 시가가 불분명한 경우에는 감정평가업자가 감정한 가액에 의하고, 감정한 가액이 없는 경우에는 「상속세 및 증여세법」의 규정에 따라 평가한 가액으로 한다.

　② 유형고정자산의 취득과 함께 국·공채를 매입하는 경우 기업회계기준에 따라 그 국·공채의 매입가액과 현재가치의 차액을 당해 유형고정자산의 취득가액으로 계상한 금액은 유형고정자산의 취득가액에 포함한다.

　③ 채무자가 채무면제이익에 대해 과세이연요건을 갖춘 경우, 채무의 출자전환에 따라 취득한 주식의 취득원가는 출자전환된 채권의 장부가액으로 한다.

　④ 현물출자에 따라 취득한 토지의 취득원가는 취득 당시 시가로 한다.

　⑤ 출자법인이 적격현물출자로 인하여 피출자법인을 새로 설립하면서 그 대가로 주식만 취득하는 현물출자의 경우 주식의 취득원가는 현물출자한 순자산의 장부가액으로 한다.

제2교시　　　세법개론　　　①형

8. 제조업을 영위하는 영리내국법인(중소기업) ㈜A의 제23기(2023. 1. 1. ~ 2023. 12. 31.) 접대비 관련 자료는 다음과 같다. 전기까지 세무조정은 적정하게 이루어졌다고 가정할 경우 접대비와 관련된 세무조정 과정에서 기타사외유출로 처분되는 합계액으로 옳은 것은? 단, 별도의 언급이 없는 한 모든 접대비는 건당 사용금액 30,000원을 초과하고 적격증명서류를 수취하였으며, 경조사비와 문화접대비는 없는 것으로 한다.

> (1) 장부상 매출액은 30,000,000,000원으로 이 중 특수관계인 매출분은 10,000,000,000원이다. 매출액과 관련된 내용은 다음과 같다.
>
> 　가. 전기에 수탁자가 판매한 위탁매출액 500,000,000원(일반매출분)에 대하여 전기에 회계처리하지 않고 당기에 판매대금을 회수하면서 전액 손익계산서상 매출로 회계처리하였다.
>
> 　나. 특수관계인매출과 관련하여 「부가가치세법」상 사업상증여에 해당하는 500,000,000원이 포함되어 있다.
>
> (2) 손익계산서상 접대비계정으로 비용처리한 금액은 120,000,000원으로 다음의 금액이 포함되어 있다.
>
> 　가. 주주가 부담할 접대비를 회사가 부담한 것: 2,000,000원
>
> 　나. 업무와 관련하여 사용된 개인명의신용카드사용액: 4,000,000원
>
> 　다. 전기에 접대가 이루어졌으나 당기 결제되어 손익계산서상 접대비에 포함된 금액: 5,000,000원
>
> (3) 수입금액에 관한 적용률은 다음과 같다.
>
> | 수입금액 | 적용률 |
> | --- | --- |
> | 100억원 초과 500억원 이하 | 3천만원 + (수입금액 − 100억원) × 0.2퍼센트 |

① 15,800,000원

② 16,300,000원

③ 22,100,000원

④ 26,100,000원

⑤ 30,100,000원

9. 다음은 제조업을 영위하는 영리내국법인 ㈜A의 제23기 사업연도(2023. 1. 1. ~ 2023. 12. 31.)의 세무조정 관련 사항이며, 제시된 자료 이외의 추가사항은 없다. 전기의 세무조정은 적정하게 이루어졌으며 법인세부담 최소화를 가정할 경우, 소득금액조정합계표와 자본금과 적립금 조정명세서(을)에 영향을 미치는 금액을 각각 순액으로 표시한 것으로 옳은 것은?

> 가. 무상으로 받은 자산의 가액을 장부상 자산수증이익으로 처리한 금액: 4,500,000원(수증자산의 시가 5,500,000원)
>
> 나. 부가가치세 매출세액을 장부상 수익 처리한 금액: 500,000원
>
> 다. 당기 잉여금처분결의에 따라 배당금을 수령하고 지분법투자적용주식을 감소하는 것으로 처리한 금액: 2,000,000원(수입배당금 익금불산입 적용조건을 만족하며 익금불산입률은 30%임)
>
> 라. 결산을 확정할 때 잉여금의 처분을 손비로 계상한 금액: 3,000,000원
>
> 마. 전기에 업무용 토지에 대한 취득세를 납부하면서 비용으로 처리한 금액 중 당기에 환급되어 장부상 잡수익으로 처리한 금액: 300,000원

	소득금액조정합계표	자본금과 적립금 조정명세서(을)
①	5,200,000원	1,600,000원
②	4,600,000원	1,600,000원
③	4,600,000원	2,200,000원
④	3,200,000원	2,200,000원
⑤	3,200,000원	2,500,000원

3회

해커스 회계사 세법개론 실전동형모의고사

10. 다음은 제조업을 영위하는 영리내국법인 ㈜A(중소기업 또는 회생계획인가 중인 기업에 해당하지 않음)의 제23 기 사업연도(2023. 1. 1. ~ 2023. 12. 31.) 기부금 세무 조정을 위한 자료이다. 제23기의 각 사업연도의 소득금 액을 계산한 것으로 옳은 것은?

(1) 제23기 손익계산서상 법인세비용차감전순이익: 100,000,000원

(2) 손익계산서상 기부금 내역

내역	금액
「의료법」에 의한 의료법인에 지출한 기부금*(특수관계인에 해당함)	5,000,000원
천재지변으로 생긴 이재민을 위한 구호물품	5,000,000원
대표이사 동창회 기부금	10,000,000원

* 자사 제품을 기부한 것으로 동 제품의 장부가액은 5,000,000원, 시가는 10,000,000원임

(3) 제22기(2022. 1. 1. ~ 2022. 12. 31.)에 발생한 결손금 으로서 그 후의 각 사업연도의 과세표준을 계산할 때 공제되지 아니한 금액: 75,000,000원

(4) 제14기 특례기부금 손금산입한도액 초과금액: 15,000,000원

(5) 위 자료 이외의 추가적인 세무조정은 없다.

① 98,000,000원

② 102,000,000원

③ 102,750,000원

④ 105,000,000원

⑤ 105,750,000원

11. 제조업을 영위하는 영리내국법인 ㈜A(중소기업)의 제23 기(2023. 1. 1. ~ 2023. 12. 31.) 손익의 귀속사업연도에 관한 설명으로 옳은 것은?

① 「자본시장과 금융투자업에 관한 법률」에 따른 증권시장 에서 동법에 의한 증권시장업무 규정에 따라 보통거래방 식의 유가증권 매매로 인한 익금과 손금의 귀속사업연도 는 대금결제일이 속하는 사업연도로 한다.

② 장기할부조건으로 자산을 판매하고 장기할부조건에 따 라 각 사업연도에 회수하였거나 회수할 금액과 이에 대 응하는 비용을 신고조정에 의하여 해당 사업연도의 익금 과 손금에 산입할 경우, 인도일 전에 수령한 계약금은 수 령한 날이 속하는 사업연도에 익금에 산입한다.

③ 약정에 의한 지급기일이 2023. 12. 15.인 매출할인금액 을 2024. 1. 15.에 지급한 경우 그 매출할인금액은 제24 기의 매출액에서 차감한다.

④ 이미 경과한 기간에 대응하는 이자 300,000원을 제23 기의 비용으로 계상한 경우 그 이자는 「법인세법」에 따 라 원천징수되는 이자에 해당하지 않는 경우에만 제23 기의 손금으로 한다.

⑤ 임대료 24,000,000원(임대계약기간: 2023. 10. 1. ~ 2025. 9. 30.)을 2023. 10. 1. 선불로 받는 조건으로 임 대계약을 체결하고, 그 임대료를 제23기의 수익으로 계 상하지 않은 경우 제23기의 「법인세법」상 임대료수익은 3,000,000원이다.

12. 다음은 제조업을 영위하는 영리내국법인 ㈜K가 제23기 사업연도(2023. 1. 1. ~ 2023. 12. 31.) 말 현재 보유하고 있는 주식 및 가상자산과 관련한 자료이다. 이들에 대하여 필요한 세무조정을 완료한 후, 이를 반영한 개별 주식의 「법인세법」상 주식가액 및 가상자산가액을 계산한 것으로 옳은 것은? 단, 법인세부담 최소화를 가정하고, 주어진 자료 이외의 다른 사항은 고려하지 않는다.

구분	제23기 말 재무상태표상 장부가액	장부가액에 대한 세부내역
㈜A의 주식	25,000,000원	2023. 5. 4. 시가 10,000,000원인 주식을 정당한 사유 없이 특수관계인 외의 자로부터 12,000,000원에 매입하였고, 2023. 12. 31.의 시가인 25,000,000원으로 평가하였다.
㈜B의 주식	5,000,000원	2023. 2. 5. 시가 5,000,000원에 주식을 매입하고, 장부에 매입가액으로 계상하였다. 2023. 10. 25. ㈜B가 재평가적립금(건물 3% 세율 적용분과 1% 세율 적용분 각각 50%)의 일부를 자본전입함에 따라 무상주 200주(1주당 액면가액 5,000원)를 수령한 후 아무런 회계처리하지 아니하였다.
㈜C의 가상자산	4,000,000원	당기 중 가상자산을 2회 매입하여 각 2,000,000원, 3,000,000원에 취득한 후, 최초 취득 가상자산은 매각하고 나중에 매입한 가상자산을 시가로 평가하였다.

	㈜A의 주식	㈜B의 주식	㈜C의 가상자산
①	12,000,000원	5,500,000원	4,000,000원
②	12,000,000원	5,500,000원	3,000,000원
③	12,000,000원	6,000,000원	4,000,000원
④	13,000,000원	5,500,000원	3,000,000원
⑤	13,000,000원	6,000,000원	3,000,000원

13. 다음은 제조업을 영위하는 영리내국법인 ㈜A(한국채택국제회계기준 적용하지 않음, 중소기업 아님)의 제22기(2022. 1. 1. ~ 2022. 12. 31.)와 제23기(2023. 1. 1. ~ 2023. 12. 31.) 건물의 감가상각과 관련된 자료이다. 제23기 말 유보잔액으로 옳은 것은?

(1) 본점용 건물을 2022. 7. 30.에 시가인 500,000,000원에 매입하고 장부에 매입가액으로 계상하였다. 동 건물은 매입일부터 사업에 사용하였다.

(2) 제22기에 동 건물의 취득세로 5,000,000원을 지출하고 손익계산서상 세금과공과로 계상하였다.

(3) 제23기에 동 건물 냉난방장치 설치비용 50,000,000원을 건물의 자본적 지출로 재무상태표에 계상하였다.

(4) 동 건물과 관련하여 제22기와 제23기에 각각 100,000,000원을 손익계산서상 감가상각비로 계상하였다.

(5) 건물의 감가상각방법은 신고하지 않았다(정액법 상각률은 0.1, 정률법 상각률은 0.2로 가정함).

(6) 법인세부담 최소화를 가정하고, 주어진 자료 이외의 다른 사항은 고려하지 않는다.

① 0원
② 44,250,000원
③ 124,250,000원
④ 129,250,000원
⑤ 174,250,000원

14. 다음은 제조업을 영위하는 영리내국법인 ㈜A(중소기업)의 제23기 사업연도(2023. 1. 1. ~ 2023. 12. 31.)의 대손금 및 대손충당금 관련 자료이다. 대손금 및 대손충당금 관련 세무조정이 제23기 각 사업연도의 소득금액에 미친 순영향으로 옳은 것은?

(1) 제23기 말 재무상태표상 채권 잔액: 400,000,000원(이 중에는 특수관계인 아닌 자와 거래한 것으로서 거래일로부터 2년이 경과한 미수금 20,000,000원이 포함되어 있음)

(2) 제23기 재무상태표상 대손충당금 내역

대손충당금			(단위: 원)
당기상계액	7,000,000*	기초잔액	10,000,000
		상각채권 추심	2,000,000**
기말잔액	20,000,000	당기설정액	15,000,000

* 부도발생일부터 6개월이 지난 외상매출금으로서 부도발생일 이전의 것으로서 1,000원을 공제한 금액임

** 제22기에 대손부인된 채권(미수금)이 2023. 6. 20.에 회수된 것임

(3) 제22기 자본금과 적립금 조정명세서(을)의 기말 잔액

과목 또는 사항	기말잔액
미수금 대손부인액	2,000,000원***
대손충당금 한도초과액	1,500,000원

*** 2023. 6. 20.에 회수되었음

(4) 제22기 말 재무상태표상 기말 채권은 348,000,000원이다.

① (−)11,100,000원

② (−)11,500,000원

③ 8,500,000원

④ 13,500,000원

⑤ 16,200,000원

15. 내국법인의 소득처분에 관한 설명으로 옳은 것은?

① 업무무관자산에 대한 지급이자 및 건설자금이자 등과 같은 지급이자 손금불산입액은 모두 기타사외유출로 처분한다.

② 사외유출된 익금산입액의 귀속자가 사업소득이 있는 개인으로서 그 자의 사업소득을 구성하는 경우에는 그 자에게 기타소득으로 처분한다.

③ 기부금을 지출하고 선급비용(자산)으로 처리한 경우에는 손금산입하고 기타로 처분한다.

④ 제조업을 영위하는 법인 소유의 업무용 차량의 감가상각비 한도초과액은 유보로 처분하나, 업무용 승용차의 임차료 중 감가상각비 상당액의 한도초과액은 기타사외유출로 처분한다.

⑤ 사내유보로 처분한 금액은 청산소득에 대한 법인세 과세표준의 산정과는 직접적인 관련이 없다.

16. 「법인세법」상 부당행위계산의 부인에 관한 설명으로 옳은 것은?

① 주권상장법인이 발행주식총수의 100분의 10의 범위에서 「상법」에 따라 부여한 주식매수선택권의 행사로 주식을 시가보다 낮은 가액으로 양도한 경우에는 조세의 부담을 부당하게 감소시킨 것으로 본다.

② 중소기업이 사용인(지배주주인 직원 포함)에게 주택자금을 무상으로 대여한 경우에는 부당행위계산의 부인 규정이 적용되지 아니한다.

③ 토지의 시가가 불분명한 경우로 「부동산 가격공시에 관한 법률」에 의한 감정평가법인이 감정한 가액이 2 이상인 경우에는 그 중 가장 큰 금액으로 평가한다.

④ 특수관계인으로부터 무수익 자산을 매입 또는 현물출자 받았거나 그 자산에 대한 비용을 부담한 경우에는 그 거래금액에 관계없이 부당행위계산의 부인 규정을 적용한다.

⑤ 특수관계인에 대한 금전 대여의 경우 대여기간이 5년을 초과하는 대여금이 있으면 해당 대여금에 한정하여 가중평균차입이자율을 시가로 한다.

17. 제조업을 영위하는 영리내국법인 ㈜A(중소기업 아님)의 제23기 사업연도(2023. 1. 1. ~ 2023. 12. 31.)의 법인세 신고 관련 자료이다. ㈜A가 제23기 「조세특례제한법」상 공제받을 수 있는 세액공제액을 계산한 것으로 옳은 것은? 단, 법인세부담 최소화를 가정한다.

> (1) 각 사업연도의 소득금액: 500,000,000원
> (2) 이월결손금의 내역
>
> | 발생사업연도 | 발생액 |
> |---|---|
> | 제21기
(2021. 1. 1. ~ 2021. 12. 31.) | 400,000,000원[*] |
>
> [*] 이 중 150,000,000원이 2022. 5. 20. 채무면제이익으로 충당됨
>
> (3) 연구·인력개발비에 대한 세액공제액: 10,000,000원
> (4) 외국납부세액: 2,000,000원(공제한도는 고려하지 않음)
> (5) 토지 등 양도소득에 대한 법인세액, 미환류소득에 대한 법인세액, 가산세, 추징세액은 없다.
> (6) 중소기업이 아닌 내국법인의 과세표준 100억원 이하 부분에 적용되는 최저한세율: 10%
> (7) ㈜A는 유동화거래를 목적으로 설립된 법인이 아니며, 회생계획, 기업개선계획, 경영정상화계획을 이행 중에 있지 않다.

① 2,500,000원   ② 5,000,000원
③ 7,500,000원   ④ 8,000,000원
⑤ 10,000,000원

18. 「법인세법」상 영리내국법인의 각 사업연도의 소득에 대한 법인세 과세표준 및 세액의 계산과 신고 및 납부에 관한 설명으로 옳은 것은?

① 「조세특례제한법」상 중소기업의 경우 납부할 세액이 1천만원을 초과하면 납부기한이 지난 날부터 1개월 이내에 분납할 수 있다.
② 외국정부에 납부하였거나 납부할 외국법인세액이 공제한도를 초과하는 경우 그 초과하는 금액은 다음 사업연도로 이월하여 공제받을 수 없다.
③ 내국법인 A(제조업)가 당해 법인의 주주인 내국법인 B(제조업)에게 배당금을 지급하는 경우에는 그 배당금에 대한 법인세의 원천징수를 하여야 한다.
④ 법인세의 과세표준과 세액을 납세지 관할세무서장에게 신고할 때 기업회계기준을 준용하여 작성한 개별 내국법인의 재무상태표·포괄손익계산서 및 이익잉여금처분계산서(또는 결손금처리계산서)를 신고서에 첨부하지 아니하면 「법인세법」에 따른 신고로 보지 아니한다.
⑤ 「조세특례제한법」상 중소기업이 결손금 소급공제에 따른 환급을 적용을 신청하지 아니한 경우 경정청구가 가능하다.

19. 「소득세법」상 납세의무자와 납세지에 관한 설명으로 옳지 않은 것은?

① 해당 과세기간 종료일 10년 전부터 국내에 주소나 거소를 둔 기간의 합계가 5년 이하인 외국인 거주자(동업기업의 동업자 아님)에게는 과세대상 소득 중 국외에서 발생한 소득의 경우 국내에서 지급되거나 국내로 송금된 소득에 대해서만 과세한다.
② 국외에서 근무하는 대한민국 공무원은 거주자로 간주되어 국내에서 종합소득세 납세의무를 진다.
③ 국내 주소가 없는 재외 동포 갑이 국내 거소를 둔 기간이 2022년에 100일, 2023년에 170일인 경우, 甲은 2023년에 발생한 국내외 모든 소득에 대하여 납세의무를 진다.
④ 법인으로 보지 않는 법인 아닌 단체 중에서 구성원에게 이익을 분배하는 것이 확인된 단체의 소득은 구성원별로 소득세 납세의무를 진다.
⑤ 사업소득이 있는 거주자가 사업장 소재지를 소득세의 납세지로 신청한 경우에 관할지방국세청장은 해당 사업장 소재지를 납세지로 지정할 수 있다.

20. 사업자가 아닌 거주자 갑의 2023년 금융소득에 대한 자료가 다음과 같을 때, 이자소득금액과 배당소득금액으로 종합소득금액에 합산되는 총 금액으로 옳은 것은? 단, 자료에 언급된 것 이외에는 모두 적법하게 원천징수되었다.

> (1) 거주자 갑이 비상장 내국법인으로부터 수취한 무상주에 대한 설명은 다음과 같다.
>   가. 자기주식처분이익(자기주식처분일 2020. 9. 30.)을 자본전입(자본전입일 2023. 10. 25.)함에 따른 무상주 10,000주(주당 액면가 500원)를 ㈜A로부터 수취하였다.
>   나. 자기주식소각이익(주식소각일 2021. 8. 30., 소각 당시 시가: 주당 800원, 취득가액: 주당 850원)의 자본전입(자본전입일 2023. 6. 10.)에 따른 무상주 5,000주(주당 액면가 500원)를 ㈜B로부터 수취하였다.
> (2) 출자공동사업자 배당소득금액 8,000,000원을 분배(2023년 귀속분)받았다.
> (3) 장기채권에 투자하여 이자 3,000,000원을 지급받았다(2014. 1. 1.에 발행한 채권으로 약정기간은 20년이며, 동 채권으로부터 지급받은 당해연도의 이자에 대해서 거주자 갑이 따로 분리과세를 신청하지 않았다).
> (4) 2023년 초에 지인에게 자금을 대여해 주고 이자 10,000,000원을 지급받았다(동 이자에 대해서는 원천징수가 되지 않았다).

① 20,555,000원   ② 27,500,000원
③ 28,110,000원   ④ 28,555,000원
⑤ 29,050,000원

21. 다음 자료를 이용하여 부동산임대사업자인 거주자 갑의 2023년도 사업소득 총수입금액을 계산한 것으로 옳은 것은?

> (1) 갑은 국내에 주택 3채(각각의 기준시가는 모두 2억원을 초과함)를 소유하고, 그 중 2개의 주택(「소득세법」에 따른 간주임대료 계산대상임)을 임대하고 있다.
> (2) 주택임대내역
> - A주택: 2022년 10월 16일에 임대주택의 임대보증금 600,000,000원과 2년분 임대료 24,000,000원을 일시에 수령하였다.
> - B주택: 2023년 1월 1일 임대주택의 보증금 200,000,000원을 수령하였다. 임대기간은 2년이다.
> (3) 기획재정부령으로 정하는 정기예금이자율은 연 5%로 가정한다.
> (4) 임대보증금을 운용하여 얻은 이자수입 2,000,000원이 있다.
> (5) 갑은 적법하게 장부를 비치·기록하고 있으며, 장부에 의하여 사업소득금액을 신고하는 것으로 한다.

① 25,000,000원
② 26,000,000원
③ 29,000,000원
④ 35,000,000원
⑤ 39,900,000원

22. 다음은 국내 상장법인의 생산직 근로자로 근무하고 있는 거주자 갑의 2023년도 연간 급여와 관련된 명세내역이다. 근로소득 총급여액으로 옳은 것은?

> (1) 기본급: 18,000,000원(월 1,500,000원)
> (2) 식사대: 3,000,000원(월 250,000원×12개월)
>   - 현물식사를 별도로 제공받지 않음
> (3) 자가운전보조금: 3,600,000원(월 300,000원×12개월)
>   - 갑의 소유차량을 업무수행에 이용하고 실제 여비를 받는 대신에 회사의 지급기준에 따라 수령한 금액임
> (4) 이익잉여금처분에 의한 성과배분상여금의 내역

대상 사업연도	잉여금처분 결의일	지급일	금액
2022. 1. 1. ~ 2022. 12. 31.	2023. 2. 25.	2023. 3. 22.	5,000,000원
2023. 1. 1. ~ 2023. 12. 31.	2024. 2. 19.	2024. 2. 24.	9,000,000원

> (5) 6세 이하 자녀의 보육수당: 2,400,000원(월 200,000원×12개월)
> (6) 「근로기준법」에 따른 연장근로와 야간근로로 인하여 받은 수당: 3,000,000원
> (7) 단체순수보장성보험료 납입액: 600,000원(월 50,000원)
> (8) 직전연도 총급여액: 20,000,000원

① 26,600,000원
② 27,200,000원
③ 27,800,000원
④ 30,200,000원
⑤ 31,000,000원

23. 다음은 거주자 갑의 국민연금과 관련된 자료이다. 이를 이용하여 거주자 갑의 2023년 과세대상 총 연금액을 계산한 것으로 옳은 것은?

> (1) 거주자 갑(나이 60세)은 2023년에 「국민연금법」에 의한 연금으로 18,000,000원을 수령하였다.
>
> (2) 거주자 갑이 국민연금에 납입한 연금보험료 누계액과 환산소득의 누계액은 다음과 같다.
>
> | 구분 | 납입한 연금보험료 누계액 | 환산소득의 누계액 |
> |---|---|---|
> | 2002. 12. 31. 까지 | 45,000,000원 | 675,000,000원 |
> | 2003. 1. 1. 이후 | 75,000,000원 | 825,000,000원 |
> | 합계 | 120,000,000원 | 1,500,000,000원 |
>
> (3) 납입한 연금보험료 누계액 120,000,000원 중 연금보험료 소득공제를 받지 않은 소득금액은 50,000,000원이다.

① 0원

② 1,750,000원

③ 4,900,000원

④ 5,800,000원

⑤ 6,250,000원

24. 「소득세법」상 소득금액계산의 특례에 관한 다음의 설명으로 옳은 것을 모두 묶은 것은?

> ㄱ. 출자공동사업자의 배당소득, 사업소득, 기타소득, 양도소득은 부당행위계산부인의 대상이 된다.
>
> ㄴ. 사업소득금액을 계산할 때 해당 과세기간에 결손금이 발생하고 이월결손금이 있는 경우에는 결손금을 먼저 소득금액에서 공제한다.
>
> ㄷ. 공동사업합산과세 규정에 따라 특수관계인의 소득금액이 주된 공동사업자에게 합산과세되는 경우, 주된 공동사업자의 특수관계인은 그 합산과세되는 소득금액 전체에 대하여 주된 공동사업자와 연대하여 납세의무를 진다.
>
> ㄹ. 종합소득과세표준 확정신고 후 예금 또는 신탁계약의 중도 해지로 이미 지난 과세기간에 속하는 이자소득금액이 감액된 경우 그 중도 해지일이 속하는 과세기간의 종합소득금액에 포함된 이자소득금액에서 그 감액된 이자소득금액을 뺄 수 있다. 다만, 「국세기본법」에 따라 과세표준 및 세액의 경정을 청구한 경우에 한하여 적용한다.

① ㄱ, ㄴ

② ㄴ, ㄷ

③ ㄱ, ㄷ

④ ㄱ, ㄴ, ㄷ

⑤ ㄱ, ㄷ, ㄹ

25. 다음은 근로자(일용근로자 아님)인 거주자 갑의 2023년 교육비와 관련된 자료이다. 거주자 갑의 교육비 세액공제액으로 옳은 것은? 단, 갑을 제외한 다른 사람의 소득은 없으며, 세부담 최소화를 가정한다.

지출 대상	연령	교육비 명세	금액	비고
본인 (갑)	50세	대학원 등록금	4,000,000원	총급여액 80,000,000원 (다른 종합소득 없음)
모친	72세	장애인재활교육 (사회복지법인)	5,000,000원	정기예금이자 30,000,000원
장남	22세	대학교 등록금	8,000,000원	전액 학자금대출을 받아 지급한 것임
장녀	18세	고등학교에서 구입한 교과서대금	200,000원	
		방과후 학교 수업료 및 특별활동비	1,900,000원	
		교복구입비용	700,000원	
		사설 영어학원 수강료	1,400,000원	

① 990,000원

② 1,540,000원

③ 1,740,000원

④ 1,800,000원

⑤ 2,940,000원

26. 다음 중 「소득세법」에 따라 양도소득세가 과세되는 경우는?

① 거주자 A는 재산분할로 배우자에게 본인 명의의 비상장주식을 이전하였다.

② 거주자 B는 자녀에게 본인 소유의 토지를 무상으로 이전하였다.

③ 거주자 C는 건설업을 영위하고 있으며, 주택을 신축하여 판매하였다.

④ 거주자 D는 파산선고에 따라 토지를 경매로 넘겼다.

⑤ 거주자 E(사업자)는 음식점업에 사용하던 건물을 처분하였다.

27. 다음은 거주자 갑이 양도한 1세대 1주택에 해당하는 주택에 관한 자료이다. 거주자 갑이 양도한 주택의 양도소득 금액으로 옳은 것은? 단, 세부담을 최소화하는 방향으로 필요경비를 선택한다.

(1) 확인되는 취득 및 양도에 관한 자료		
구분	실지거래가액(시가)	기준시가
취득	미확인	450,000,000원
양도	1,500,000,000원	900,000,000원

(2) 위 주택에 대해 자본적 지출 40,000,000원을 지급하였다.

(3) 양도 당시 계약서 작성, 부동산 중개수수료 등으로 10,000,000원을 지출하였다.

(4) 동 주택에 대한 장기보유특별공제율은 40%를 적용한다.

(5) 위의 주택은 등기된 자산이며, 해당 과세기간에 동 주택 외의 다른 양도소득세 과세거래는 없었다.

① 29,190,000원

② 69,320,000원

③ 82,500,000원

④ 88,380,000원

⑤ 220,950,000원

28. 거주자의 종합소득에 대한 신고, 납부 및 징수와 관련된 다음의 설명 중 옳지 <u>않은</u> 것은?

① 무신고가산세와 무기장가산세가 동시에 적용되는 경우에는 그 중 가산세액이 큰 가산세만을 적용한다.

② 해당 과세기간의 개시일 현재 사업자가 아닌 자로서 그 과세기간 중 신규로 사업을 개시한 자는 해당 과세기간에 대한 중간예납 의무가 없다.

③ 「부가가치세법」상 면세되는 재화 또는 용역을 공급하는 자로서 사업장을 보유하고 있는 자는 사업장 현황신고를 하여야 하나, 해당 과세기간 중 사업을 폐업한 자는 사업장 현황신고의무가 없다.

④ 납세지 관할세무서장 또는 지방국세청장은 과세표준확정신고를 하여야 할 자가 그 신고를 하지 아니한 경우에는 해당 거주자의 해당 과세기간 과세표준과 세액을 결정한다.

⑤ 납세지 관할세무서장 또는 지방국세청장은 거주자가 조세를 포탈할 우려가 있다고 인정되는 상당한 이유가 있는 경우에는 수시로 그 거주자에 대한 소득세를 부과할 수 있다.

29. 「부가가치세법」상 재화와 용역의 공급에 관한 설명으로 옳은 것은?

① 사업장이 둘 이상인 사업자 단위 과세사업자가 자기의 사업과 관련하여 생산 또는 취득한 재화를 판매할 목적으로 자기의 다른 사업장에 반출하는 것은 재화의 공급으로 본다.

② 질권, 저당권 또는 양도담보의 목적이라고 하더라도 동산, 부동산 및 부동산상의 권리를 제공하는 것은 재화의 공급으로 본다.

③ 전기, 가스, 열 등 관리할 수 있는 자연력은 재화로 보지 아니한다.

④ 항공운송사업자가 탑승객에게 무상으로 음식을 제공하는 것은 해당 대가가 주된 용역의 공급에 대한 대가에 통상적으로 포함되어 공급되는 것으로 보아 독립된 별개의 과세대상 거래로 보지 아니한다.

⑤ 주된 사업에 부수된 거래로 주된 사업과 관련하여 우연히 또는 일시적으로 공급되는 재화 또는 용역의 공급은 별도의 공급으로 보며, 과세 및 면세 여부 등도 주된 사업과 별도로 판단하여야 한다.

30. 「부가가치세법」상 과세대상으로 옳은 것은?

① 사업자가 상속재산인 사업용 건물을 「상속세 및 증여세법」에 따라 물납한 경우

② 소매업을 운영하는 사업자가 외국의 소매업자로부터 구입한 운동화를 우리나라의 보세구역으로 반입한 경우

③ 골프장 경영자가 골프장 이용자로부터 일정기간 거치 후 반환하지 아니하는 입회금을 받은 경우

④ 선주와 화주와의 계약에 따라 화주가 조기선적을 하고 선주로부터 조출료를 받은 경우

⑤ 장난감대여업을 운영하는 사업자가 대여한 장난감의 망실에 대하여 변상금을 받은 경우

31. 「부가가치세법」상 납세의무에 관한 설명으로 옳은 것은?

① 과세사업자인 내국법인이 국내사업장이 없는 외국법인으로부터 매입세액불공제대상인 용역을 국내에서 제공받아 과세사업에 사용하는 경우 용역을 제공받은 내국법인은 대리납부의무를 부담하지 않는다.

② 영세율적용대상 거래만 있는 사업자는 「부가가치세법」상 신고의무가 없다.

③ 과세의 대상이 되는 행위 또는 거래의 귀속이 명의일 뿐이고 사실상 귀속되는 자가 따로 있는 경우라 하더라도 명의자에 대하여 「부가가치세법」을 적용한다.

④ 지방자치단체가 도소매업을 하는 경우 부가가치세 납세의무가 있다.

⑤ 「여객자동차 운수사업법」에 따른 여객자동차 운수사업 중 관광용 고속철도에 의한 여객운송사업을 영위하는 내국법인은 부가가치세 납세의무를 부담하지 아니한다.

32. 「부가가치세법」상 면세와 영세율에 관한 설명으로 옳지 않은 것은?

① 재화를 수출하는 사업자가 비거주자 또는 외국법인이면 그 해당 국가에서 대한민국의 거주자 또는 내국법인에 대하여 동일하게 면세하는 경우에만 영세율을 적용한다.

② 외국인도수출(수출대금을 국내에서 영수하지만 국내에서 통관되지 아니한 수출품등을 외국으로 인도하거나 제공하는 수출)로서 국내사업장에서 계약과 대가수령 등 거래가 이루어지는 것은 영세율을 적용한다.

③ 수출업자와 직접 도급계약에 의하여 수출재화를 임가공하는 수출재화임가공용역(수출재화염색임가공을 포함)은 사업자가 부가가치세를 별도로 적은 세금계산서를 발급하더라도 영세율을 적용하는 것이 원칙이다.

④ 국내에 주소를 둔 거주자 갑이 국내사업장이 없는 비거주자에게 법률자문(전문서비스)용역을 제공하는 경우 거래상대방의 해당 국가에서 우리나라의 거주자 또는 내국법인에 대하여 동일하게 면세하는 경우에만 영세율을 적용한다.

⑤ 규격단위로 포장하지 않고 판매하는 두부는 면세대상 재화이다.

33. 「부가가치세법」상 공급시기에 관한 설명으로 옳지 않은 것은?

① 반환조건부 판매, 동의조건부 판매, 그 밖의 조건부 판매 및 기한부 판매의 경우에는 그 조건이 성취되거나 기한이 지나 판매가 확정되는 때를 공급시기로 본다.

② 현금판매의 경우 재화가 인도되거나 이용가능하게 되는 때를 공급시기로 본다.

③ 재화의 공급으로 보는 가공의 경우는 가공된 재화를 인도하는 때를 공급시기로 본다.

④ 재화의 수입시기는 「관세법」에 따른 수입신고가 수리된 때로 한다.

⑤ 사업자가 보세구역 안에서 보세구역 밖의 국내에 재화를 공급하는 경우가 재화의 수입에 해당할 때에는 보세구역 밖의 사업자에게 재화를 인도할 때를 공급시기로 본다.

34. 과세재화와 면세재화를 모두 판매하는 소매업자 ㈜D의 2023년 제1기 예정신고기간(2023. 1. 1. ~ 2023. 3. 31.)의 부가가치세 납부세액(또는 환급세액)을 계산한 것으로 옳은 것은? 단, 제시된 금액은 특별한 언급이 없는 한 부가가치세를 포함하지 아니한 것이며, 모든 과세 매입 거래에 대해서는 세금계산서를 발급받았다.

(1) 1월 10일에 과세사업과 면세사업에 공통으로 사용하기 위한 건물과 부수토지를 106,000,000원(부가가치세 포함)에 구입하였다. 토지와 건물의 가액은 불분명하고, 토지의 기준시가는 32,000,000원, 건물의 기준시가는 48,000,000원이다.

(2) 1월 20일에 과세사업과 면세사업에 공통으로 사용 중인 배달용 트럭(2022년 1월 5일 구입가액 8,000,000원)을 3,000,000원에 매각하고, 같은 용도의 새 트럭을 10,000,000원에 구입하였다.

(3) 예정신고기간의 상품 매입액과 매출액은 다음과 같다.

구분	매입액	매출액
과세상품	40,000,000원	50,000,000원
면세상품	40,000,000원	50,000,000원

(4) 2022년 제2기의 과세공급가액과 면세공급가액은 각각 49,500,000원, 40,500,000원이다.

① 1,430,000원
② 1,435,000원
③ 1,440,000원
④ △2,335,000원
⑤ △2,450,000원

35. 내국법인인 ㈜A의 2022. 4. 1.부터 2022. 6. 30.까지의 부가가치세 과세표준을 계산하면 얼마인가? 단, ㈜A는 주사업장 총괄납부를 하고 있으며, 각 금액에는 부가가치세가 포함되어 있지 않다.

거래일자	거래 내용
4. 3.	국내거래처 제품을 7월 1일에 100,000,000원에 인도하기로 하고 B법인으로부터 선수금 50,000,000원을 수령하고, 공급가액을 100,000,000원으로 하여 4. 3.(작성일자)에 세금계산서를 발행함
5. 2.	서울시에 무상 기증한 제품 (원가 3,000,000원, 시가 3,750,000원)
5. 24.	세금계산서 발급 없이 직매장에 반출한 제품 (원가 1,000,000원, 시가 1,500,000원)
6. 23.	중국의 거래처 D에 제품을 직수출하기 위하여 6월 23일 선적함. 6월 1일 수출대금 $50,000 중 $10,000을 수령(과세기간 종료일까지 환가하지는 않음)하고, 잔액은 전액 외상으로 함(기준환율 6월 1일 $1: 1,000원, 6월 23일 $1: 1,100원, 6월 30일 $1: 1,120원)
6. 30.	6월 1일부터 5개월간 E거래처와 컴퓨터 유지보수 계약을 맺고, 그 대금을 6월 30일부터 매월 말에 2,000,000원씩 수령하기로 하였다.

① 55,500,000원
② 56,000,000원
③ 57,000,000원
④ 107,000,000원
⑤ 177,500,000원

36. 다음 중 납세의무자 A(법인)의 부가가치세 신고 시 매출세액에서 공제하는 매입세액에 해당하는 것은?

① 2023. 1. 22. 乙에게서 재화를 공급받으면서 A법인 대표자의 주민등록번호를 적은 세금계산서를 발급받았을 경우 해당 매입세액(A의 사업자등록신청일은 2023. 2. 1.임)
② 2022. 12. 2. 乙에게서 용역을 제공받고 세금계산서(작성일자 2022. 12. 2.)는 2023. 1. 20. 발급받은 경우 해당 매입세액
③ 乙로부터 매입한 건물을 신축 건물의 부지로 사용하기 위하여 철거하는 경우의 건물 철거비 관련 매입세액
④ A가 은행업을 영위하는 경우 건물의 소유주로부터 세금계산서 교부받은 부동산임대료에 관한 매입세액
⑤ A가 운수업을 영위하는 경우 소형승용차 구입하면서 부담한 매입세액. 단, 소형승용차는 A의 대표의 업무용 차량임

37. 상속세와 증여세에 대한 다음 설명 중 옳지 않은 것은?

① 피상속인과 상속인이 국내에 주소를 두고 있으며, 2023년 3월 5일에 상속이 개시되는 경우 상속세 납부의무가 있는 상속인은 2023년 9월 30일까지 상속세의 과세가액 및 과세표준을 신고하여야 한다.
② 연부연납을 허가받은 경우를 제외하고는, 납부할 증여세가 18,000,000원인 경우에는 10,000,000원을 납부하고 나머지 8,000,000원은 납부기한 경과 후 2개월 이내에 분납할 수 있다.
③ 상속세 납부세액 또는 증여세 납부세액이 20,000,000원을 초과하는 경우에는 담보를 제공하고 연부연납을 할 수 있다.
④ 상속세의 연부연납 기간은 연부연납 허가를 받은 날부터 10년, 증여세는 5년 이내이지만, 증여세의 연부연납 기간은 연장되는 경우가 있다.
⑤ 상속세는 물납이 가능하지만 증여세는 물납을 신청할 수 없다.

38. 「상속세 및 증여세법」상 증여세에 관한 설명으로 옳지 않은 것은?

① 증여세의 과세대상이 되는 증여재산에 대하여 수증자에게 법인세가 부과되는 경우 증여세와 법인세 중 큰 금액을 부과한다.
② 수증자가 증여재산을 당사자 간의 합의에 따라 증여세 과세표준 신고기한으로부터 6개월이 지난 후 증여자에게 반환하는 경우 당초의 증여 및 반환 모두에 대하여 증여세가 부과된다.
③ 친구로부터 받은 증여재산에 담보된 채무로서 수증자가 인수한 금액은 증여재산가액에서 차감한다.
④ 토지를 증여받아 증여세 납부의무가 있는 자는 증여받은 날이 속하는 달의 말일부터 3개월 이내에 증여세 과세가액 및 과세표준을 납세지 관할세무서장에게 신고하여야 한다.
⑤ 미성년자가 직계존속으로부터 생애 처음 증여를 받는 경우 증여세 과세가액에서 공제하는 증여재산공제액은 최대 2천만원이다.

39. 다음 자료를 이용하여 성년 거주자 갑의 증여세 산출세액을 계산하면 모두 얼마인가? 단, 갑은 과거 10년 이내에 증여받은 사실이 없다.

(1) 2023년 1월 10일: 할아버지가 손자 갑에게 현금 1억원 증여

(2) 2023년 1월 10일: 아버지가 아들 갑에게 현금 1억원 증여

(3) 증여세율

과세표준	세율
1억원 이하	과세표준의 100분의 10
1억원 초과 5억원 이하	1천만원 + 1억원을 초과하는 금액의 100분의 20

① 27,600,000원
② 24,000,000원
③ 19,550,000원
④ 17,250,000원
⑤ 16,100,000원

40. 다음은 과점주주에 대한 취득세와 관련된 설명이다. 옳지 않은 것은?

① 개인인 갑이 특수관계자와 합계 비상장법인 지분의 60%를 일시에 취득한 경우에는 취득세 납세의무가 있다.

② 개인인 을이 비상장법인 설립 시 70% 지분을 취득한 경우에는 취득세 납세의무가 없다.

③ 다른 주주의 주식이 감자됨으로써 비상장법인의 대주주인 병의 지분비율이 60%에서 70%로 증가한 경우에는 취득세 납세의무가 있다.

④ 개인인 정이 새로 취득한 지분 비율이 50%에서 1주라도 모자라는 경우에는 취득세 납세의무가 없다.

⑤ 개인이 과점주주가 된 후에 법인이 취득하는 부동산에 대해서는 법인은 취득세 납세의무가 있으나, 과점주주는 지분비율이 증가하지 않는 한 취득세 납세의무가 없다.

모의고사 분석표 & 정답 및 해설 ▶ p.110

● OMR 답안지를 이용하여 실전처럼 모의고사를 풀어보시길 바랍니다.

※ 각 문제의 보기 중에서 물음에 가장 합당한 답을 고르시오.
(주어진 자료 이외의 다른 사항은 고려하지 않으며, 조세부담 최소화를 가정할 것)

1. 「국세기본법」에 관한 설명으로 옳지 <u>않은</u> 것은?

① 무신고가산세의 납세의무 성립시기는 법정신고기한이 경과하는 때이다.

② 원천징수하는 소득세·법인세는 소득금액 또는 수입금액을 지급하는 달의 다음 달 10일에 납세의무의 성립과 확정이 이루어진다.

③ 5억원의 국세에 대한 징수권은 이를 행사할 수 있는 때부터 10년 동안 행사하지 않으면 소멸시효가 완성된다.

④ 사기로 부가가치세를 포탈한 경우 그 부가가치세를 부과할 수 있는 날부터 10년의 기간이 끝난 날 이후에는 부과할 수 없다.

⑤ 세법에 따라 당초 확정된 세액을 증가시키는 경정은 당초 확정된 세액에 관한 「국세기본법」 또는 세법에서 규정하는 권리·의무관계에 영향을 미치지 아니한다.

2. 국세 납세의무에 관한 설명으로 옳은 것은?

① 법인이 분할로 소멸하는 경우 분할신설법인은 분할법인에 부과되거나 분할법인이 납부할 국세 및 강제징수비를 납부할 의무를 승계한다.

② 피상속인이 납부할 국세 및 강제징수비에 대해 상속인은 납세의무를 승계하나 수유자는 납세의무를 승계하지 않는다.

③ 공동사업과 관련하여 발생하는 부가가치세에 대해서는 공동사업자가 연대하여 납세의무를 진다.

④ 이의신청, 심사청구, 심판청구, 「감사원법」에 따른 심사청구 또는 「행정소송법」에 따른 소송에 대한 결정이나 판결이 확정됨에 따라 그 결정 또는 판결의 대상이 된 과세표준 또는 세액과 연동된 납세의무자의 조정이 필요한 경우 국세부과의 제척기간은 그 판결이 확정된 날부터 1년으로 한다.

⑤ 사업양수인은 사업양도일 이전에 양도인의 납세의무가 성립된 국세 및 강제징수비에 대하여 제2차 납세의무를 진다.

3. 「국세기본법」상 과세와 환급에 관한 설명으로 옳지 <u>않은</u> 것은?

① 과세표준신고서는 신고 당시 해당 국세의 납세지를 관할하는 세무서장에게 제출하여야 한다. 다만, 전자신고를 하는 경우에는 지방국세청장이나 국세청장에게 제출할 수 있다.

② 납세자의 경정청구에 따라 국세를 환급하는 경우 국세환급금과 함께 국세환급가산금을 지급하며, 경정청구일부터 충당하는 날 또는 지급결정을 하는 날까지 기간을 고려하여 환급가산금을 지급한다.

③ 국세환급금 중 충당 후 잔액이 10만원 이하이고, 지급결정일부터 1년 이내에 환급이 이루어지지 않는 경우에는 미체납 고지분 국세에 충당할 수 있고, 이 경우 납세자의 동의가 있는 것으로 간주한다.

④ 경정청구 또는 이의신청(심사청구 및 심판청구 포함) 및 행정소송이 아닌 고충민원 처리에 따라 국세환급금을 지급하는 경우에는 국세환급가산금을 지급하지 아니한다.

⑤ 납세자의 국세환급금과 국세환급가산금에 관한 권리는 행사할 수 있는 때부터 5년간 행사하지 아니하면 소멸시효가 완성된다.

4. 증여세 관할세무서장이 갑의 토지(A)를 압류하여 2023년 12월 10일 180,000,000원에 매각하고 강제징수비 10,000,000원이 발생한 경우 다음 자료를 이용하여 부가가치세로 징수할 수 있는 금액을 계산한 것으로 옳은 것은?

(1) 증여세: 80,000,000원
(갑은 토지(A)를 2021년 6월 1일에 증여받고 증여세를 신고·납부하지 않았으며, 관할세무서장은 갑에게 2023년 8월 5일에 증여세 납부고지서를 발송하였으나 갑은 이를 체납함)

(2) 대한은행 대출금: 60,000,000원
(2023년 7월 26일 토지(A)에 저당권이 설정됨)

(3) 갑의 사업체에 종사하는 근로자들의 임금채권
 - 최종 3월분 임금채권: 10,000,000원
 - 기타 임금채권: 20,000,000원

(4) 부가가치세: 100,000,000원
(2023년 7월 25일까지 신고납부하지 않아 2023년 8월 20일 납부고지서를 발송함)

(5) 부가가치세 관할세무서장은 토지(A) 매각대금에 대해 증여세 관할세무서장에게 부가가치세의 교부를 청구함

① 0원
② 30,000,000원
③ 50,000,000원
④ 90,000,000원
⑤ 100,000,000원

세법개론

5. 「국세기본법」상 심판청구에 관한 설명으로 옳지 않은 것은?

① 심판청구인은 조세심판원장이 운영하는 정보통신망을 이용하여 심판청구서를 제출할 수 있다.

② 심판청구는 세법에 특별한 규정이 있는 것을 제외하고는 해당 처분의 집행에 효력을 미치지 아니하나, 해당 재결청이 처분의 집행 또는 절차의 속행 때문에 심판청구인에게 중대한 손해가 생기는 것을 예방할 필요성이 긴급하다고 인정할 때에는 처분의 집행 또는 절차 속행의 전부 또는 일부의 정지를 결정할 수 있다.

③ 조세심판관회의는 심판청구에 대한 결정을 할 때 심판청구를 한 처분 외의 처분에 대해서는 그 처분의 전부 또는 일부를 취소 또는 변경하거나 새로운 처분의 결정을 하지 못한다.

④ 조세심판원장이 심판청구를 받았을 때에는 조세심판관회의의 심리를 거쳐 조세심판원장이 결정한다.

⑤ 심사청구 또는 심판청구에 대한 재조사 결정에 따른 처분청의 처분에 대해서는 심사청구 또는 심판청구를 거치지 않고 곧바로 행정 소송을 제기할 수 있다.

6. 다음 자료를 이용하여 영리내국법인 ㈜A의 제23기 사업연도(2023. 1. 1. ~ 2023. 12. 31.) ㈜B 주식에 대한 의제배당금액을 계산한 것으로 옳은 것은? 단, 수입배당금액의 익금불산입은 고려하지 않는다.

(1) 2020년 5월 1일에 ㈜A는 내국법인 ㈜B의 주식 7,000주(주당 액면가액: 5,000원)를 시가인 주당 10,000원에 취득하였다.

(2) ㈜A가 제22기에 ㈜B의 잉여금 자본전입으로 인해 수령한 무상주 4,000주의 내역은 다음과 같다.

자본전입결의일	무상주	잉여금 자본전입의 재원
2022년 7월 1일	3,000주	자기주식처분이익
2022년 9월 1일	1,000주	「자산재평가법」에 따른 건물의 재평가적립금

(3) 2023년 2월 1일(감자결의일)에 ㈜B가 유상감자를 실시함에 따라 ㈜A는 보유주식 2,000주를 반환하고, 주당 20,000원의 현금을 감자대가로 수령하였다.

(4) ㈜B가 보유한 자기주식은 없다.

① 40,000,000원

② 31,500,000원

③ 21,250,000원

④ 10,000,000원

⑤ 2,500,000원

7. 다음은 제조업을 영위하는 영리내국법인 ㈜A(한국채택국제회계기준을 적용하지 않으며, 중소기업 아님)의 제23기 사업연도(2023. 1. 1. ~ 2023. 12. 31.) 업무용 승용차(B)의 세무조정을 위한 자료이다. 제23기 말 업무용 승용차(B)와 관련된 유보잔액을 계산한 것으로 옳은 것은?

(1) 2023년 1월 1일에 임원 전용 업무용 승용차(B)*를 120,000,000원에 취득하여 사업에 사용하기 시작하였다.

*「개별소비세법」 제1조 제2항 제3호에 해당하는 승용자동차로 제23기 전체 기간 동안 업무전용 자동차보험에 가입함

(2) 제23기 손익계산서상 업무용 승용차(B) 관련비용

구분	금액
감가상각비	20,000,000원
유류비, 보험료, 자동차세, 통행료	6,000,000원
합계	26,000,000원

(3) 회사는 운행기록 등을 작성·비치하지 않았다.

(4) 해당 사업연도의 상시근로자 수는 10명이다.

(5) 회사의 세무조정은 적정하게 이루어진 것으로 가정한다.

① 0원

② (−)4,000,000원

③ 10,000,000원

④ 12,400,000원

⑤ 13,600,000원

해커스 회계사 세법개론 실전동형모의고사

8. 다음은 제조업을 영위하는 영리내국법인 ㈜A의 제23기 사업연도(2023. 1. 1. ~ 2023. 12. 31.) 회계처리 내역이다. 제23기 각 사업연도의 소득금액 계산을 위하여 세무조정이 필요한 경우가 <u>아닌</u> 것은?

① 환경미화의 목적으로 여러 사람이 볼 수 있는 복도에 항상 전시하기 위해 미술품 1점을 1천만원에 취득하고, 그 취득가액을 재무상태표상 비품으로 계상하였다.

② 채무 1억원을 출자전환함에 따라 주식(액면가액 5천만원, 시가 7천만원)을 발행하고, 발행가액과 액면가액의 차액인 5천만원을 주식발행초과금(자본)으로 회계처리하였다.

③ 당기 중 금형을 1천만원에 취득하여 사업에 사용하고, 당해 자산의 취득가액을 손익계산서상 수선비로 계상하였다.

④ 해당 법인의 발행주식총수의 1%를 보유한 출자임원이 업무와 관련 없이 사용하고 있는 사택의 유지관리비 5백만원을 손익계산서상 수선비로 계상하였다.

⑤ 단기금융자산을 1억원에 매입하고, 당해 자산의 취득과 직접 관련되는 거래원가 1천만원을 포함한 1억 1천만원을 장부상 취득가액으로 회계처리하였다.

9. 지주회사가 아닌 영리내국법인 ㈜A의 제23기 사업연도(2023. 1. 1. ~ 2023. 12. 31.) 수입배당금 익금불산입액을 계산한 것으로 옳은 것은?

(1) 회사는 비상장 영리내국법인 ㈜갑으로부터 수입배당금 20,000,000원을 수령하여 수익으로 계상하였다.

배당금 내역	현금 배당금	보유주식 취득가액*	지분율	주식 취득일
기말 배당	10,000,000원**	10억원 (적수는 3,650억원)	60%	2021년 9월 5일
중간 배당	10,000,000원**			

* 「법인세법」상 장부가액으로 제23기 중 보유주식변동은 없음

** 배당기준일: 기말배당은 2022년 12월 31일, 중간배당은 2023년 6월 30일
배당결의일: 기말배당은 2023년 1월 20일, 중간배당은 2023년 8월 30일

(2) ㈜갑은 지급배당에 대한 소득공제와 「조세특례제한법」상 감면규정 및 동업기업과세특례를 적용받지 않는다.

(3) ㈜A의 2023년 12월 31일 현재 재무상태표상의 자산총액은 100억원(적수는 36,500억원)이다.

(4) 제23기 손익계산서상 이자비용의 구성내역은 다음과 같다.

구분	이자비용	이자율
회사채 이자	12,000,000원	10%
연지급수입의 지급이자	5,000,000원	1%
은행차입금 이자***	20,000,000원	10%
합계	37,000,000원	

*** 제23기 말 현재 건설 중인 본사건물의 건설에 소요된 것이 분명한 특정차입금 이자

(5) 지분율 50% 이상 비상장법인으로부터 받은 배당에 대한 익금불산입률: 100%

① 17,300,000원
② 17,800,000원
③ 18,300,000원
④ 18,800,000원
⑤ 20,000,000원

10. 「법인세법」상 영리내국법인의 접대비, 기부금, 대손금 및 지급이자에 관한 설명으로 <u>옳지 않은</u> 것은?

① 지출사실이 객관적으로 명백한 경우로서 증거자료를 구비하기 어려운 국외지역에서 지출한 경우에는 법정증거자료(신용카드매출전표·계산서 또는 세금계산서 등)의 수취대상이 아니다.

② 지진으로 생긴 이재민을 위해 장부가액 3억원, 시가 5억원인 상품을 기부한 경우 해당 현물기부금의 가액은 3억원으로 한다.

③ 내국법인이 각 사업연도에 지출하는 기부금 중 손금산입한도액을 초과하여 손금에 산입하지 아니한 금액은 해당 사업연도의 다음 사업연도 개시일부터 10년 이내에 끝나는 각 사업연도로 이월하여 그 이월된 사업연도의 소득금액을 계산할 때 기부금 손금산입한도액의 범위에서 손금에 산입한다.

④ 기부금 한도초과로 이월된 기부금을 손금에 산입하는 경우에는 이월된 금액을 해당 사업연도에 지출한 기부금보다 먼저 손금에 산입한다. 이 경우 이월된 금액은 먼저 발생한 이월금액부터 손금에 산입한다.

⑤ 임원에게 주택자금을 대여하고 적정이자를 수령하였다면 업무무관자산으로 보지 않으므로 업무무관자산 등에 대한 지급이자의 손금불산입 규정이 적용되지 아니한다.

11. 「법인세법」상 손금에 관한 설명으로 <u>옳지 않은</u> 것은?

① 손금은 「법인세법」 및 다른 법률에서 달리 정하고 있는 것을 제외하고는 그 법인의 사업과 관련하여 발생하거나 지출된 손실 또는 비용으로서 일반적으로 인정되는 통상적인 것이거나 수익과 직접 관련된 것으로 한다.

② 회수할 수 없는 부가가치세 매출세액미수금(「부가가치세법」상 대손세액공제 받음)은 손금에 산입하지 아니한다.

③ 출자공동사업자 사이에 특수관계가 있는 경우 직전 사업연도 또는 해당 사업연도의 매출액 비율과 자기자본 비율 중 법인이 선택하는 비율에 따라 공동경비를 분담할 수 있다.

④ 법인이 임원 또는 사용인이 아닌 지배주주에게 지급한 여비 또는 교육훈련비는 당해 사업연도의 소득금액계산에 있어서 이를 손금에 산입하지 아니한다.

⑤ 임원에게 지급하는 상여금 중 정관·주주총회·사원총회 또는 이사회의 결의에 의하여 결정된 급여지급기준에 의하여 지급하는 금액을 초과하는 금액은 손금으로 인정되지 아니한다.

12. 제조업을 영위하는 영리내국법인 ㈜A(한국채택국제회계기준을 적용하지 않으며, 중소기업 아님)의 제4기 사업연도(2023. 1. 1. ~ 2023. 12. 31.) 「법인세법」상 자산·부채의 평가 및 유형자산의 감가상각에 관한 설명으로 옳은 것은?

① ㈜A가 2023년 3월 1일에 파산한 ㈜C의 주식을 2023년 12월 31일 현재 시가로 감액하고, 그 감액한 금액을 당해 사업연도의 손금으로 계상한 경우 ㈜A와 ㈜C가 「법인세법」상 특수관계가 아니어야 ㈜C 주식의 장부가액을 감액할 수 있다.

② 회사가 보유한 모든 외화자산·부채는 취득일 또는 발생일 현재의 매매기준율 등으로 평가하는 방법과 사업연도 종료일 현재의 매매기준율 등으로 평가하는 방법 중 납세지 관할세무서장에게 신고한 방법에 따라 평가해야 한다.

③ ㈜A에게 적용되는 기계장치의 기준내용연수가 5년일 때 기준내용연수의 100분의 50 이상이 경과된 기계장치를 다른 법인으로부터 취득한 경우 당해 중고자산의 내용연수는 3년과 5년의 범위에서 선택하여 납세지 관할세무서장에게 신고한 연수로 할 수 있다.

④ 2023년 7월 2일에 취득 즉시 사업에 사용한 기계장치에 대한 상각범위액은 7월 2일부터 12월 31일까지 월수에 따라 계산한다. 이때 월수는 역에 따라 계산하되 1월 미만의 일수는 없는 것으로 한다.

⑤ 「법인세법」상 재고자산의 평가방법을 신고하지 않은 법인이 제4기부터 최초로 재고자산 평가방법을 총평균법으로 신고할 경우, 회사는 재고자산 등 평가방법변경신고서를 2023년 9월 30일까지 납세지 관할세무서장에게 제출해야 한다.

13. 다음은 제조업을 영위하는 영리내국법인 ㈜A(중소기업)의 제23기 사업연도(2023. 1. 1. ~ 2023. 12. 31.) 기부금 세무조정을 위한 자료이다. 제23기의 각사업연도소득금액을 계산한 것으로 옳은 것은?

(1) ㈜A의 제23기 손익계산서상 당기순이익과 법인세비용은 각각 100,000,000원과 10,000,000원이다.

(2) 제23기 손익계산서에 계상된 기부금의 내역은 다음과 같다.

　가. 사립학교에 시설비로 지출한 기부금: 5,000,000원
　나. 실비로 이용할 수 있는 노인복지시설에 지출한 금품: 10,000,000원

(3) 2023년 4월 1일에 지방자치단체(「법인세법」상 특수관계인에 해당하지 않음)로부터 시가 100,000,000원인 토지를 정당한 사유 없이 150,000,000원에 고가매입*하고, 장부에 매입가액을 토지의 취득가액으로 계상하였다.

　*「기부금품의 모집 및 사용에 관한 법률」의 적용을 받지 아니하며, 매입가액과 정상가액의 차액은 실질적으로 증여한 것으로 인정됨

(4) 제21기 사업연도에 발생한 세무상 결손금으로서 그 후의 각 사업연도의 과세표준을 계산할 때 공제되지 아니한 금액 25,000,000원이 있다.

(5) 제22기 사업연도의 특례기부금 손금산입한도액 초과금액 10,000,000원이 있다.

① 81,500,000원
② 82,750,000원
③ 83,500,000원
④ 103,500,000원
⑤ 113,500,000원

14. 「법인세법」상 가지급금 인정이자에 관한 설명으로 옳지 않은 것은?

① 사용인에 대한 월정급여액의 범위 안에서 일시적인 급료의 가불금은 가지급금 인정이자 계산대상 가지급금으로 보지 아니한다.

② 법인의 임원에게 대여한 가지급금을 임원이 퇴직하여 특수관계가 소멸하였더라도, 이후 계속하여 정당한 사유 없이 회수하지 못한 경우에는 계속하여 가지급금 인정이자 계산대상이다.

③ 특수관계인이 아닌 자로부터 차입한 금액이 없는 경우에는 기획재정부령으로 정하는 당좌대출이자율을 적용하여 가지급금 인정이자를 계산한다.

④ 법인이 과세표준 신고와 함께 기획재정부령으로 정하는 바에 따라 당좌대출이자율을 시가로 선택하는 경우 당좌대출이자율을 시가로 하여 선택한 사업연도와 이후 2개 사업연도는 당좌대출이자율을 시가로 한다.

⑤ 특수관계인에 대한 대여금의 대여기간이 5년을 초과하는 대여금이 있는 경우 그 대여금에 한하여 당좌대출이자율을 시가로 한다.

15. 다음은 ㈜A(건설업)의 제13기(2023년 1월 1일부터 2023년 12월 31일까지) 사업연도의 거래내역이다. 세무조정으로 인한 각 사업연도소득금액 증감액을 계산한 것으로 옳은 것은?

(1) ㈜A는 업무에 사용하지 않는 토지 X를 취득하면서 지출한 취득세 1,000,000원을 취득시점에 비용처리하였고, 당기 중 토지 X에 대한 재산세 2,000,000원을 납부하고 비용으로 처리하였다.

(2) ㈜A의 임직원이 당기 중 주식매수선택권(세법상 손금산입 적용 요건을 갖춘 성과급)을 행사함에 따라 행사가액과의 차액(3,000,000원)을 현금으로 지급하고 다음과 같이 회계처리하였다.

　(차) 주식보상비용　1,000,000　(대) 현금 3,000,000
　　　장기미지급비용 2,000,000

(3) ㈜A의 B공사 건설현장에 파견된 직원들의 회식비 1,000,000원을 지급하고 결산상 복리후생비에 반영하였다.

① 1,000,000원 감소
② 2,000,000원 감소
③ 1,000,000원 증가
④ 2,000,000원 증가
⑤ 5,000,000원 증가

세법개론

16. 다음은 제조업을 영위하는 영리내국법인 ㈜A(중소기업 아님)의 제23기 사업연도(2023. 1. 1. ~ 2023. 12. 31.) 대손금 및 대손충당금 관련 자료이다. 제23기의 재무상태표상 대손충당금 기말잔액으로 옳은 것은?

> (1) 제23기 말 재무상태표상 대손충당금 계정의 내역은 다음과 같다.
>
> | 대손충당금 | | | (단위: 원) |
> |---|---|---|---|
> | 당기상계액 | 5,000,000 | 기초잔액 | 2,000,000 |
> | 기말잔액 | ? | 당기설정액 | ? |
>
> (2) 당기상계액은 매출채권으로 계상되어 있던 외상매출금 2건(각 거래처별 채권금액: 2,500,000원)이 부도발생일로부터 6개월 이상 경과하여 결산서상 대손충당금과 상계한 것이다.
> (3) 제22기 말 현재 대손부인액(전액 미수금임)은 3,000,000원이고 그 중 2,000,000원은 당기 회수되어 모두 잡이익으로 회계처리하였다.
> (4) 제23기 말 재무상태표상 대손충당금 설정대상 채권은 매출채권 500,000,000원, 미수금 100,000,000원이고, 이 중에서 세법상 대손요건을 갖춘 채권은 없다.
> (5) 제23기 말 세무상 대손충당금 한도초과액은 1,940,000원이다.
> (6) 모든 세무조정은 적정하게 이루어졌고, 조세부담 최소화를 가정한다.

① 8,000,000원
② 8,500,000원
③ 9,000,000원
④ 9,500,000원
⑤ 10,000,000원

17. 다음은 제조업을 영위하는 ㈜신촌(제13기 사업연도: 2023. 1. 1. ~ 2023. 12. 31.)의 재고자산 평가와 관련된 자료이다. 법인세부담을 최소화한다는 가정하에 세무조정 한 금액으로 올바른 것은?

> (1) 회사는 제12기까지 제품은 후입선출법으로, 재공품은 선입선출법으로 적법하게 적용하여 왔으나, 2023. 10. 7. 제품은 선입선출법으로, 재공품은 후입선출법으로 변경 신고하고 장부에는 총평균법으로 평가하여 기록하였다.
> (2) 회사가 신고한 원재료에 대한 평가방법은 총평균법인데 계산의 실수로 50,000,000원으로 평가된 것이다. 이러한 계산의 실수는 과세관청에서 인정한 것이다.
> (3) 저장품은 평가방법을 신고하지 않았다.
>
> | 구분 | 장부상 평가액 | 총평균법 | 선입선출법 | 후입선출법 |
> |---|---|---|---|---|
> | 원재료 | 50,000,000 | 51,000,000 | 55,000,000 | 48,000,000 |
> | 재공품 | 73,000,000 | 73,000,000 | 76,000,000 | 67,000,000 |
> | 제품 | 116,000,000 | 116,000,000 | 120,000,000 | 112,000,000 |
> | 저장품 | 31,000,000 | 31,000,000 | 32,000,000 | 27,000,000 |

① 세무조정 없음
② [익금산입] 재고자산 1,000,000 (유보)
③ [익금산입] 재고자산 9,000,000 (유보)
④ [익금산입] 재고자산 10,000,000 (유보)
⑤ [익금산입] 재고자산 12,000,000 (유보)

18. 「법인세법」상 세액공제에 관한 설명으로 옳은 것은?

① 과세표준신고기한이 경과되지 아니한 법인세에서 재해
손실세액공제를 받고자 하는 내국법인은 그 신고기한 내
에 세액공제신청을 하여야 한다. 다만, 재해발생일부터
신고기한까지의 기간이 1월 미만인 경우에는 재해발생일
부터 1월 내에 신청하여야 한다.

② 재해손실세액공제대상이 되는 법인세에는 재해발생일이
속하는 사업연도의 소득에 대한 법인세와 재해발생일 현
재 부과된 법인세로서 미납된 법인세가 포함되며, 재해
발생일 현재 부과되지 아니한 법인세는 공제대상에 포함
되지 않는다.

③ 국외사업장이 2개 이상의 국가에 있는 경우에도 외국납
부세액공제의 한도액은 국가별로 구분하지 않고 계산한
다.

④ 외국정부에 납부하였거나 납부할 외국법인세액이 외국
납부세액공제한도를 초과하는 경우 그 초과하는 금액은
해당 사업연도의 다음 사업연도 개시일부터 10년 이내에
끝나는 각 사업연도에 이월하여 그 이월된 사업연도의
공제한도 범위에서 공제받을 수 있으며 그 이후에는 소
멸된다.

⑤ 내국법인이 사실과 다른 회계처리로 인하여 경정을 받음
으로써 각 사업연도의 법인세에서 과다납부한 세액을 공
제하는 경우 그 공제하는 금액은 과다납부한 세액의 100
분의 20을 한도로 하며, 공제 후 남아 있는 과다납부한
세액은 이후 사업연도에 이월하여 공제한다. 다만, 법인
이 해산등기 후 청산하는 경우에는 청산소득에 대한 법
인세 납부세액을 빼고 남은 금액을 즉시 환급하여야 한
다.

19. 다음은 비영리내국법인 A(「사회복지사업법」에 따른 사
회복지법인임)의 제23기 사업연도(2023. 1. 1. ~ 2023.
12. 31.) 고유목적사업과 수익사업에 관련된 자료이다.
고유목적사업준비금의 최대 손금산입 범위액으로 옳은
것은?

(1) 제23기 A의 고유목적사업에서 발생한 소득은
300,000,000원이다.

(2) 제23기 A의 고유목적사업 이외의 수익사업소득(고유목
적사업준비금 및 특례기부금을 손금에 산입하기 전의
소득금액)내역은 다음과 같다.

구분	금액
이자소득*	80,000,000원
배당소득**	20,000,000원
사업소득***	100,000,000원

* 이자소득은 정기예금이자이다.

** 배당소득은 내국법인 ㈜B로부터 받은 배당으로 「상속세
및 증여세법」 제16조 또는 동법 제48조에 따라 상속세 과
세가액 또는 증여세 과세가액에 산입되거나 증여세가 부
과되는 주식으로부터 발생한 것이 아니다.

*** 사업소득은 부동산임대업에서 발생하였다.

(3) 제22기에 발생한 세무상 결손금으로서 그 후의 각 사업
연도의 과세표준을 계산할 때 공제되지 아니한 금액
10,000,000원이 있다.

(4) 제23기 특례기부금 손금산입액은 20,000,000원이다.

(5) 조세부담 최소화를 가정한다.

① 135,000,000원
② 140,000,000원
③ 160,000,000원
④ 170,000,000원
⑤ 180,000,000원

20. 거주자 갑의 2023년 국내발생 소득에 대한 자료가 다음과 같을 때 갑의 이자소득금액을 계산한 것으로 옳은 것은? 단, 원천징수는 모두 적법하게 이루어졌다.

(1) 2023년 5월 31일에 지급받은 저축성보험의 만기보험금: 100,000,000원(3년 전 납입하기 시작하였으며, 총 납입보험료는 88,000,000원임)

(2) 사업소득 관련 외상매출금의 지급기일을 연장하고 추가로 수령한 연체이자: 5,000,000원

(3) 내국법인이 2022년 3월 1일에 발행한 채권을 발행일에 취득한 후 만기 전인 2023년 1월 1일에 중도 매도함에 따른 매매차익: 40,000,000원(보유기간의 이자상당액 10,000,000원 포함)

(4) 파생결합사채로부터의 이익: 3,000,000원

(5) 2023년 초에 대여한 비영업대금의 원금 40,000,000원과 그에 대한 이자약정일(2023년 12월 31일)에 수령한 4,000,000원이 있다. 그런데, 2024년 4월 1일에 채무자가 파산하여 원금 38,000,000원만 회수하고, 나머지 채권은 과세표준확정신고 전에 회수 불능사유가 발생하여 회수할 수 없는 것으로 확정됨

① 24,000,000원
② 27,000,000원
③ 29,000,000원
④ 34,000,000원
⑤ 38,000,000원

21. 다음 중 기타소득으로 과세되는 것이 아닌 것은?

① 저작자 외의 자가 저작권의 양도 또는 사용의 대가로 받는 금품
② 재산권에 관한 계약의 위약 또는 해약으로 받는 손해배상으로서 본래의 계약의 내용이 되는 지급 자체에 대한 손해를 넘는 손해에 대하여 받는 배상금
③ 퇴직 전에 부여받은 주식매수선택권을 퇴직 후에 행사하거나 고용관계 없이 주식매수선택권을 부여받아 이를 행사함으로써 얻는 이익
④ 사업자가 사업에 사용하던 상표권을 양도한 대가로 받은 금품
⑤ 사업장 등 물적시설을 갖추고 서화를 양도한 대가로 받는 금품

22. 다음 자료를 이용하여 의료기기 도매업을 운영하는 거주자 甲(복식부기의무자임)의 2023년도 사업소득금액을 계산한 것으로 옳은 것은?

(1) 손익계산서

매출액	1,000,000,000원
매출원가	(−)500,000,000원
판매비와관리비	(−)320,000,000원
이자수익	21,000,000원
유형자산 처분이익	50,000,000원
이자비용	(−)21,000,000원
당기순이익	230,000,000원

(2) 추가자료

가. 판매비와관리비에는 甲의 급여 100,000,000원과 직장가입자로서 부담하는 甲의 건강보험료 10,000,000원이 포함되어 있다.

나. 이자수익은 사업용 계좌에서 발생한 것이다.

다. 유형자산처분이익은 의료기기 처분이익이며, 처분 직전 유보잔액은 5,000,000원이다.

라. 이자비용은 전액 차입금에 대한 이자비용이며, 2023년 중 부채의 합계액이 사업용 자산의 합계액을 초과하는 금액의 적수는 876억원이며, 2023년 중 차입금의 내역은 다음과 같다.

차입금	차입금적수	이자율	이자비용
A은행	365억원	5%	5,000,000
B은행	730억원	8%	16,000,000

① 222,000,000원
② 312,000,000원
③ 318,000,000원
④ 322,000,000원
⑤ 325,000,000원

23. 다음은 2022년 1월 1일에 ㈜A에 입사한 생산직근로자 (공장에서 금속용접 업무 담당)인 거주자 갑의 2023년 급여 내역이다. 갑의 2023년 귀속 총급여액을 계산한 것으로 옳은 것은? 단, 갑의 직전 과세기간(2022년)의 총급여액은 30,000,000원이다.

> (1) 급여: 18,000,000원(월 1,500,000원×12개월)
> (2) 상여금: 4,000,000원(부정기적인 수령임)
> (3) 자가운전보조금: 3,000,000원(월 250,000원×12개월)
> 갑 소유의 차량을 업무수행에 이용하고 시내출장 등에 소요된 실제여비를 지급받는 대신에 그 소요경비를 회사의 사규에 의한 지급기준에 따라 받은 금액임
> (4) 식사대: 2,400,000원(월 200,000원×12개월)
> 회사는 무상으로 중식을 제공하며 이와 별도로 지급된 식사대임
> (5) 자녀보육수당: 3,600,000원(월 300,000원×12개월)
> 5세인 자녀 보육과 관련된 수당임
> (6) 연장근로수당: 1,500,000원
> 「근로기준법」에 따른 연장근로로 인해 통상임금에 더한 지급액임
> (7) 야근근로수당: 2,000,000원
> 「근로기준법」에 따른 야근근로에 따른 수당임

① 24,000,000원
② 25,200,000원
③ 26,700,000원
④ 27,400,000원
⑤ 28,500,000원

24. 「소득세법」상 소득금액계산의 특례에 관한 설명으로 옳은 것은?

① 거주자 1인과 특수관계인이 공동사업자에 포함되어 있는 경우로서 손익분배비율을 거짓으로 정하는 등의 사유가 있는 경우에는 손익분배비율에 따른 소득분배 규정에 따라 소득금액을 산정한다.

② 대통령령으로 정하는 중소기업을 영위하는 거주자는 사업소득에서 결손금이 발생되는 경우 종합소득금액이 있더라도 여기에서 이를 공제하는 대신 직전 과세기간으로 소급공제하여 직전 과세기간의 사업소득에 부과된 소득세액을 한도로 환급신청할 수 있다.

③ 사업소득에서 발생한 결손금은 그 과세기간의 종합소득 과세표준을 계산할 때 이자소득금액, 배당소득금액, 근로소득금액, 연금소득금액, 기타소득금액에서 순서대로 공제한다.

④ 모든 종류의 이자소득과 배당소득은 부당행위계산부인 규정을 적용할 수 없다.

⑤ 우리나라가 체결한 조세조약의 상대국과 그 조세조약의 상호 합의 규정에 따라 거주자가 국외에 있는 비거주자 또는 외국법인과 거래한 그 금액에 대하여 권한 있는 당국 간에 합의를 하는 경우에는 그 합의에 따라 납세지 관할세무서장 또는 지방국세청장은 그 거주자의 각 과세기간의 소득금액을 조정하여 계산할 수 있다.

25. 연금소득 및 퇴직소득에 관한 설명으로 옳지 않은 것은?

① 공적연금 관련 법에 따라 받는 일시금은 퇴직소득으로 과세된다.

② 사용자 부담금을 기초로 하여 현실적인 퇴직을 원인으로 지급받는 소득은 퇴직소득으로 과세된다.

③ 종업원이 임원이 된 경우 퇴직급여를 실제로 받지 아니한 경우는 퇴직으로 보지 않을 수 있다.

④ 임원퇴직급여에 한도액 계산 시 총급여액에는 근무기간 중 해외현지법인에 파견되어 국외에서 지급받는 급여는 제외한다.

⑤ 국내에서 거주자나 비거주자에게 연금소득을 지급하는 자는 그 거주자나 비거주자에 대한 소득세를 원천징수하여 그 징수일이 속하는 달의 다음 달 10일까지 납부하여야 한다.

26. 다음 자료를 이용하여 내국법인인 ㈜A에서 임원으로 근무하던 거주자 甲의 2023년 퇴직소득금액을 계산한 것으로 옳은 것은? (단, 주어진 자료 이외에는 고려하지 않음)

(1) ㈜A에 2013. 1. 1. 재무담당이사(임원)로 입사하여 2023. 12. 31.까지 근무한 후 퇴사하면서 퇴직금으로 600,000,000원을 수령하였다.

(2) 甲의 퇴직 직전 총급여액(인정상여는 제외)는 다음과 같다.

연도	총급여액
2017년	80,000,000원
2018년	100,000,000원
2019년	120,000,000원
2020년	125,000,000원
2021년	130,000,000원
2022년	140,000,000원
2023년	150,000,000원

① 294,000,000원

② 352,000,000원

③ 362,000,000원

④ 458,000,000원

⑤ 600,000,000원

27. 종합소득의 신고, 납부 및 징수에 관한 설명으로 옳은 것은?

① 「부가가치세법」상 겸영사업자는 사업장 현황신고를 하여야 한다.

② 과세표준확정신고를 하여야 할 거주자가 출국하는 경우에는 출국일이 속하는 과세기간의 과세표준을 출국일까지 신고하여야 한다.

③ 종합소득의 납부할 세액이 1천만원을 초과하는 경우에는 납부기한이 지난 후 1개월 이내에 분할납부할 수 있다.

④ 해당 과세기간의 상시고용인원이 20명 이하인 원천징수의무자(금융·보험업자는 제외)로서 원천징수 관할세무서장의 승인을 받거나 국세청장의 지정을 받은 자는 원천징수세액을 그 징수일이 속하는 분기의 마지막 달의 다음 달 10일까지 납부할 수 있다.

⑤ 부동산매매업자는 토지 또는 건물의 매매차익과 그 세액을 매매일이 속하는 달의 말일부터 2개월이 되는 날까지 납세지 관할세무서장에게 신고하여야 한다.

28. 근로소득이 있는 거주자 갑(여성)의 다음 자료를 바탕으로 2023년 종합소득공제 중 인적공제액을 계산한 것으로 옳은 것은?

(1) 본인 및 부양가족 현황			
관계	연령	소득	비고
본인	40세	근로소득금액 28,000,000원	
부친	72세	기타 식량작물재배업 수입금액 12억원	2023년 10월 31일 사망
모친	70세	기타소득금액 4,000,000원	
아들	6세	없음	
동생	38세	없음	장애인

(2) 본인과 부양가족은 주민등록표의 동거가족으로서 해당 과세기간 동안 동일한 주소에서 생계를 같이하고 있다.

(3) 조세부담 최소화를 가정한다.

① 9,000,000원
② 9,500,000원
③ 10,000,000원
④ 11,000,000원
⑤ 11,500,000원

29. 거주자 갑은 2018년 6월 5일에 국내 토지를 시가 900,000,000원에 취득하고 즉시 등기를 하였다. 이후 갑은 A은행에서 해당 토지를 담보로 600,000,000원을 차입하고 근저당을 설정하였다. 2023년 9월 8일에 거주자 을(갑과 특수관계 없음)은 A은행 차입금 500,000,000원(근저당은 600,000,000원 설정되었으며, 갑이 증여하기 전에 100,000,000원을 상환한 것임)을 인수하는 조건으로 갑으로부터 해당 토지를 증여받았다. 다음의 추가적인 자료를 바탕으로 갑의 2023년 양도소득금액을 계산한 것으로 옳은 것은?

(1) 갑의 증여 당시 토지의 시가: 1,500,000,000원
(2) 토지와 관련한 자본적 지출액: 24,000,000원(적격 증명서류수취·보관함)
(3) 장기보유특별공제율: 10%
(4) 2023년 갑의 양도소득 과세거래는 상기 토지 외에는 없었다.
(5) 을의 차입금 인수사실은 객관적으로 입증되고 을이 차입금 및 이자를 상환할 능력이 있다고 가정한다.

① 168,250,000원
② 170,300,000원
③ 172,800,000원
④ 240,860,000원
⑤ 243,360,000원

30. 「부가가치세법」상 과세대상으로 옳은 것은?
① 「신탁법」에 따라 위탁자로부터 수탁자에게 위탁자 건물을 이전하는 경우
② 「신탁법」에 따라 수탁자가 변경되어 새로운 수탁자에게 건물을 이전하는 경우
③ 골프장 경영자가 골프장 이용자로부터 일정기간 거치 후 반환하는 입회금을 받은 경우
④ 외상매출채권을 양도하는 경우
⑤ 온라인 게임에 필요한 사이버 화폐인 게임머니를 계속적·반복적으로 판매하는 경우

31. 건물 1채를 소유하고 부동산임대업을 영위하는 일반과세자인 개인사업자 갑이 2023년 제1기 확정신고를 할 때 부가가치세 과세표준을 계산한 것으로 옳은 것은? 단, 아래에 제시된 금액들은 부가가치세를 포함하지 아니한 금액이며, 원 단위 미만은 절사한다.

> (1) 갑은 보유건물을 2023년 4월 1일부터 2024년 3월 31일까지 을에게 임대하는 계약을 체결하였고, 임대건물은 단층이며 도시지역 내에 있다.
>   가. 상가의 임대면적은 60㎡이고, 주택의 임대면적은 40㎡이며, 건물의 부수토지는 800㎡이다.
>   나. 보증금은 91,250,000원, 월임대료는 1,500,000원, 월관리비는 300,000원이며 월임대료 및 월관리비(공공요금 등의 징수대행이 아님)는 매월 말에 수령하기로 약정되어 있다.
>   다. 2023년 제1기 확정신고기간 종료일 현재 계약기간 1년의 정기예금이자율은 1.8%로 가정한다.
> (2) 2023년 제1기 확정신고기간 종료일 현재 건물의 기준시가는 100,000,000원이며 토지의 기준시가는 400,000,000원이다.

① 1,571,040원
② 1,859,040원
③ 2,478,720원
④ 4,182,840원
⑤ 5,890,500원

32. 「부가가치세법」상 면세와 영세율에 관한 설명으로 옳은 것은?

① 국내사업장에서 계약하고 대가를 수령한 위탁판매수출(물품 등을 무환으로 수출하여 해당 물품이 판매된 범위에서 대금을 결제하는 계약에 의한 수출)을 하고 판매대금을 원화로 수령하는 경우에는 영세율을 적용하지 아니한다.
② 내국신용장에 의해 공급되는 재화(금지금은 제외)는 공급받는 자인 비거주자가 지정하는 사업자에게 인도하는 경우에만 영세율을 적용한다.
③ 국내에서 생산된 관상용 거북이는 과세대상 재화이다.
④ 개인이 물적 시설 없이 근로자를 고용하지 않고 작곡용역을 공급한 후 대가를 받는 용역은 면세대상이다.
⑤ 국내에서 국내사업장이 없는 외국법인에게 상품 중개를 하고 용역대금을 외국환은행에서 외화로 받은 경우에는 면세한다.

33. 다음 자료를 이용하여 컴퓨터부품 제조업을 영위하는 일반과세자인 ㈜K가 2023년 제1기 예정신고를 할 때 부가가치세 과세표준을 계산한 것으로 옳은 것은? 단, ㈜K는 주사업장 총괄납부 및 사업자단위 과세제도를 적용받는 사업자가 아니고 제시된 자료의 금액에는 부가가치세가 포함되지 아니하였다.

> (1) 2023년 1월 4일: ㈜B에게 상품권을 판매하고 판매대금 2,000,000원을 받았다. ㈜B에게 실제 재화는 2023년 4월 25일 인도하였다.
> (2) 2023년 1월 25일: 업무에 사용하던 승용차(매입 시 매입세액불공제)를 임원에게 8,000,000원에 매각하였다(2022년 2월 15일 취득 시 취득가액 20,000,000원, 이전 당시 장부가액 8,000,000원, 시가 10,000,000원).
> (3) 2023년 2월 5일: 미국의 거래처인 ㈜C와 2023년 1월 20일에 제품수출 계약을 체결하였고, 2023년 2월 5일에 선적하였다. 수출대금 50,000달러 중 계약금으로 수령한 30,000달러를 2023년 1월 25일에 환가하였고, 잔금 20,000달러는 2023년 4월 10일에 회수하였다.

일자	구분	기준환율
2023년 1월 20일	수출계약체결일	900원/달러
2023년 1월 25일	환가일	950원/달러
2023년 2월 5일	선적일	1,000원/달러
2023년 3월 31일	예정신고기간 종료일	1,100원/달러
2023년 4월 10일	잔금회수일	1,050원/달러

> (4) 2023년 2월 15일: ㈜D에게 제품을 17,000,000원에 판매하기로 하고 그 대가를 전부 수령하였다. 제품은 2023년 4월 10일 인도하였으며, 대금 수령한 때 수령한 금액 전부를 공급가액으로 하여 세금계산서를 발급하였다.
> (5) 2023년 3월 3일: 제품을 판매할 목적으로 직매장으로 반출하였다(취득가액은 5,000,000원, 취득가액에 일정액을 가산하는 내부규정에 의한 반출가액은 6,000,000원, 반출 시 시가는 7,000,000원).
> (6) 2023년 3월 20일: 지방자치단체에 무상으로 제품을 협찬하였다(원가 2,000,000원, 시가 2,500,000원).

① 73,500,000원
② 74,500,000원
③ 75,000,000원
④ 81,500,000원
⑤ 86,000,000원

34. 「부가가치세법」상 매입세액공제 및 납부세액에 관한 설명으로 옳지 않은 것은?

① 건축물이 있는 토지를 취득하여 그 건축물을 철거하고 토지만 사용하는 경우에 철거한 건축물의 취득 및 철거비용과 관련된 매입세액은 공제하지 아니한다.

② 면세농산물을 공급받아 과세재화를 공급하는 사업자가 당기 중에 매입하였으나 사용하지 않은 면세농산물도 의제매입세액공제를 적용한다.

③ 일반과세자가 간이과세를 적용받게 되면 일반과세자인 경우에 공제받은 매입세액 중 일부를 다시 간이과세자의 납부세액에 가산한다.

④ 2023년 6월 25일에 사업을 개시하고 2023년 7월 15일 사업자등록신청을 한 도매업자는 2023년 6월 5일에 매입한 상품에 대한 매입세액은 공제받을 수 없다.

⑤ 면세사업에만 사용하던 감가상각대상 재화를 과세사업에만 사용하게 된 경우에는 공제되는 매입세액을 계산하여 납부세액에서 차감한다.

35. 「부가가치세법」상 세금계산서에 관한 설명으로 옳지 않은 것은?

① 위탁에 의하여 재화를 공급하는 위탁판매의 경우에는 수탁자가 위탁자의 명의로 세금계산서를 발급하며, 이 경우 수탁자의 등록번호를 덧붙여 적어야 한다.

② 공급시기가 2023년 8월 25일인 재화의 공급대가를 2023년 7월 25일에 수령한 경우 2023년 7월 20일자로 세금계산서를 발급할 수 있다.

③ 세금계산서 발급의무가 있는 일반과세자로부터 재화를 공급받은 간이과세자는 공급하는 자가 세금계산서를 발급하지 아니한 경우 매입자발행 세금계산서를 발급할 수 있다.

④ 사업자는 15일 단위로 거래처별 공급가액을 합하여 그 기간의 종료일을 작성 연월일로 하여 세금계산서를 발급할 수 있다.

⑤ 미용업을 영위하는 일반과세자가 미용용역을 제공하는 경우에 세금계산서 발급의무가 면제되지만 공급받은 자가 사업자등록증을 제시하고 세금계산서 발급을 요구하는 경우에는 세금계산서를 발급할 수 있다.

36. 과세사업과 면세사업을 겸영하고 있는 내국법인인 ㈜A에 관한 자료이다. 2023년 제2기 부가가치세의 예정신고 및 확정신고 시 매입세액으로 공제할 수 있는 금액은 각각 얼마인가?

(1) 매입 시에는 공급자로부터 적법한 세금계산서를 수취하였다.

구분	취득일	취득가액(부가가치세 포함)
기계장치	2023. 7. 1.	22,000,000원
공장건물	2021. 7. 5.	55,000,000원
원재료	2023. 4. 1.	33,000,000원

(2) ㈜A의 수입금액 및 공급가액 내역은 다음과 같다.

기간		면세사업 수입금액	과세사업 공급가액	합계
2023년 제1기	1. 1.～3. 31.	4억원	6억원	10억원
	4. 1.～6. 30.			
	합계			
2023년 제2기	7. 1.～9. 30.	5억원	5억원	10억원
	10. 1.～12. 31.			
	합계			

(3) ㈜A는 면세사업에만 사용하던 공장건물과 원재료를 2023. 7. 1.부터 면세사업과 과세사업에 공통으로 사용하게 되었다.

(4) ㈜A는 당기 중 구입한 기계장치를 면세사업과 과세사업에 공통으로 사용하였다.

	예정신고	확정신고
①	0원	2,300,000원
②	1,000,000원	2,300,000원
③	0원	3,300,000원
④	1,000,000원	3,300,000원
⑤	3,000,000원	300,000원

37. 「부가가치세법」과 관련한 다음의 설명 중 옳지 않은 것은?

① 면세사업과 관련된 매입세액은 매출세액에서 공제되지 않으나, 영세율사업과 관련된 매입세액은 매출세액에서 공제된다.

② 개인사업자의 예정신고기간에 대한 부가가치세는 고지하여 징수하지만 법인사업자의 예정신고기간에 대한 부가가치세는 고지하여 징수할 수 없다.

③ 사업장 관할세무서장은 개인사업자에 대하여 각 예정신고기마다 직전 과세기간에 대한 납부세액에 50%를 곱한 금액을 결정하여 고지하고 징수할 때 징수하여야 할 금액이 50만원 미만인 경우에는 이를 징수하지 아니한다.

④ 간이과세자에서 해당 과세기간 개시일 현재 일반과세자로 변경된 경우에는 예정신고기간에 대한 부가가치세를 징수하지 아니한다.

⑤ 국내에 전자적 용역을 공급하는 국외사업자는 그 사업의 개시일부터 20일 이내에 간편한 방법으로 사업자등록을 하여야 한다.

38. 「상속세 및 증여세법」에 관한 설명으로 옳은 것은?

① 상속개시일 전 10년 이내에 피상속인이 상속인에게 증여한 재산가액은 상속세 과세가액에 가산하며 상속개시일 현재의 가액으로 평가한다.

② 국가나 지방자치단체에 유증한 재산에 대해서는 상속세 과세가액에 산입하지 아니한다.

③ 「정당법」에 따른 정당에 유증을 한 재산에 대해서는 상속세를 부과한다.

④ 피상속인이 사망함에 따라 유언대용신탁 및 수익자연속신탁에 의하여 신탁의 수익권을 취득한 자는 수유자로서 상속세 납세의무자에 해당한다.

⑤ 피상속인이 사망함에 따라 유언으로 영리내국법인에 유증한 경우 영리법인은 상속세 납세의무자이다.

39. 다음은 거주자 갑 씨가 상속받은 주식과 관련된 자료이다. 다음 자료를 이용하는 경우에 갑 씨가 상속받은 ㈜설악의 주식은 갑 씨의 상속세 과세가액 계산 시 얼마로 평가되는가?

(1) 상속받은 주식은 비상장·비등록법인인 ㈜설악의 주식 5,000주(주당 액면가액 5,000원)이며 상속개시일은 2023년 3월 2일이다. 갑 씨는 ㈜설악의 최대주주가 아니다.

(2) 상속 개시일 당시 ㈜설악의 세무상 자산(영업권 평가액을 포함함)은 30억원이고, 세무상 부채는 20억원이다. ㈜설악의 총 발행주식수는 설립 이후 계속 100,000주로 유지되고 있고, ㈜설악은 부동산과다보유법인이 아니다.

(3) 상속개시 전 ㈜설악의 최근 3년간의 주당순이익은 다음과 같다.

평가기준일 3년 전	평가기준일 2년 전	평가기준일 1년 전
900원	1,200원	1,500원

* 1주당 순손익가치 계산 시 적용되는 국세청장 고시이자율은 10%이다.

① 23,900,000원
② 50,000,000원
③ 53,000,000원
④ 56,000,000원
⑤ 59,000,000원

40. 다음 중 종합부동산세에 관한 설명으로 옳지 않은 것은? 단, 종합부동산세 합산배제는 고려하지 않는다.

① 과세기준일 현재 주택분 재산세의 납세의무자는 종합부동산세를 납부할 의무가 있다.

② 「신탁법」에 따른 수탁자의 명의로 등기 또는 등록된 신탁재산으로서 신탁주택의 경우에는 위탁자가 종합부동산세를 납부할 의무가 있다. 이 경우 위탁자가 신탁주택을 소유한 것으로 본다.

③ 다주택자인 개인이 소유한 주택의 공시가격 합산금액이 9억원 이하인 경우에는 종합부동산세는 부과되지 아니한다.

④ 과세기준일 현재 세대원 중 1인이 주택을 단독으로 소유한 경우로서 1세대 1주택인 경우에는 공시가격이 12억원 이하인 경우에는 종합부동산세는 부과되지 아니한다.

⑤ 법인이 소유한 주택의 공시가격 합산금액이 3억원 이하인 경우에는 종합부동산세는 부과되지 아니한다.

모의고사 분석표 & 정답 및 해설 ▶ p.120

● OMR 답안지를 이용하여 실전처럼 모의고사를 풀어보시길 바랍니다.

※ 각 문제의 보기 중에서 물음에 가장 합당한 답을 고르시오.
(주어진 자료 이외의 다른 사항은 고려하지 않으며, 조세부담 최소화를 가정할 것)

1. 「국세기본법」상 국세부과 및 세법적용의 원칙에 관한 설명이다. <u>옳지 않은</u> 것은?

① 둘 이상의 행위 또는 거래를 거치는 방법으로 세법의 혜택을 부당하게 받기 위한 것으로 인정되는 경우에는 그 경제적 실질 내용에 따라 연속된 하나의 행위 또는 거래를 한 것으로 본다.

② 세무공무원이 국세의 과세표준을 조사·결정할 때에는 세법에 특별한 규정이 없으면 납세의무자가 계속하여 적용하고 있는 기업회계의 기준 또는 관행으로서 일반적으로 공정·타당하다고 인정되는 것은 존중하여야 한다.

③ 세법을 해석·적용할 때에는 과세의 형평과 해당 조항의 합목적성에 비추어 납세자의 재산권이 부당하게 침해되지 않도록 하여야 한다.

④ 국세를 납부할 의무가 확정된 소득, 수익, 재산, 행위 또는 거래에 대해서는 그 확정 후의 새로운 세법에 따라 소급하여 과세하지 아니한다.

⑤ 세무공무원이 재량으로 직무를 수행할 때에는 과세의 형평과 해당 세법의 목적에 비추어 일반적으로 적당하다고 인정되는 한계를 엄수하여야 한다.

2. 「국세기본법」상 납세의무의 성립·확정 및 소멸에 관한 설명이다. 옳은 것은?

① 원천징수하는 소득세 또는 법인세는 소득금액 또는 수입금액을 지급한 다음 달 10일에 원천징수의무자가 신고했을 때 확정된다.

② 세법에 따라 확정된 세액은 증액경정에 따라 흡수되어 소멸된다.

③ 납세자가 역외거래에서 발생한 부정행위로 법인세를 포탈하거나 환급·공제받은 경우 국세를 부과할 수 있는 기간은 10년으로 한다.

④ 원천징수의무자로부터 징수하는 국세의 경우 납부고지한 원천징수세액에 대해서는 그 고지에 따른 납부기한의 다음 날부터 소멸시효가 진행된다.

⑤ 국세징수권의 소멸시효는 과세예고통지, 납세고지, 독촉 또는 납부최고, 교부청구 및 압류의 사유로 중단된다.

3. 「국세기본법」상 국세우선권에 관한 설명이다. <u>옳지 않은</u> 것은?

① 지방세의 체납처분을 할 때 그 체납처분금액 중에서 국세 또는 강제징수비를 징수하는 경우, 그 지방세의 강제징수비는 국세 또는 강제징수비보다 우선하여 징수된다.

② 소득세의 법정기일 전에 「주택임대차보호법」에 따른 대항요건과 확정일자를 갖춘 사실이 증명되는 재산을 매각할 때 그 매각금액 중에서 소득세를 징수하는 경우, 그 확정일자를 갖춘 임대차계약서상의 보증금은 소득세보다 우선 변제된다.

③ 법정기일 후에 가등기(채무불이행을 정지조건으로 하는 대물변제의 예약에 따라 채권 담보의 목적으로 가등기)를 마친 사실이 증명되는 재산을 매각하여 그 매각금액에서 국세를 징수하는 경우 그 재산을 압류한 날 이후에 그 가등기에 따른 본등기가 이루어지더라도 그 국세는 그 가등기에 의해 담보된 채권보다 우선한다.

④ 사용자의 재산을 매각할 때 그 매각금액 중에서 국세를 징수하는 경우에 「근로기준법」상 최종 3월분 임금채권은 법정기일에 관계없이 국세에 우선하여 변제된다.

⑤ 세무서장은 납세자가 제3자와 짜고 거짓으로 재산에 저당권을 설정함으로써 그 재산의 매각금액으로 국세를 징수하기가 곤란하다고 인정할 때에는 그 행위를 취소할 수 있다.

4. 「국세기본법」상 국세환급금에 관한 설명이다. <u>옳지 않은</u> 것은?

① 세무서장은 국세환급금으로 결정한 금액을 체납된 국세 및 강제징수비에 먼저 충당하고 지급하여야 한다.

② 체납된 국세 및 강제징수비에 국세환급금의 충당이 있는 경우, 체납된 국세 및 강제징수비와 국세환급금은 체납된 국세의 법정납부기한과 국세환급금 발생일 중 늦은 때로 소급하여 대등액에 관하여 소멸한 것으로 본다.

③ 국세환급금 중 국세 및 강제징수비에 충당한 후 남은 금액은 국세환급금의 결정을 한 날부터 30일 내에 납세자에게 지급하여야 한다.

④ 국세환급금채권이 제3자에게 양도된 경우에는 양수인에게 지급할 국세환급금을 양도인의 체납국세에 충당할 수는 없다.

⑤ 납세자가 상속세를 물납한 후 그 부과의 전부 또는 일부를 취소하거나 감액하는 경정결정에 따라 환급하는 경우에 해당 물납재산의 성질상 분할하여 환급하는 것이 곤란한 경우 금전으로 환급하여야 한다.

5. 「국세기본법」상 과세전적부심사에 관한 설명이다. 옳지 않은 것은?

① 세무서 또는 지방국세청에 대한 지방국세청장 또는 국세청장의 업무감사 결과에 따라 세무서장 또는 지방국세청장이 과세하는 경우에는 미리 납세자에게 그 내용을 서면으로 통지하여야 한다.

② 세무서장에게 과세전적부심사를 청구할 수 있는 자가 법령과 관련하여 국세청장의 유권해석 변경이 필요한 경우 국세청장에게 과세전적부심사를 청구할 수 있다.

③ 세무서장 또는 지방국세청장이 과세처분을 하는 날부터 국세부과 제척기간의 만료일까지의 기간이 3개월 이하인 경우에는 과세전적부심사를 청구할 수 없다.

④ 과세전적부심사 청구를 받은 세무서장은 국세심사위원회의 심사를 거쳐 결정을 하고 그 결과를 청구를 받은 날부터 30일 이내에 청구인에게 통지하여야 한다.

⑤ 과세예고통지를 받은 자가 과세전적부심사를 청구하지 아니하고 통지를 한 세무서장에게 통지받은 내용에 대하여 과세표준 및 세액을 조기에 결정해 줄 것을 신청한 경우, 해당 세무서장은 신청받은 내용대로 즉시 결정하여야 한다.

6. 「법인세법」상 사업연도와 납세지에 관한 설명이다. 옳지 않은 것은?

① 내국영리법인의 최초 사업연도의 개시일은 설립등기일로 한다.

② 최초 사업연도의 개시일 전에 생긴 손익을 사실상 그 법인에 귀속시킨 것이 있는 경우 조세포탈의 우려가 없을 때에는 최초 사업연도의 개시일은 당해 법인에 귀속시킨 손익이 최초로 발생한 날로 한다. 이 경우 최초 사업연도의 기간은 1년을 초과할 수 없다.

③ 사업연도를 변경하려는 법인은 그 법인의 직전 사업연도 종료일부터 3개월 이내에 사업연도변경신고서를 납세지 관할세무서장에게 제출하여 이를 신고하여야 한다.

④ 둘 이상의 국내사업장이 있는 외국법인의 경우 주된 사업장의 소재지를 납세지로 한다.

⑤ 원천징수한 법인세의 납세지는 원천징수대상 소득을 수령하는 법인의 본점이나 주사무소의 소재지로 한다.

7. 다음의 자료를 이용하여 영리내국법인 ㈜A의 제23기 사업연도(2023. 1. 1. ~ 2023. 12. 31.) 소득금액조정합계표상 가산조정금액과 차감조정금액의 차이금액을 계산하면 얼마인가? 전기까지 회계처리 및 세무조정은 적정하게 이루어졌다.

내용	금액
(1) 손익계산서상 당기순이익	1,500,000원
(2) 비용으로 처리된 접대비 중 한도초과액	3,000,000원
(3) 비용으로 처리된 기부금 중 한도초과액	500,000원
(4) 수익으로 처리된 자산수증이익	2,000,000원
(5) 수익으로 처리된 재산세환급액에 대한 환급금이자	50,000원
(6) 자본잉여금으로 처리된 자기주식소각이익	2,000,000원
(7) 기타포괄손익누계액으로 처리된 공정가치측정 금융자산 평가이익	1,800,000원
(8) 이월공제 가능기간 이내의 이월결손금	1,300,000원
(9) 이월공제 가능기간 이외의 이월결손금	1,000,000원

① 550,000원

② 950,000원

③ 1,650,000원

④ 1,900,000원

⑤ 2,450,000원

8. 제조업을 영위하는 영리내국법인 ㈜A의 제23기 사업연도(2023. 1. 1. ~ 2023. 12. 31.) 세무조정 및 소득처분에 관한 내용으로 옳은 것은? 전기까지 세무조정은 적정하게 이루어졌다.

① 상업적 실질이 없는 교환으로 취득한 자산(공정가치 700,000원)의 취득원가를 제공한 자산의 공정가치 (900,000원)로 회계처리한 부분에 대해 200,000원을 익금산입·유보로 조정하였다.

② 전기 초 2년분 임차료 500,000원을 지급하고 장부상 전액 비용으로 처리 후 당기 말 250,000원을 (차) 임차료 비용과 (대) 잡이익으로 회계처리한 부분에 대해 손금불산입·유보로 조정하였다.

③ 잉여금처분액 1,500,000원을 잉여금처분계산서에 반영하여 손금산입·기타로 조정하였다.

④ 유형자산의 임의평가이익 2,000,000원을 재무상태표상 자산과 기타포괄손익누계액의 증가로 회계처리한 부분에 대해 손금산입·△유보와 손금불산입·기타로 각각 조정하였다.

⑤ 비용으로 처리된 징벌적 목적의 손해배상금 전액 3,000,000원에 대하여 손금불산입·기타사외유출로 조정하였다. 단, 실제 발생한 손해액이 분명하지 아니한 경우에 해당한다.

9. 제조업을 영위하는 영리내국법인 ㈜A(중소기업)의 제23기 사업연도(2023. 1. 1. ~ 2023. 12. 31.) 접대비 관련 자료이다. 접대비 한도초과액을 계산하면 얼마인가? 접대비 해당액은 적격증명서류를 수취하였고, 전기까지 세무조정은 적정하게 이루어졌다.

(1) 장부상 매출액은 15,000,000,000원으로 이 중 특수관계인에 대한 매출액은 8,000,000,000원이며, 일반매출액은 7,000,000,000원이다. 매출액과 관련된 내용은 다음과 같다.
　– 전기 일반매출누락액 500,000,000원이 당기 매출액에 포함되어 있다.
　– 일반매출에 「부가가치세법」상 간주공급에 해당하는 금액 500,000,000원이 포함되어 있다.
(2) 손익계산서상 판매비와관리비 중 접대비로 비용처리한 금액은 80,000,000원으로 다음의 금액이 포함되어 있다.
　– 주주가 부담할 성질의 접대비를 회사가 부담한 것: 5,000,000원
　– 문화접대비: 12,000,000원
(3) 고객이 조직한 임의단체에 기증한 물품을 지출하고 영업외비용으로 처리한 금액: 5,000,000원
(4) 수입금액에 관한 적용률

수입금액	적용률
100억원 이하	1만분의 30
100억원 초과 500억원 이하	3천만원 + 100억원을 초과하는 금액의 1만분의 20

① 7,500,000원
② 7,800,000원
③ 12,000,000원
④ 12,400,000원
⑤ 12,800,000원

10. 영리내국법인 ㈜A(중소기업 및 회생기업에 해당하지 않음)의 제23기 사업연도(2023. 1. 1. ~ 2023. 12. 31.) 세무조정 관련 자료이다. ㈜A의 제23기 과세표준금액은 얼마인가?

(1) 손익계산서상 법인세비용차감전순이익: 20,000,000원
(2) 기부금 관련 세무조정사항을 제외한 기타의 모든 세무조정 내역은 다음과 같다.
　– 익금산입·손금불산입: 12,000,000원
　– 손금산입·익금불산입: 15,000,000원
(3) 손익계산서상 기부금 내역(전액 현금지급)

내역	금액
국립대학병원 연구비	4,000,000원
대표이사 대학동창회 기부금	3,000,000원

(4) 당기 중 국가에 정당한 사유 없이 양도한 토지: 양도가액 40,000,000원, 양도 시 시가 80,000,000원
(5) 제16기(2016. 1. 1. ~ 2016. 12. 31.)에 발생한 결손금으로서 이후 과세표준을 계산할 때 공제되지 아니한 금액: 20,000,000원

① 10,000,000원
② 12,000,000원
③ 18,000,000원
④ 24,000,000원
⑤ 30,000,000원

11. 「법인세법」상 자산·부채의 평가 및 손익의 귀속시기에 관한 설명이다. 옳은 것은?

① 특수관계인으로부터 고가매입하거나 불균등증자 시 신주를 시가보다 높은 가액으로 인수한 경우의 시가초과액은 취득원가에 포함하지 아니한다.
② 자산을 장기할부조건으로 취득함에 따라 발생한 채무를 기업회계기준이 정하는 바에 따라 현재가치로 평가하여 계상하는 현재가치할인차금은 취득가액에 포함한다.
③ 장기금전대차거래에서 발생하는 채권·채무를 현재가치로 평가하여 명목가액과 현재가치의 차액을 당기손익으로 처리한 경우 이를 각 사업연도 소득금액 계산상 익금 또는 손금에 산입한다.
④ 타인으로부터 매입한 자산의 취득가액은 매입가액에 부대비용을 더한 금액으로 한다. 다만, 기업회계기준에 따라 단기매매항목으로 분류된 금융자산 및 파생상품의 취득가액에는 부대비용을 더한다.
⑤ 타인으로부터 토지와 건물을 함께 매입하여 토지의 가액과 건물의 가액의 구분이 불분명한 경우 장부가액에 비례하여 안분계산한다.

12. 영리내국법인 ㈜갑의 제23기 사업연도(2023. 1. 1. ~ 2023. 12. 31.) 기계장치에 관한 자료이다. 제23기 사업연도부터 감가상각방법을 정액법에서 정률법으로 변경할 경우 제23기 기계장치의 감가상각범위액은 얼마인가?

> (1) 취득일자: 2021년 1월 1일
> (2) 재무상태표상 취득원가: 100,000,000원
> (3) 전기 말 감가상각누계액: 35,000,000원
> (4) 전기 말 감가상각비 부인누계액: 10,000,000원
> (5) 기계장치 신고 내용연수: 8년
> (6) 내용연수에 따른 상각률
>
> | 내용연수 | 정액법 | 정률법 |
> |---|---|---|
> | 6년 | 0.166 | 0.394 |
> | 8년 | 0.125 | 0.313 |
>
> (7) ㈜갑은 한국채택국제회계기준을 적용하지 않으며, 감가상각방법의 변경은 적법하게 이루어졌다.

① 12,450,000원
② 20,345,000원
③ 23,475,000원
④ 25,610,000원
⑤ 29,550,000원

13. 영리내국법인 ㈜갑의 제23기 사업연도(2023. 1. 1. ~ 2023. 12. 31.) 사용수익기부자산과 관련된 자료이다. 동 자산에 대한 세무조정이 제23기 각사업연도소득금액에 미치는 순영향은 얼마인가?

> (1) ㈜갑은 건물(장부가 80,000,000원, 시가 100,000,000원)을 2023년 7월 1일 준공하여 동 일자로 지방자치단체에 기부하고 향후 5년간 무상 사용하기로 하였다. 이에 따른 회계처리는 다음과 같다.
>
> (차) 사용수익기부자산   100,000,000원
> (대) 건물   80,000,000원
>   유형자산처분이익   20,000,000원
>
> (2) 제23기 사용수익기부자산에 대하여 10,000,000원의 감가상각비를 계상하였다.
> (3) ㈜갑은 한국채택국제회계기준을 적용하지 않는다.

① (−)14,000,000원
② (+)14,000,000원
③ (−)16,000,000원
④ (+)16,000,000원
⑤ (−)18,000,000원

14. 영리내국법인 ㈜갑의 제23기 사업연도(2023. 1. 1. ~ 2023. 12. 31.) 확정급여형 퇴직연금충당금과 관련된 자료이다. 제23기 세무조정 완료 후 세무상 기말 퇴직연금충당금 잔액은 얼마인가?

> (1) 장부상 퇴직급여충당금 계정은 다음과 같으며 기초잔액에는 손금부인액 20,000,000원이 포함되어 있다.
>
> 퇴직급여충당금
>
> | 당기감소 | 10,000,000원 | 기초잔액 | 30,000,000원 |
> |---|---|---|---|
> | 기말잔액 | 20,000,000원 | 당기증가 | 0원 |
>
> (2) 장부상 퇴직연금운용자산 계정은 다음과 같다.
>
> 퇴직연금운용자산
>
> | 기초잔액 | 100,000,000원 | 당기지급 | 10,000,000원 |
> |---|---|---|---|
> | 추가예치 | 30,000,000원 | 기말잔액 | 120,000,000원 |
>
> (3) 당기 중 직원의 현실적 퇴직으로 퇴직연금운용자산에서 10,000,000원을 지급하고, 퇴직연금운용자산과 퇴직급여충당금을 감소시켰다.
> (4) ㈜갑은 신고조정에 의하여 퇴직연금충당금을 설정하고 있으며, 세무상 기초잔액은 99,000,000원(△유보)이다.
> (5) 당기 말 일시퇴직기준 추계액은 110,000,000원, 보험수리기준 추계액은 120,000,000원이다.

① 95,000,000원
② 105,000,000원
③ 109,000,000원
④ 110,000,000원
⑤ 120,000,000원

15. 「법인세법」상 신고조정 대손사유에 해당하는 것은?

① 채무자의 사업 폐지로 인하여 회수할 수 없는 채권
② 중소기업의 외상매출금 등(미수금 포함)으로서 거래일로부터 2년이 경과한 외상매출금. 단, 비특수관계인 채권임
③ 「민사집행법」의 규정에 따라 채무자의 재산에 대한 경매가 취소된 압류채권
④ 「민사소송법」에 따른 화해 결정 및 화해권고결정에 따라 회수불능으로 확정된 채권
⑤ 부도발생일부터 6개월 이상 지난 중소기업의 외상매출금

16. 「법인세법」상 과세표준의 계산에 관한 설명이다. 옳은 것은?

① 과세표준을 계산할 때 공제되지 아니한 비과세소득 및 소득공제액은 이월하여 공제할 수 있다.

② 천재지변 등으로 장부나 그 밖의 증명서류가 멸실되어 과세표준과 세액을 추계결정하는 경우 결손금이월공제가 적용되지 않는다.

③ 자산수증이익 또는 채무면제이익으로 충당된 이월결손금은 과세표준 계산상 공제가능한 이월결손금으로 보지 않는다.

④ 법인은 합병 시 승계한 이월결손금을 자산수증이익 및 채무면제이익으로 보전할 수 있다.

⑤ 결손금소급공제 한도인 직전 사업연도 법인세액에는 가산세를 포함하며 토지 등 양도소득에 대한 법인세는 제외한다.

17. 영리내국법인 ㈜갑(중소기업)의 제23기 사업연도 (2023. 1. 1. ~ 2023. 12. 31.) 외국납부세액 관련 자료이다. ㈜갑이 외국납부세액공제 방법을 선택할 경우 제23기 법인세 산출세액에서 공제할 외국납부세액공제액은 얼마인가? ㈜갑은 외국자회사 수입배당금 익금불산입 규정을 적용하지 아니한다.

(1) 외국자회사: A법인(외국에서 사업을 영위함)

(2) 투자지분: 의결권 있는 주식의 40%(2021. 1. 1. 취득 후 지분율 변동 없음)

(3) A법인으로부터의 배당금은 1,200,000원(원천징수세액 200,000원 포함)이며 다음과 같이 회계처리하였다.

(차) 현금   1,000,000 (대) 영업외수익 1,200,000
     법인세비용   200,000

(4) A법인의 해당 사업연도 소득금액: 3,000,000원

(5) A법인의 해당 사업연도 법인세: 600,000원

(6) ㈜갑의 법인세비용차감전순이익은 100,000,000원이며, 이월결손금은 없다.

① 105,000원
② 125,000원
③ 135,000원
④ 250,000원
⑤ 300,000원

18. 영리내국법인 ㈜갑(중소기업)의 제23기 사업연도(2023. 1. 1. ~ 2023. 12. 31.) 법인세 관련 자료이다. 최저한세 적용 후 제23기 산출세액에서 차감되는 「조세특례제한법」상 세액공제액은 모두 얼마인가?

(1) 각사업연도소득금액: 195,000,000원

(2) 위 금액에는 「조세특례제한법」상 손금산입 항목 8,000,000원이 신고조정으로 손금에 포함되어 있다.

(3) 연구·인력개발비에 대한 세액공제: 1,000,000원

(4) 근로소득을 증대시킨 기업에 대한 세액공제(최저한세 대상): 8,000,000원

(5) 외국납부세액공제: 1,000,000원

(6) 최저한세 적용 시 조세특례의 배제는 경정 시 배제순서를 따른다.

① 4,360,000원
② 5,360,000원
③ 7,800,000원
④ 8,390,000원
⑤ 9,800,000원

19. 「법인세법」상 중간예납에 관한 설명이다. 옳은 것은?

① 해당 중간예납기간의 법인세액을 기준으로 중간예납세액을 계산할 경우 중간예납기간의 수시부과세액은 차감하지 않는다.

② 내국법인이 납부하여야 할 중간예납세액의 일부를 납부하지 아니한 경우 신고불성실가산세 및 납부지연가산세 모두 적용된다.

③ 직전 사업연도의 산출세액을 기준으로 하는 방법에 따라 계산한 중간예납세액이 50만원 미만인 모든 내국법인은 중간예납세액을 납부할 의무가 없다.

④ 합병이나 분할에 의하지 않고 새로 설립된 법인의 최초 사업연도의 기간이 6개월을 초과하더라도 최초사업연도에 대한 중간예납의무가 없다.

⑤ 중간예납의무자는 중간예납기간이 지난 날부터 3개월 이내에 중간예납세액을 신고·납부하여야 한다.

20. 「소득세법」상 거주자 및 납세지에 관한 설명이다. **옳지 않은 것은?**

① 거주자가 사망한 경우의 과세기간은 1월 1일부터 사망한 날까지로 한다.

② 거주자가 주소 또는 거소를 국외로 출국하여 비거주자가 되는 경우의 과세기간은 1월 1일부터 출국한 날까지로 한다.

③ 주소지가 2 이상인 때에는 생활관계가 보다 밀접한 곳을 납세지로 한다.

④ 비거주자의 소득세 납세지는 국내사업장이 둘 이상 있는 경우 주된 국내사업장의 소재지로 한다.

⑤ 거주자는 납세지가 변경된 경우 변경된 날부터 15일 이내에 그 변경 후의 납세지 관할세무서장에게 신고하여야 한다.

21. 거주자 갑의 2023년 이자 및 배당소득에 대한 자료이다. 거주자 갑의 2023년 원천징수세액과 종합소득금액 중 금융소득금액은 각각 얼마인가? 조건부 종합과세대상 금융소득에 대한 원천징수는 적법하게 이루어졌으며, 모든 금액은 원천징수세액을 차감하기 전의 금액이다.

구분		조건부 종합과세	무조건 종합과세
이자소득		15,000,000원	5,000,000원
		비영업대금의 이익(온라인투자연계금융업자를 통하여 지급받은 5,000,000원) 포함, 나머지는 정기예금이자임	비영업대금의 이익으로 원천징수되지 않음
배당소득	Gross-up 대상	7,000,000원	
		내국법인으로부터 받은 배당소득임	
	Gross-up 비대상	3,000,000원	5,000,000원
		집합투자기구로부터의 이익으로 채권매매차익으로 구성됨	출자공동사업자의 배당

	원천징수세액	종합소득금액 중 금융소득금액
①	4,200,000원	30,770,000원
②	4,750,000원	31,770,000원
③	5,300,000원	30,770,000원
④	4,750,000원	35,770,000원
⑤	5,300,000원	35,770,000원

22. 다음 자료를 이용하여 도매업을 영위하는 거주자 갑(복식부기의무자가 아님)의 2023년 사업소득금액을 계산하면 얼마인가?

(1) 손익계산서상 소득세비용차감전순이익: 51,000,000원

(2) 손익계산서에 계상된 주요 수익항목

- 2023년 8월 17일 발송한 위탁상품 매출액 2,000,000원(원가 1,200,000원): 발송 시 원가를 비용처리하였으며, 수탁자는 동 상품을 2024년 1월 10일에 판매함

- 2023년 11월 21일 판매장비 처분으로 인한 유형자산 처분이익 5,000,000원

(3) 손익계산서에 계상된 주요 비용항목

- 2023년 11월 21일 처분된 판매장건물의 감가상각비 1,000,000원: 세무상 상각범위액은 1,200,000원이며, 전기 말 상각부인액은 500,000원임

- 2023년 12월 14일 시설개체를 위한 생산설비 일부인 기계장치 A의 폐기처분으로 인한 유형자산처분손실 2,000,000원: 기계장치 A의 감가상각비는 600,000원이고, 세무상 상각범위액은 400,000원이며, 전기 말 상각부인액은 300,000원임

① 44,900,000원

② 44,700,000원

③ 44,400,000원

④ 44,100,000원

⑤ 43,900,000원

23. 거주자 갑의 2023년 근로소득 관련 자료이다. 거주자 갑은 ㈜A에 회계담당자로 근무하던 중 2023년 7월 1일에 ㈜B로 이직하였다. 2023년 거주자 갑의 근로소득금액은 얼마인가?

> (1) ㈜A로부터 수령한 금액(2023. 1. 1. ~ 2023. 6. 30.)
> - 급여: 12,000,000원
> - 상여금: 2,000,000원
> - 업무추진비: 3,600,000원(매월 300,000원, 기밀비 유사명목으로 지급된 것으로서 별도의 영수증은 제시하지 않음)
> - 식대: 1,200,000원(월 200,000원 × 6개월, 식사는 제공받지 않음)
> - 숙직비: 200,000원(1일당 실비상당액 20,000원 ×10일)
>
> (2) ㈜B로부터 수령한 금액(2023. 7. 1. ~ 2023. 12. 31.)
> - 급여: 15,000,000원
> - 식대: 900,000원(월 150,000원 × 6개월, 식사를 제공받음)
> - 회사규정에 따른 자가운전보조금: 1,800,000원(월 300,000원 × 6개월, 자가차량을 업무수행에 이용하나 여비를 수령하지 않음)
> - 건강검진보조금: 500,000원
> - 추석명절격려금: 3,000,000원
> - 자녀학비보조금: 3,000,000원
>
> (3) 근로소득공제액
>
> | 총급여액 | 근로소득공제액 |
> |---|---|
> | 500만원 이하 | 총급여액 × 70% |
> | 500만원 초과 1,500만원 이하 | 350만원 + (총급여액 – 500만원) × 40% |
> | 1,500만원 초과 4,500만원 이하 | 750만원 + (총급여액 – 1,500만원) × 15% |

① 24,650,000원
② 25,715,000원
③ 28,500,000원
④ 28,750,000원
⑤ 29,260,000원

24. 거주자 갑이 ㈜A에 양도한 국내 소재 건물(주택이 아님)과 관련한 자료는 다음과 같다. 세부담 최소화를 가정할 경우 갑의 2023년 과세기간의 양도소득과세표준을 계산한 것으로 옳은 것은?

> (1) 갑은 2017. 6. 5.에 해당 건물(기준시가 10,000,000원)을 취득하였다.
> (2) 갑은 건물을 보유하는 기간 중에 해당 건물에 대한 자본적 지출액으로 13,000,000원을 지출하였다.
> (3) 갑은 2023. 4. 8.에 해당 건물(매매사례가액 70,000,000원, 기준시가 50,000,000원)을 양도하였으며, 양도비용으로 2,000,000원이 소요되었다.
> (4) 해당 건물은 미등기자산이 아니다.
> (5) 2023년 과세기간에 해당 건물 외에 다른 양도자산은 없다.

① 60,300,000원
② 45,500,000원
③ 55,000,000원
④ 47,000,000원
⑤ 49,500,000원

25. ㈜A에 근무하는 거주자 갑의 2023년 소득내역의 일부이다. 거주자 갑의 종합소득금액 중 기타소득금액은 얼마인가?

구분	금액	실제 필요경비
(1) 공익사업과 관련하여 지역권을 설정하고 받은 대가	2,000,000원	1,000,000원
(2) 대학에 계절학기(2개월) 출강하고 받은 시간강사료	2,500,000원	–
(3) B신문에 기고하고 받은 원고료	500,000원	–
(4) 상표권의 양도로 인해 수령한 대가	3,500,000원	1,500,000원
(5) 퇴직한 전 회사로부터 퇴직 후 수령한 직무발명보상금(퇴직 전 수령액 3,000,000원)	4,000,000원	–
(6) 공익법인이 주최하는 발명경진대회에서 입상하여 받은 상금	3,000,000원	–
(7) 「법인세법」에 의해 기타소득으로 처분된 금액	1,000,000원	–

① 5,000,000원
② 5,600,000원
③ 5,000,000원
④ 6,600,000원
⑤ 7,000,000원

26. 「소득세법」상 소득금액 및 세액의 계산과 관련된 설명이다. 옳지 않은 것은?

① 공동사업자가 과세표준확정신고를 할 때에는 과세표준확정신고서와 함께 당해 공동사업장에서 발생한 소득과 그 외의 소득을 구분한 계산서를 제출하여야 한다.

② 공동사업장에서 발생한 소득금액에 대하여 원천징수된 세액은 각 공동사업자의 손익분배비율에 따라 배분한다.

③ 직계존비속에게 주택을 무상으로 사용하게 하고 직계존비속이 해당 주택에 실제 거주하는 경우에는 부당행위계산부인 규정을 적용하지 않는다.

④ 결손금소급공제 환급요건을 갖춘 자가 환급을 받으려면 과세표준확정신고기한까지 납세지 관할세무서장에게 환급을 신청하여야 하며, 환급신청을 받은 납세지 관할세무서장은 지체없이 환급세액을 결정하여 「국세기본법」에 따라 환급하여야 한다.

⑤ 이월결손금을 공제할 때 종합과세되는 금융소득 중 기본세율을 적용받는 부분은 이월결손금의 공제대상에서 제외하며, 그 금융소득 중 원천징수세율을 적용받는 부분에 대해서는 사업자가 그 소득금액의 범위에서 공제 여부 및 공제금액을 결정할 수 있다.

27. 다음은 거주자 갑의 2023년 자료이다. 갑의 종합소득공제액은 얼마인가?

(1) 본인 및 부양가족 현황은 다음과 같다.

관계	연령	소득
본인 (여성)	38세	총급여액 35,000,000원
배우자 (장애인)	40세	「고용보험법」에 따라 수령한 육아휴직 급여 6,000,000원
부친	72세	일시적 강연으로 수령한 금액 5,000,000원
모친	67세	수도권 밖의 읍·면 지역에서 전통주를 제조함으로써 발생한 소득금액 8,000,000원
장남	16세	소득 없음
장녀 (장애인)	5세	소득 없음

(2) 국민건강보험료 및 노인장기요양보험료 600,000원과 국민연금보험료 1,000,000원을 납부하였다. 이 중 본인 부담분은 절반이다.

(3) 부친과 모친은 주거형편상 별거하고 있으며, 장남은 기숙사 생활로 별거하고 있다.

① 12,300,000원

② 12,800,000원

③ 14,800,000원

④ 15,300,000원

⑤ 16,100,000원

28. 거주자 갑이 2023년 중에 아래 제시된 자산을 양도할 경우 「소득세법」상 양도소득세가 과세될 수 있는 것을 조합한 것으로 옳은 것은?

> ㄱ. 외국에 있는 시장에 상장된 주식을 양도하였다.
>
> ㄴ. 공익사업에 필요한 토지를 수용으로 인하여 서울특별시에 양도하였다.
>
> ㄷ. 개인소장품인 고려청자를 수집가에게 양도하였다.
>
> ㄹ. 토지와 함께 양도하는 「개발제한구역의 지정 및 관리에 관한 특별조치법」에 따른 이축권. 다만, 해당 이축권 가액을 별도로 평가하여 신고하였다.

① ㄱ, ㄴ

② ㄱ, ㄷ

③ ㄴ, ㄷ

④ ㄱ, ㄴ, ㄷ

⑤ ㄴ, ㄷ, ㄹ

29. 「소득세법」상 거주자의 종합소득 및 퇴직소득에 대한 신고, 납부 및 징수에 관한 설명이다. 옳지 않은 것은?

① 종합소득 과세표준확정신고 내용에 탈루 또는 오류가 있는 경우 납세지 관할세무서장은 과세표준과 세액을 경정한다.

② 근로소득 및 퇴직소득만 있는 거주자는 해당 소득에 대하여 과세표준확정신고를 하지 아니할 수 있다.

③ 납세의무자가 신고·납부한 과세표준금액에 원천징수하지 아니한 원천징수대상 소득금액이 이미 산입된 경우 납세지 관할세무서장은 원천징수의무자에게 징수하였거나 징수하여야 할 세액은 징수하지 아니하고 가산세액만 징수한다.

④ 분리과세 주택임대소득만 있는 자는 해당 소득에 대하여 과세표준확정신고를 하지 아니할 수 있다.

⑤ 중간예납세액이 50만원 미만인 경우에는 소득세를 징수하지 아니한다.

30. 공기정화기 판매(임대 포함) 및 부동산임대사업을 영위하는 ㈜M의 2023년 제1기 예정신고기간 자료이다. 2023년 제1기 예정신고 시 부가가치세 과세표준은 얼마인가? 제시된 자료의 금액에는 부가가치세가 포함되지 아니하였다.

> (1) 2023년 1월 5일: 시가 50,000,000원의 재화를 공급하고, 대금은 매출할인 1,000,000원을 차감한 현금 49,000,000원을 받았으며, 1개월 뒤 판매장려금 2,000,000원을 지급하였다.
>
> (2) 2023년 2월 16일: 특수관계인이 아닌 자에게 사무실 일부를 3개월간 임대(임대기간: 2023년 2월 16일부터 2023년 5월 15일까지)해 주고 현금 6,000,000원을 받았다. 이 임대용역의 시가는 9,000,000원이다.
>
> (3) 2023년 2월 25일: 시가 10,000,000원의 재화를 공급하고 현금 6,000,000원, 과거에 ㈜M이 적립해 준 마일리지 1,000,000원 및 Y통신사 마일리지 3,000,000원을 받았다. 회사는 이 거래에 대하여 Y통신사로부터 현금 2,000,000원을 1개월 후에 보전받았으며, 회사와 Y통신사는 특수관계인이 아니다.
>
> (4) 2023년 3월 23일: 특수관계인에게 부동산임대용역을 12월간 무상으로 공급하였다. 매월 임대료 시가는 1,000,000원이다.

① 62,000,000원

② 64,000,000원

③ 66,000,000원

④ 67,000,000원

⑤ 68,000,000원

31. 「부가가치세법」상 제조업을 하는 사업자의 사업장 및 사업자등록에 관한 다음 설명 중 옳지 않은 것은?

① 사업자는 사업장마다 사업개시일로부터 20일 이내 사업장 관할세무서장에게 사업자등록을 신청하여야 한다. 다만, 신규로 사업을 시작하려는 자는 사업개시일 이전이라도 사업자등록을 신청할 수 있다.

② 사업개시일 이전에 사업자등록의 신청을 받은 사업장 관할세무서장은 신청자가 사업을 사실상 시작하지 않을 것이라고 인정될 때에는 등록을 거부할 수 있다.

③ 재화나 용역을 공급하는 사업자가 사업자등록을 신청하지 않은 경우 사업장 관할세무서장은 조사하여 직권으로 사업자 등록을 할 수 있다.

④ 사업장이란 거래의 전부 또는 일부를 행하는 장소를 말하므로, 거래의 전부 또는 일부를 행하는 장소가 아닌 곳에 사업장을 등록할 수는 없다.

⑤ 사업장이 둘 이상인 사업자는 사업자단위로 해당 사업자의 본점 또는 주사무소 관할세무서장에게 등록을 신청할 수 있다.

32. 「부가가치세법」상 면세에 관한 설명이다. **옳지 않은 것은?**

① 시내버스에 의한 여객운송용역은 면세대상이지만, 시외우등고속버스에 의한 여객운송용역은 과세대상이다.

② 국민주택규모 이하 주택(부수토지 제외)의 공급은 면세대상이지만, 국민주택규모를 초과하는 주택(부수토지 제외)의 공급은 과세대상이다.

③ 약사가 제공하는 의약품의 조제용역은 면세대상이지만, 약사가 조제하지 않고 단순히 판매하는 의약품은 과세대상이다.

④ 도서의 공급은 면세대상이지만, 도서에 게재되는 광고의 공급은 과세대상이다.

⑤ 면세재화를 수출하는 경우 면세포기에 관계없이 영세율이 적용된다.

33. 「부가가치세법」상 납세의무에 관한 설명이다. **옳은 것은?**

① 사업자가 아닌 자가 부가가치세가 과세되는 재화를 개인적 용도로 사용하기 위해 수입하는 경우 부가가치세 납세의무가 없다.

② 사업자가 부가가치세가 과세되는 재화 또는 용역을 공급하는 경우 부가가치세를 거래징수하지 않았다면 부가가치세 납세의무가 없다.

③ 사업자등록을 신청하지 않고 계속하여 재화나 용역을 공급하는 자도 「부가가치세법」상 납세의무자이다.

④ 개인·법인과 법인격이 없는 사단·재단 또는 그 밖의 단체는 「부가가치세법」상 납세의무자가 될 수 있으나, 국가·지방자치단체와 지방자치단체조합은 「부가가치세법」상 납세의무자가 될 수 없다.

⑤ 건설업을 영위하는 내국법인이 국외에서 용역을 제공하는 경우에는 「부가가치세법」상 납세의무자가 아니다.

34. 다음은 과세사업과 면세사업을 겸영하는 ㈜L의 2023년 제1기 부가가치세 과세기간의 매입세액 및 관련 거래내역이다. 2023년 제1기 부가가치세 매입세액공제액을 계산하면 얼마인가?

(1) 매입세액 내역

구분	과세사업분	면세사업분	공통분
원자재 구입	60,000,000원	50,000,000원	40,000,000원
사무용 비품구입	30,000,000원	20,000,000원	10,000,000원
토지 조성원가	5,000,000원	–	1,000,000원

(2) 2023년 6월 20일에 면세사업에 사용하던 기계를 과세사업과 면세사업에 함께 사용하였다. 이 기계는 2022년 7월 7일에 700,000,000원(매입세액 70,000,000원)에 구입하였다.

(3) 회사 공급가액의 비율

구분	2022년 제2기	2023년 제1기
과세사업	60%	70%
면세사업	40%	30%

① 125,000,000원

② 140,500,000원

③ 156,500,000원

④ 161,750,000원

⑤ 177,500,000원

35. 양계 후 생닭으로 판매하는 축산회사 ㈜H의 2023년 3월 3일 회사 사옥 및 부수토지 양도 관련 자료이다. 2023년 제1기 예정신고 시 부동산 양도에 따른 부가가치세 과세표준은 얼마인가? 제시된 자료의 금액에는 부가가치세가 포함되지 않은 금액이다.

(1) 건물의 구입 시부터 1층부터 2층은(총 200㎡) K은행 점포 임대에 사용하고 있으며, 3층부터 5층(총 300㎡)은 ㈜H가 사무실로 사용하고 있다. 부수토지의 면적은 300㎡이다.

(2) 건물과 부수토지를 150,000,000원에 양도하였다. 양도가액 중 건물가액과 토지가액의 구분은 불분명하다.

(3) 양도한 부동산의 가액

구분	취득가액	기준시가	감정평가액
건물	30,000,000원	35,000,000원	45,000,000원
부수토지	20,000,000원	35,000,000원	55,000,000원
계	50,000,000원	70,000,000원	100,000,000원

(4) 건물 취득 시 발생한 매입세액 중 공제가능액은 사용면적비율에 따라 계산되었으며, 감정평가는 2023년 2월 2일에 감정평가업자에 의해 시행되었다.

(5) 회사 공급가액의 비율

구분	2022년 제2기	2023년 제1기
생닭판매	60%	70%
부동산 임대수익	40%	30%

① 16,000,000원
② 27,000,000원
③ 33,750,000원
④ 40,500,000원
⑤ 0원

36. 맞춤양복 제조업을 경영하는 간이과세자 갑의 2023년 과세기간 부가가치세 관련 자료이다. 부가가치세 차가감 납부세액(지방소비세 포함)은 얼마인가?

(1) 양복 매출액

내역	공급대가	합계
신용카드매출전표 발행분	12,000,000원	
현금영수증 발행분	10,000,000원	70,000,000원
금전등록기 계산서 발행분	48,000,000원	

(2) 일반과세자로부터 원자재 매입액

내역	공급가액	매입세액
세금계산서 수취분	20,000,000원	2,000,000원
신용카드매출전표 수취분	10,000,000원	1,000,000원

(3) 양복 제조에 사용하던 재봉틀을 1,000,000원(부가가치세 포함)에 매각하고 금전등록기 계산서를 발급하였으며, 새 재봉틀을 2,200,000원(부가가치세 포함)에 구입하고 세금계산서를 수취하였다.

(4) 2023년 예정부과기간의 납부세액은 550,000원이며, 모든 매입거래에 대하여 매입처별 세금계산서합계표 또는 신용카드매출전표 등 수령명세서를 제출하였다.

(5) 제조업의 업종별 부가가치율은 20%이며, 전자신고세액공제는 고려하지 않는다.

① 958,000원
② 877,000원
③ 408,000원
④ 327,000원
⑤ 0원

37. 「부가가치세법」상 일반과세자의 부가가치세 신고와 환급에 관한 설명이다. <u>옳지 않은</u> 것은?

① 2023년 제1기 확정신고 시에는 2023년 1월 1일부터 2023년 6월 30일까지의 과세기간에 대한 과세표준과 납부세액 중 예정신고 또는 조기환급신고 시 이미 신고한 부분을 제외한 부분을 2023년 7월 25일까지 신고하여야 한다.

② 2023년 제1기 과세기간에 대한 환급세액을 2023년 7월 15일에 신고한 경우, 조기환급이 아니면 2023년 7월 15일이 지난 후 30일 이내에 환급하여야 한다.

③ 예정신고기간에 대한 환급세액은 조기환급의 경우를 제외하고는 바로 환급되지 않으며, 확정신고 시 납부세액에서 차감한다.

④ 2023년 1월에 사업용 기계를 취득하여 2023년 2월 25일에 조기환급 신고를 한 경우, 2023년 2월 25일이 지난 후 15일 이내에 환급하여야 한다.

⑤ 관할세무서장의 경정에 따라 2023년 9월 9일 환급세액이 발생한 경우 지체 없이 환급하여야 한다.

38. 「상속세 및 증여세법」에 관한 설명이다. <u>옳지 않은 것</u>은?

① 거주자의 사망으로 외국에 있는 상속재산에 대하여 부과된 외국납부세액에 상당하는 금액은 상속세 산출세액에서 공제된다.

② 납세지 관할세무서장은 상속세 납부세액이 2천만원을 초과하는 때에는 납세의무자의 신청을 받아 연부연납을 허가할 수 있다.

③ 거주자의 사망으로 상속이 개시되어 배우자가 상속인에 포함되는 경우 배우자상속공제액은 최소 5억원을 적용한다. 다만, 배우자상속재산 분할기한까지 분할등기하지 아니한 경우에는 그러하지 아니하다.

④ 거주자의 사망으로 인하여 배우자 단독으로 상속받는 경우로서 기초공제와 그 밖의 인적공제에 따른 공제액을 합친 금액이 5억원 미만이라도 일괄공제 5억원을 공제받을 수 없다.

⑤ 상속개시일 전 1년 이내에 피상속인이 부담한 채무금액이 2억원 이상인 경우로서 용도가 객관적으로 명백하지 아니한 경우에는 이를 상속받은 것으로 추정한다.

39. 다음은 2023년 3월 1일에 사망한 거주자 갑의 상속세 과세표준 계산과 관련된 자료이다. 상속세 과세가액을 계산하면 얼마인가?

> (1) 갑의 상속개시 당시 재산가액은 1,000,000,000원이다. 전부 금융기관에 예치된 예금이다.
>
> (2) 갑이 상속개시 전 처분 또는 인출한 재산내역은 다음과 같다.
>
> | 구분 | 처분일 | 처분금액 | 용도확인액 |
> |---|---|---|---|
> | 유가증권 | 2022. 6. 30. | 300,000,000원 | 150,000,000원 |
> | 토지 | 2021. 10. 1. | 1,000,000,000원 | 800,000,000원 |
>
> (3) 갑이 상속개시 전 증여한 재산의 현황은 다음과 같다.
>
> | 수증자 | 증여일 | 증여 당시 가액 | 상속개시 당시 가액 |
> |---|---|---|---|
> | 배우자 | 2017. 8. 30. | 100,000,000원 | 300,000,000원 |
> | 친구 | 2019. 6. 15. | 50,000,000원 | 100,000,000원 |
>
> (4) 갑의 장례에 직접 소요된 비용은 8,000,000원[봉안시설(납골시설) 사용비 6,000,000원 포함]으로서 증빙에 의해 확인된다.

① 1,210,000,000원
② 1,224,000,000원
③ 1,230,000,000원
④ 1,424,000,000원
⑤ 1,430,000,000원

40. 「지방세법」상 부동산 취득에 관한 취득세 세율에 관한 설명이다. <u>옳지 않은</u> 것은? 단, 해당 부동산은 농지가 아니며, 취득가액은 시가표준액 3억원 이상이며, 모두 조정지역대상에 소재하고 있다.

① 상속으로 주택을 취득하는 경우의 취득세율: 1천분의 28

② 개인이 건물을 신축하는 경우의 취득세율: 1천분의 28

③ 개인이 상가를 증여받는 경우의 취득세율: 1천분의 35

④ 법인이 유상으로 주택을 취득하는 경우: 1천분의 120

⑤ 다주택자인 부친으로부터 자녀가 주택을 증여받는 경우: 1천분의 80

모의고사 분석표 & 정답 및 해설 ▶ p.131

※ 각 문제의 보기 중에서 물음에 가장 합당한 답을 고르시오.
(주어진 자료 이외의 다른 사항은 고려하지 않으며, 조세부담 최소화를 가정할 것)

1. 「국세기본법」상 납세의무자에 관한 설명이다. 옳지 않은 것은?

① 납세의무자란 세법에 따라 국세를 납부할 의무가 있는 자를 말하며 국세를 징수하여 납부할 의무가 있는 자는 제외한다.
② 제2차 납세의무자란 납세자가 납세의무를 이행할 수 없는 경우에 납세자를 갈음하여 납세의무를 지는 자를 말한다.
③ 납세의 고지에 관한 서류는 연대납세의무자 모두에게 각각 송달하여야 한다.
④ 공동사업에 관계되는 국세 및 강제징수비는 공동사업자가 연대하여 납부할 의무를 진다. 다만, 공동사업자는 그 손익분배비율을 한도로 납세의무를 진다.
⑤ 제2차 납세의무자로서 납부통지서를 받은 자가 세법에 따른 처분으로 인하여 권리나 이익을 침해당하게 될 이해관계인에 해당하는 경우 위법 또는 부당한 처분을 받은 자의 처분에 대하여 불복청구를 할 수 있다.

2. 「국세기본법」상 국세부과의 제척기간에 관한 설명 중 옳지 않은 것은?

① 납세자가 국내거래에서 발생한 부정행위로 포탈한 국세가 법인세이면 이와 관련하여 소득처분된 금액에 대한 소득세는 그 소득세를 부과할 수 있는 날부터 10년간을 제척기간으로 한다.
② 납세자가 법정신고기한 내에 소득세 과세표준신고서를 제출하지 아니한 경우에는 해당 소득세를 부과할 수 있는 날부터 7년간을 제척기간으로 한다.
③ 소득세에 관한 경정청구의 대상이 된 과세표준과 연동되어 다른 과세기간의 과세표준과 세액의 조정이 필요한 경우에는 경정청구일로부터 2개월을 제척기간으로 한다.
④ 납세자가 부정행위로 증여세를 환급·공제받은 경우에는 부과할 수 있는 날부터 15년간을 제척기간으로 한다.
⑤ 2014년 귀속 소득세 최초 신고에서 과세표준과 세액의 계산근거가 된 거래 또는 행위 등이 그에 관한 소송에 대한 판결에 의하여 2023년 중에 다른 것으로 확정된 경우라도 제척기간 5년을 도과하였으므로 과세관청은 소득세를 부과할 수 없다.

3. 「국세기본법」상 가산세에 관한 설명이다. 옳지 않은 것은?

① 가산세는 해당 의무가 규정된 세법의 해당 국세의 세목으로 한다. 이 경우 해당 국세를 감면하는 경우에 가산세는 감면되지 않는다.
② 천재지변 등으로 인한 기한의 연장 사유가 있는 경우에는 가산세를 부과하지 아니한다.
③ 납세자가 의무를 이행하지 아니한 데에 정당한 사유가 있는 경우에는 가산세를 부과하지 아니한다.
④ 납세의무자가 법정신고기한이 지난 후 1개월 이내에 수정신고한 경우에는 과소신고가산세의 90%를 감면한다.
⑤ 납세자가 세법해석에 관한 질의·회신 등에 따라 신고·납부한 경우라도 합법성의 원칙에 따라 과세관청이 다른 과세처분을 하는 경우에는 가산세를 부과한다.

4. 갑, 을, 병, 정이 납부하여야 할 각 세목의 납세의무의 성립시기가 먼저 도래하는 것부터 순서대로 나열한 것은? 단, 공휴일 등은 고려하지 아니하며, 모두 조세부과 대상인 것으로 한다.

> 가. 갑은 2023. 3. 25. 아파트를 양도하고 2023. 5. 30. 양도소득세 예정신고를 하였다(갑의 양도소득세).
> 나. 을은 국외예금을 하여 그에 관한 이자를 2023. 2. 10. 수령하였다. 단, 국외예금이자는 원천징수된 바 없다(을의 종합소득세).
> 다. 1월 1일부터 12월 31일까지를 사업연도로 하고 있는 병(법인사업자)은 2023 사업연도 중간예납세액을 전기 실적기준에 의하여 납부하였다(병의 2023 사업연도 중간예납에 대한 법인세).
> 라. 정은 2023. 8. 30. 미국으로부터 컴퓨터를 수입하여, 2023. 9. 30. 세관장에게 수입신고를 하였다(정의 컴퓨터에 수입에 대한 부가가치세).

① 가 → 다 → 라 → 나
② 나 → 가 → 라 → 다
③ 가 → 다 → 나 → 라
④ 나 → 가 → 다 → 라
⑤ 가 → 나 → 라 → 다

5. 「국세기본법」상 세무조사에 관한 설명이다. <u>옳지 않은</u> 것은?

① 세무공무원은 적정하고 공평한 과세를 실현하기 위하여 필요한 최소한의 범위에서 세무조사를 하여야 한다.

② 국세환급금의 결정을 위한 확인조사를 하는 경우에는 같은 세목 및 같은 과세기간에 대하여 재조사를 할 수 있다.

③ 납세자가 세무조사 연기신청을 한 경우 관할세무관서의 장은 연기신청 승인 여부를 결정하고 그 결과를 조사 개시 전까지 통지하여야 한다. 다만, 연기 결정 시 연기한 기간을 포함한다.

④ 세무조사를 연기한 관할세무서장은 조사를 연기한 기간이 만료되기 전에 조사를 개시할 수 없다.

⑤ 세무조사는 납세자의 사업과 관련하여 세법에 따라 신고·납부의무가 있는 세목을 통합하여 실시하는 것을 원칙으로 한다.

6. 「법인세법」상 납세의무에 관한 설명이다. **옳은 것은?**

① 사업의 실질적 관리장소가 국내에 있지 아니하면서 본점 또는 주사무소가 외국에 있더라도, 국내사업장이 국내에 있으면 내국법인으로 본다.

② 지방자치단체조합은 보유하고 있던 비사업용 토지를 양도하는 경우 토지 등 양도소득에 대한 법인세 납세의무가 있다.

③ 비영리내국법인이 처분일 현재 3년 이상 계속하여 법령 또는 정관에 규정된 고유목적사업에 직접 사용한 유형자산 및 무형자산의 처분으로 인하여 생기는 수입은 과세하지 아니한다.

④ 비영리외국법인은 청산소득에 대한 법인세 납세의무가 없으나, 비영리내국법인은 청산소득에 대한 법인세 납세의무가 있다.

⑤ 완전모법인이 완전자법인을 포함하여 연결납세방식을 적용받기 위해서는 완전모법인의 납세지 관할세무서장의 승인을 받아야 한다.

7. 「법인세법」상 신탁소득에 관한 설명이다. <u>옳지 않은</u> 것은?

① 신탁재산에 귀속되는 소득에 대해서는 그 신탁의 이익을 받을 수익자가 그 신탁재산을 가진 것으로 보고 「법인세법」을 적용하는 것이 원칙이다.

② 「신탁법」에 따른 목적신탁, 수익증권발행신탁 등에 해당하는 경우 신탁재산에 귀속되는 소득에 대하여 신탁재산을 내국법인으로 보아 그 신탁의 수탁자가 납세의무를 부담할 수 있다.

③ 신탁의 수탁자가 법인세 납세의무자가 되는 경우 신탁재산별로 각각을 하나의 내국법인으로 본다.

④ 위탁자가 신탁재산을 실질적으로 통제하는 신탁으로서 대통령령으로 정하는 요건을 충족하는 신탁의 경우에는 신탁재산에 귀속되는 소득에 대하여 그 신탁의 수탁자가 법인세를 납부할 의무가 있다.

⑤ 「자본시장과 금융투자업에 관한 법률」의 적용을 받는 법인의 신탁재산(보험회사의 특별계정은 제외)에 귀속되는 수입과 지출은 그 법인에 귀속되는 수입과 지출로 보지 아니한다.

8. 다음의 자료를 이용하여 영리내국법인 ㈜A의 제23기 사업연도(2023. 1. 1. ~ 2023. 12. 31.) 자본금과 적립금 조정명세서(을)에 기재될 기말잔액의 합계 금액을 계산한 것으로 옳은 것은? 단, 전기까지 회계처리 및 세무조정은 정확하게 이루어졌다.

내용	금액
(1) 자본금과 적립금 조정명세서(을) 기초잔액 합계(당기 중 추인된 항목은 없음)	1,000,000원
(2) 손익계산서상 당기순이익	1,300,000원
(3) 사외유출된 금액의 귀속자가 불분명하여 대표이사에게 상여로 처분하고 그에 관한 소득세를 대납하고 비용처리한 것	800,000원
(4) 비용으로 처리된 비업무용 토지에 대한 재산세	200,000원
(5) 기타포괄손익으로 처리된 공정가치측정 금융자산 평가이익	200,000원
(6) 사업연도 종료일 현재 회계처리가 누락된 외상매출금	400,000원
(7) 피투자법인이 이익준비금을 자본전입함에 따라 수령한 무상주 액면가액	500,000원
(8) 자본잉여금으로 처리된 자기주식처분이익	200,000원
(9) 이월결손금보전에 충당한 자산수증이익(단, 자산수증이익은 국고보조금이 아님)	200,000원

① 1,500,000원

② 1,700,000원

③ 1,900,000원

④ 2,100,000원

⑤ 2,300,000원

9. 제조업을 영위하는 내국법인인 ㈜A의 제13기 사업연도(2023. 1. 1. ~ 12. 31.)에 관한 자료이다. 아래 자료에 따른 ㈜A의 세무조정 결과 제13기 각 사업연도 소득금액 증감액을 계산한 것으로 옳은 것은? 단, ㈜A는 당기 법인세부담을 최소화하는 것으로 세무조정하는 것으로 가정한다.

(1) 대표이사인 갑으로부터 시가 50,000,000원인 유가증권을 38,000,000원에 매입하고, 매입가액을 취득원가로 계상하였다.

(2) 자기주식소각이익 5,000,000원을 자본잉여금으로 회계처리하였다.

(3) 2023. 12. 31. 정부로부터 지원 사업 목적으로 상환의무 없는 보조금 10,000,000원을 지급받고 이를 자산수증이익으로 회계처리하였다. 단, 일시상각충당금에 관한 세무조정은 이미 세무조정에 반영되었으므로 고려하지 않기로 한다.

(4) ㈜A는 세무상 공제되지 아니한 이월결손금 잔액 10,000,000원이 있다.

① △12,000,000원

② △7,000,000원

③ 2,000,000원

④ 12,000,000원

⑤ 7,000,000원

10. 다음의 자료를 이용하여 지주회사가 아닌 영리내국법인 ㈜A(제조업)의 제23기 사업연도(2023. 1. 1. ~ 2023. 12. 31.) 수입배당금 익금불산입액을 계산한 것으로 옳은 것은?

(1) ㈜A는 2023년 3월 중 비상장 영리내국법인 ㈜B, ㈜C, ㈜D로부터 수입배당금 15,000,000원을 수령하여 수익으로 계상하였다.

배당지급법인	현금배당금*	「법인세법」상 장부가액**	지분율**	주식취득일
㈜B	6,000,000원	300,000,000원	60%	2021년 8월 1일
㈜C	6,000,000원	600,000,000원	60%	2022년 11월 15일
㈜D	3,000,000원	600,000,000원	40%	2022년 9월 15일

* 배당기준일: 2022년 12월 31일, 배당결의일: 2023년 2월 20일

** 주식 취득 이후 주식수, 장부가액, 지분율의 변동은 없음

(2) ㈜B, ㈜C, ㈜D는 지급배당에 대한 소득공제와 「조세특례제한법」상 감면규정 및 동업기업과세특례를 적용받지 않는다.

(3) ㈜A의 2023년 12월 31일 현재 위 자료 (1)의 주식을 제외한 재무상태표상 자산총액은 3,500,000,000원이다. 위 자료 (1)의 주식의 「법인세법」상 장부가액과 재무상태표상 장부가액은 일치한다.

(4) ㈜A의 제23기 손익계산서상 이자비용은 30,000,000원이다. 해당 이자비용 중 15,000,000원은 유형자산 취득 관련 특정차입금 건설자금이자의 이자비용이다.

(5) 비상장법인으로부터 수령한 수입배당금액의 익금불산입률

구분	익금불산입률
출자비율이 20% 이상 50% 미만인 경우	80%
출자비율이 50% 이상인 경우	100%

① 3,180,000원

② 4,140,000원

③ 5,100,000원

④ 6,060,000원

⑤ 7,160,000원

11. 내국법인인 ㈜A의 제13기 사업연도(2023. 1. 1. ~ 2023. 12. 31.)의 접대비 관련 자료이다. ㈜A가 제13기에 행하여야 할 세무조정으로 옳은 것은?

(1) ㈜A가 제13기에 계상한 접대비는 다음과 같다.

구분	금액
건물에 계상	30,000,000
판매비와 관리비에 계상	70,000,000
합계	100,000,000

(2) 당사의 종업원들이 사우회(법인으로 설립됨)를 조직하였으며, 복리시설비 20,000,000원을 지출하고 복리후생비로 처리하였다.

(3) 접대비는 모두 적격증명서류를 수취하였으며, 문화접대비 해당액은 없다.

(4) 제13기의 접대비 한도액은 15,000,000원이다.

(5) ㈜A는 2023년 7월 1일에 건물을 취득하였으며, 건물의 취득가액은 200,000,000원(접대비 해당액 30,000,000원 포함)이고, 제13기에 5,000,000원을 감가상각비(정액법, 20년)로 계상하였다.

	접대비 한도초과 (기타사외유출)	건물 (유보)	
①	손금불산입 85,000,000원	손금산입 15,000,000원	
②	손금불산입 85,000,000원	손금산입 15,000,000원 손금불산입 750,000원	
③	손금불산입 105,000,000원	손금산입 15,000,000원	
④	손금불산입 105,000,000원	손금산입 15,000,000원 손금불산입 375,000원	
⑤	손금불산입 105,000,000원	손금산입 15,000,000원 손금불산입 750,000원	

12. 다음은 제조업을 영위하는 영리내국법인 ㈜A(한국채택 국제회계기준 적용대상 아님)의 감가상각 관련 자료이다. ㈜A의 제13기(2023. 1. 1. ~ 2023. 12. 31.) 감가상각과 관련하여 세무조정한 것으로 옳은 것은?

> (1) 제12기의 세무조정계산서상 감가상각비 조정내역은 다음과 같으며, 세무조정은 적정하게 이루어졌다고 가정한다.
>
> (단위: 원)
>
> | 구분 | 취득원가 | 기초 감가상각 누계액 | 기초 상각부인 누계액 | 당기 감가상각비 | 당기상각 범위액 |
> |------|----------|------|------|------|------|
> | 건물 | 1,000,000,000 | 240,000,000 | – | 80,000,000 | 50,000,000 |
> | 기계 장치 | 200,000,000 | 120,000,000 | 10,000,000 | 14,000,000 | 16,000,000 |
>
> (2) 감가상각방법 및 내용연수 신고 내용은 다음과 같다.
> – 건물: 정액법(20년, 상각률 0.05)
> – 기계장치: 정률법(8년, 상각률 0.313)
> (3) 제13기 손익계산서상 건물 감가상각비는 30,000,000원이고, 기계장치 감가상각비는 30,000,000원이다.
> (4) 제13기 중 자본적 지출에 해당하는 건물 수선비 10,000,000원을 당기 수선비로 비용처리하였다.

	건물		기계장치	
①	손금산입	10,500,000원	손금불산입	6,838,000원
②	손금산입	10,500,000원	손금불산입	6,242,000원
③	손금산입	20,000,000원	손금불산입	6,212,000원
④	손금산입	20,000,000원	손금불산입	6,242,000원
⑤	손금산입	20,000,000원	손금불산입	6,838,000원

13. 「법인세법」상 손금에 관한 다음 설명 중 옳지 않은 것은?

① 임직원이 「금융지주회사법」에 따른 금융지주회사로부터 부여받은 주식매수선택권을 행사하여 당해 법인이 지급하는 금전은 손금에 산입한다.
② 임원 또는 사용인(지배주주 등인 자는 제외)의 사망 이후 유족에게 학자금 등으로 일시적으로 지급하는 금액으로서 기획재정부령으로 정하는 요건을 충족하는 것은 손금에 산입한다.
③ 잉여금의 처분을 손비로 계상(결산을 확정할 때 손비로 계상하는 것)한 금액은 손금에 산입하지 아니한다.
④ 「가맹사업거래의 공정화에 관한 법률」 제37조의2 제2항에 따라 지급한 손해배상금은 업무관련성이 없는 것에 한하여 손금에 산입하지 아니한다.
⑤ 임의로 조직된 조합 또는 협회에 지급한 회비는 손금에 산입하지 아니한다.

14. 다음은 제조업을 영위하는 A법인의 제23기(2023. 1. 1. ~ 2023. 12. 31.)의 업무용 승용차 관련 자료이다. 아래 자료에 근거하여 A법인의 업무용 승용차와 관련하여 제23기의 각 사업연도 소득금액에 영향을 미치는 세무조정의 합계액은 얼마인가?

> (1) 당기 말 재무상태표상 업무용 승용차 A의 내역과 손익계산서상 관련 비용은 다음과 같다. 아래 취득가액에는 취득 시 부담한 부가가치세와 취득세와 부가가치세 10,000,000원이 포함되어 있다.
>
> (단위: 원)
>
> | 취득일 | 취득가액 | 감가상각 누계액 | 유류비 | 보험료 |
> |--------|----------|------|------|------|
> | 2023. 4. 15 | 100,000,000 | 15,000,000 | 6,000,000 | 4,000,000 |
>
> (2) 업무용 승용차 A는 대표이사가 사용하고 있으며, 업무전용 자동차보험에 가입하였다. 당기 중 운행일지에 따른 총 주행거리는 15,000km이며, 이 중 업무사용거리는 9,000km이다.

① 10,000,000원
② 11,000,000원
③ 12,000,000원
④ 13,000,000원
⑤ 15,000,000원

15. 다음은 제조업을 영위하는 영리내국법인 ㈜A의 제13기 사업연도(2023. 1. 1. ~ 2023. 12. 31.) 말 현재 보유하고 있는 자산과 관련한 자료이다. 이를 이용하여 ㈜A가 보유하고 있는 아래 제시된 자산의 세무상 장부가액 합계액을 계산한 것으로 옳은 것은? 단, 법인세부담 최소화를 가정하고, 주어진 자료 이외의 다른 사항은 고려하지 않는다.

구분	재무상태표 장부가액	세부내역
외화 매출 채권	60,000,000원	5월 1일 상품을 $50,000(환율 ₩1,000/$)에 판매하고, 매출채권을 계상하였으며, 사업연도종료일까지 매출채권을 회수하지 못하였다. 사업연도 종료일 현재 환율은 ₩1,200/$이다. ㈜A는 외화자산 및 부채를 거래일 현재의 매매기준율 등으로 평가하는 방법을 적용하고 있다.
상품	25,000,000원	취득가액은 25,000,000원이며, 사업연도종료일 현재 파손 등으로 인하여 처분가능한 시가로 평가한 가액은 5,000,000원이다.
미수금	1,000,000원	2023년 7월 1일에 「채무자 회생 및 파산에 관한 법률」에 따른 회생계획인가의 결정 또는 법원의 면책결정에 따라 회수불능으로 확정된 채권이다.

① 56,000,000원
② 66,000,000원
③ 66,001,000원
④ 75,000,000원
⑤ 75,001,000원

16. 「법인세법」상 부당행위계산의 부인에 관한 설명으로 옳은 것은?

① 내국법인과 특수관계가 있는 자에 해당하는지 여부는 그 법인의 법인세 납세의무 성립일 당시를 기준으로 한다.
② 지분율이 1%인 주주로부터 토지를 고가로 매입한 경우에는 부당행위계산의 부인 규정을 적용하지 아니한다.
③ 법인이 비출자임원에게 사택을 무상으로 임대한 경우에는 부당행위계산부인 규정이 적용된다.
④ 특수관계인으로부터 무수익 자산을 매입 또는 현물출자 받았거나 그 자산에 대한 비용을 부담한 경우에는 그 거래금액에 관계없이 부당행위계산의 부인 규정을 적용한다.
⑤ 비상장주식의 시가가 불분명한 경우에는 「상속세 및 증여세법」을 준용하여 평가한 가액을 시가로 보되, 감정평가법인이 감정한 가액이 있는 경우에는 그 가액을 시가로 본다.

17. 다음은 영리내국법인 ㈜A(제조업을 영위하는 중소기업임)의 제13기 사업연도(2023. 1. 1. ~ 2023. 12. 31.) 법인세 과세표준 및 세액계산 관련 자료이다. 제13기의 각 사업연도 소득에 대한 결정세액을 계산한 것으로 옳은 것은? (단, 법인세부담의 최소화를 가정할 것)

(1) 각 사업연도 소득금액은 250,000,000원이다. 국외원천소득(100,000,000원)에 대하여 외국에서 직접 납부한 법인세액은 15,000,000원이다.
(2) 이월결손금, 비과세소득 및 소득공제액은 없다.
(3) 각 사업연도 소득에 대한 법인세 산출세액은 30,000,000원이다.
(4) 연구·인력개발비에 대한 세액공제액은 5,000,000원이다.
(5) 「조세특례제한법」상 최저한세 적용을 받는 투자세액공제는 15,000,000원이다.
(6) 중소기업의 최저한세율은 7%이다.

① 1,500,000원
② 2,000,000원
③ 3,000,000원
④ 17,500,000원
⑤ 18,000,000원

18. 2023년 1월 2일에 ㈜갑은 ㈜을을 흡수합병하였으며, 합병 시 과세이연요건을 충족하지 못하였다. 다음 자료를 이용하여 세무상 과세될 ㈜을의 양도차익, 주주 A의 의제배당금액, ㈜갑의 합병매수차익을 계산한 것으로 옳은 것은?

(1) 합병 직전 ㈜을의 재무상태표는 아래와 같다.

재무상태표		(단위: 원)
자산 800,000	부채	200,000
	자본금	200,000
	이익잉여금	400,000

(2) ㈜을의 자산의 시가는 1,500,000원이며, ㈜을의 주주 A는 주식 전부를 액면가액으로 취득하였다.

(3) 합병 시 ㈜을의 부채 공정가액은 장부가액과 일치하였다.

(4) ㈜갑은 합병대가로 ㈜을의 주주에게 ㈜갑의 주식 총 500주(주당 시가 2,000원)를 발행하였으며, 합병교부금으로 총 100,000원을 지급하였다.

	양도차익	의제배당금액	합병매수차익
①	400,000원	800,000원	300,000원
②	400,000원	900,000원	400,000원
③	500,000원	500,000원	800,000원
④	500,000원	800,000원	300,000원
⑤	500,000원	900,000원	200,000원

19. 법인세 신고와 납부에 관한 설명이다. 옳은 것은?

① 납부할 세액이 30,000,000원(가산세 2,000,000원 포함)인 경우에는 분납할 수 있는 세액은 16,000,000원이다.

② 법인이 휴업 또는 폐업상태에 있는 경우 법인세를 부과할 수 없다.

③ 신고한 과세표준에 이미 산입된 미지급소득은 원천징수 대상 소득에서 제외된다.

④ 내국법인에게 잉여금 처분에 의한 배당금을 지급하는 자는 14%의 세율을 적용하여 법인세를 원천징수하여야 한다.

⑤ 중소기업으로서 직전 사업연도의 산출세액을 기준으로 하는 방법에 따라 계산한 중간예납세액이 50만원 미만인 내국법인이라도 당기 실적기준에 따른 법인세액이 50만원을 초과하는 경우에는 중간예납의무가 있다.

20. 「소득세법」상 납세의무에 관한 설명이다. 옳지 않은 것은?

① 비거주자로서 국내원천소득이 있는 개인은 소득세 납세의무를 진다.

② 외국법인의 국내지점 또는 국내영업소는 「소득세법」에 따라 원천징수한 소득세를 납부할 의무를 진다.

③ 피상속인의 소득금액에 대해서 과세하는 경우에는 그 상속인이 납세의무를 진다.

④ 공동으로 소유한 자산에 대한 양도소득금액을 계산하는 경우에는 해당 자산을 공동으로 소유하는 각 거주자가 납세의무를 진다.

⑤ 신탁재산에 귀속되는 소득에 대하여 그 신탁의 수탁자가 법인세를 납부하는 신탁은 수탁자에게 이전되거나 그 밖에 처분된 재산권에서 발생하는 소득의 내용별로 구분한다.

21. 「소득세법」상 거주자의 소득구분에 관한 설명으로 옳은 것은?

① 고용관계 없이 주식매수선택권을 부여받아 이를 행사함으로서 얻는 이익은 근로소득으로 과세한다.

② 음식점업을 영위하는 사업자가 영업권을 부동산(토지 및 건물)과 함께 양도함으로써 발생하는 소득은 사업소득으로 과세한다.

③ 직장공제회 초과반환금(2003년 직장공제회에 최초로 가입하고 수령)은 퇴직소득으로 과세한다.

④ 연금계좌의 운용실적에 따라 증가된 금액을 연금계좌에서 연금외수령하는 경우에는 그 성격에 관계없이 기타소득으로 과세한다.

⑤ 계약의 위약 또는 해약으로 인하여 받는 소득으로서 부당이득 반환 시 지급받는 이자는 이자소득으로 과세한다.

22. 거주자 甲이 지급받은 소득은 다음과 같다. 다음 자료를 이용하여 甲의 2023년 귀속 종합과세되는 금융소득금액을 계산한 것으로 옳은 것은? 단, 아래 A, B는 건설업만을 영위하는 영리내국법인이고, C는 외국법인이다.

> (1) 비상장 내국법인의 주주로서 받은 현금배당
>   A사: 20,000,000원(배당결의일 2022. 12. 30., 지급일
>   2023. 1. 15.)
>   B사: 10,000,000원(배당결의일 2023. 3. 15., 지급일
>   2023. 3. 20.)
> (2) 외국법인 C사로부터 받은 현금배당: 30,000,000원
>   (배당결의일 2023. 3. 30., 지급일 2023. 4. 10. 국내
>   에서 원천징수되지 아니함)
> (3) 비상장 내국법인인 A사로부터 감자차익(자기주식소각
>   이익 아님)을 자본전입하여 배정받은 무상주: 10,000주
>   (액면가 500원, 감자차익 발생일 2022. 5. 10., 자본전
>   입 결정일 2023. 6. 30.)
> (4) 국내 은행으로부터 받은 정기예금이자: 10,000,000원
> (5) 출자공동사업자로서 수령한 배당: 5,000,000원

① 50,100,000원
② 53,100,000원
③ 56,100,000원
④ 61,650,000원
⑤ 67,200,000원

23. 다음은 국내 상장법인(중소기업이 아님)의 총무과 과장으로 근무하고 있는 거주자 갑의 2023년도 연간 급여와 관련된 명세내역이다. 거주자 갑의 2023년 귀속 총급여액을 계산한 것을 옳은 것은?

> (1) 기본급: 30,000,000원(비과세소득 제외)
> (2) 「법인세법」에 의해 상여로 처분된 금액: 10,000,000원
>   근로제공 사업연도는 2023년이며, 결산확정일은 2024
>   년 3월 31일임
> (3) 자가운전보조금(월 400,000원 × 12개월): 4,800,000원
>   갑의 소유차량을 업무수행에 이용하고 실제여비를 받는
>   대신에 지급기준에 따라 받은 금액임
> (4) 주택구입자금을 　무상대여받음으로써 　얻은 　이익:
>   3,000,000원
> (5) 식사대(월 200,000원 × 12개월): 2,400,000원
>   현물식사를 별도로 제공받았음
> (6) 「고용보험법」에 따라 받는 육아휴직급여: 3,000,000원

① 32,000,000원
② 32,200,000원
③ 33,400,000원
④ 47,000,000원
⑤ 47,800,000원

24. 다음 중 공동사업에 대한 설명으로 옳지 않은 것은?

① 공동사업 합산과세 판정 시 특수관계인에 해당하는지 여부는 해당 과세기간 종료일 현재의 상황에 의한다.
② 공동사업에서 발생한 소득금액은 해당 공동사업을 경영하는 각 거주자 간에 약정된 손익분배비율(약정된 손익분배비율이 없는 경우에는 지분비율)에 의하여 분배되었거나 분배될 소득금액에 따라 각 공동사업자별로 분배한다.
③ 거주자 1인과 그의 특수관계인이 공동사업자에 포함되어 있는 경우로서 손익분배비율을 거짓으로 정하는 등의 사유가 있는 경우에는 그 특수관계인의 소득금액은 그 손익분배비율이 큰 공동사업자의 소득금액으로 본다.
④ 공동사업자 중 1인에게 경영에 참가한 대가로 급료명목의 보수를 지급한 때에는 해당 공동사업자의 소득분배로 보고 그 공동사업자의 분배소득에 가산한다.
⑤ 사업소득이 발생하는 사업을 공동으로 경영하고 그 손익을 분배하는 공동사업의 경우에는 해당 사업을 경영하는 장소를 1거주자로 보아 공동사업장에서 소득세를 신고 및 납부하여야 한다.

25. 다음 자료에 의하여 거주자 甲의 2023년 종합소득신고 후의 이월결손금(부동산임대업의 이월결손금 포함) 잔액은 얼마인가? 단, 부동산임대업은 비주거용 건물임대업이다.

(1) 甲의 2023년 귀속 소득금액 내역은 다음과 같다(△는 결손금을 의미함).	

구분	금액
가. 이자소득금액	25,000,000원
나. 배당소득금액	15,000,000원
다. 부동산임대업의 사업소득금액	7,000,000원
라. 부동산임대업 이외의 사업소득금액	△30,000,000원
마. 근로소득금액	8,000,000원
바. 기타소득금액	3,000,000원

(2) 甲의 2023년 귀속 소득은 모두 종합과세대상이다. 그리고 기본세율을 적용받는 이자소득금액과 배당소득금액에서도 결손금과 이월결손금을 제한 없이 공제하는 것으로 한다.

(3) 甲의 2022년 귀속 결손금은 부동산임대업으로부터 발생한 금액 10,000,000원과 부동산임대업 이외의 사업으로부터 발생한 10,000,000원이 있다. 이들은 모두 2023년으로 이월되었으며 이들 중에서 자산수증이익 등으로 충당된 것은 없다.

① 0원
② 10,000,000원
③ 12,000,000원
④ 22,000,000원
⑤ 30,000,000원

26. 소득세의 과세방법에 대한 다음 설명 중 옳지 않은 것은?

① 피상속인의 소득금액에 대한 소득세로서 상속인에게 과세할 것과 상속인의 소득금액에 대한 소득세는 구분하여 계산하여야 한다.

② 「국세기본법」에 따라 법인으로 보는 단체 외의 법인이 아닌 단체로서 대표자 또는 관리인이 선임되어 있으나 이익의 분배방법이나 분배비율이 정하여져 있지 아니한 단체는 1거주자 또는 1비거주자로 보아 「소득세법」을 적용한다.

③ 연금계좌의 가입자가 사망하였으나 그 배우자가 연금외 수령 없이 해당 연금계좌를 상속으로 승계하는 경우에는 해당 연금계좌에 있는 피상속인의 소득금액은 상속인의 소득금액으로 보아 소득세를 계산한다.

④ 분리과세이자소득, 분리과세배당소득, 분리과세연금소득과 분리과세기타소득만이 있는 자에 대해서는 기본공제, 추가공제 및 특별소득공제를 적용하지 아니한다.

⑤ 당해 과세기간에 공적연금소득과 근로소득 이외의 다른 소득이 없는 자는 과세표준확정신고를 하지 아니할 수 있다.

27. 다음 자료를 이용하여 2023년 3월 31일에 퇴직한 거주자 甲의 퇴직소득산출세액을 계산한 것으로 옳은 것은? 단, 甲은 회사의 임원이 아니다.

(1) 회사로부터 퇴직금 지급 규정에 의해 지급받은 퇴직소득은 150,000,000원이다.

(2) 근무기간 2016. 1. 1. ~ 2023. 3. 31.
(근무기간 중 근로기간으로 보지 않는 기간은 없음)

(3) 기본세율

과세표준	세율
5,000만원 초과 8,800만원 이하	624만원 + (5,000만원을 초과하는 금액의 100분의 24)
8,800만원 초과 1억 5,000만원 이하	1,536만원 + (8,800만원을 초과하는 금액의 100분의 35)

(4) 근속연수에 따른 공제

근속연수	근속연수에 따른 공제액
5년 초과 10년 이하	500만원 + 200만원 × (근속연수 - 5년)

(5) 환산급여공제

환산급여	환산급여공제액
7,000만원 초과 1억 이하	4,520만원 + (7,000만원 초과분의 55퍼센트)
1억원 초과 3억원 이하	6,170만원 + (1억원 초과분의 45퍼센트)

① 12,567,500원
② 13,015,000원
③ 13,462,500원
④ 21,701,250원
⑤ 46,375,000원

28. 다음은 ㈜A에 근무하는 거주자 甲의 2023년도 소득자료이다. 甲의 기타소득으로 원천징수될 소득세액을 계산한 것으로 옳은 것은? (단, 다음 소득은 일시·우발적으로 발생하였으며, 소득과 관련된 필요경비는 확인되지 않음)

(1) 주택입주 지체상금	1,500,000원
(2) 상표권 대여료	1,000,000원
(3) 지상권 설정대가(공익사업과 관련되지 아니함)	2,000,000원
(4) 8년간 보유한 서화를 양도하고 받은 대가(사업장은 없음)	120,000,000원
(5) ㈜B의 입사시험 출제수당	250,000원
(6) 복권당첨금	3,000,000원
(7) 배임수재로 받은 금품	5,000,000원

① 2,860,000원
② 3,000,000원
③ 3,560,000원
④ 3,620,000원
⑤ 5,650,000원

29. 갑은 자신의 X토지를 2020년 5월 그의 배우자 을에게 증여하였고, 을은 2023년 7월 그 토지를 식당 운영에 사용하려는 개인 병에게 양도하였으며, 거래당사자들은 증여일 및 양도일에 각각 등기이전을 마쳤다. 이 거래에 대한 「소득세법」상 과세내용에 관한 설명 중 옳은 것은? (갑, 을, 병은 거주자이고, 토지는 국내에 있으며 양도금액은 모두 을에게 귀속되었다)

① X토지의 양도소득세 납세의무자는 갑이다.

② X토지의 양도차익을 계산할 때 취득가액, 자본적 지출액, 양도비용은 모두 갑이 지출한 것으로 한다.

③ 을이 해당 토지를 증여받은 것에 대해서는 증여세를 부과하지 않는다.

④ 갑과 을이 2023년 1월에 협의이혼한 경우에도 X토지의 양도소득세를 계산할 때 취득가액은 갑의 취득 당시 금액으로 한다.

⑤ 갑과 을은 X토지의 양도소득세에 관하여 연대납세의무를 진다.

30. 부가가치세 납세의무에 관한 설명으로 **옳지 않은** 것은?

① 부동산의 매매 또는 중개를 사업목적으로 나타내지 않는 경우에도 사업상 목적으로 1과세기간 중 1회 이상 부동산을 취득하고 2회 이상 판매하는 경우에는 부동산매매업을 하는 것으로 본다.

② 부동산의 매매 또는 중개를 사업목적으로 나타낸 경우에는 매매횟수에 관계없이 부동산매매업을 하는 것으로 본다.

③ 은행이 사업상 독립적으로 부가가치세가 과세되는 재화를 공급하는 경우에는 납세의무가 있다.

④ 가상화폐를 양도하는 것도 재화를 공급하는 것으로 보아 부가가치세 과세대상이다.

⑤ 우리나라국적의 항공기와 선박에서 공급되는 재화나 용역은 부가가치세 과세대상이다.

31. 부동산 임대업을 영위하는 ㈜갑은 겸용주택 A(도시지역 내 소재)를 을에게 일괄 임대하고 있으며, 그 내역은 다음과 같다. ㈜갑의 2023년 제2기 예정신고기간의 겸용주택 A에 대한 부가가치세 과세표준으로 옳은 것은? 단, 제시된 금액은 부가가치세를 포함하지 아니한 금액이다.

(1) 건물(단층) 및 토지 면적

구분	건물	토지
주택	200㎡	2,000㎡
상가	300㎡	

(2) 임대기간: 2023년 8월 1일 ~ 2025년 7월 31일

(3) 임대조건: 월임대료 3,000,000원(매월 말 지급), 임대보증금 없음

(4) 2023년 9월 30일 현재 감정가액 및 기준시가

구분	감정가액	기준시가
토지	480,000,000원	250,000,000원
건물	320,000,000원	150,000,000원

① 2,250,000원

② 2,400,000원

③ 3,600,000원

④ 5,400,000원

⑤ 6,000,000원

32. 「부가가치세법」상 사업자가 거주자 또는 내국법인인 경우 영세율과 면세에 관한 설명으로 **옳지 않은** 것은?

① 사업자가 국외에서 제공하는 용역의 공급에 대하여는 영세율을 적용한다.

② 사업자가 견본품이 아닌 재화를 국외에 무상으로 반출하는 경우 영세율을 적용한다.

③ 우리나라에 상주하는 외교공관에 재화 또는 용역을 공급하는 경우에는 영세율을 적용한다. 다만, 해당 외국에서 대한민국의 외교공관에 공급하는 재화 또는 용역에 대하여 동일하게 면세하는 경우에만 영세율을 적용한다.

④ 사업자가 내국신용장에 의하여 공급하는 수출재화임가공용역은 그 용역의 공급시기가 속하는 과세기간이 끝난 후 25일(그 날이 공휴일 또는 토요일인 경우에는 바로 다음 영업일을 말함) 이내에 내국신용장이 개설된 경우 영세율이 적용된다.

⑤ 사업자가 공급하는 선박 또는 항공기에 의한 외국항행용역의 공급에 대하여는 영세율을 적용한다.

33. ㈜A는 과세사업에 사용하던 자산을 2023. 7. 1.부터 과세사업과 면세사업에 공통으로 사용하기로 하였다. 다음 자료를 이용하여 ㈜A의 2023년 제2기 부가가치세 확정신고 시 자산의 면세사업 전용과 관련된 부가가치세 과세표준을 계산한 것으로 옳은 것은?

(1) 2023. 7. 1. 현재 자산보유내역은 다음과 같다. 단, 건물과 기계장치의 매입세액은 모두 공제되었다.

종류	취득일	취득가액	시가
건물	2021. 8. 1.	50,000,000원	80,000,000원
기계장치	2022. 10. 1.	30,000,000원	20,000,000원
소형승용차	2023. 2. 1.	20,000,000원	10,000,000원

위 건물의 취득 시 다음과 같이 회계처리하였다. 건물의 취득가액에는 취득세 4,000,000원이 포함되어 있다(부가가치세 관련 회계처리는 생략함).

(차) 건물　　　　 50,000,000　 (대) 장기미지급금 56,000,000
　　 현재가치할인차금 10,000,000　　 현금　　　　 4,000,000

(2) ㈜A의 공급가액 관련 자료는 다음과 같다.

과세기간	과세사업 공급가액	면세사업 공급가액	합계
2023년 제1기	40,000,000원	10,000,000원	50,000,000원
2023년 제2기	38,000,000원	12,000,000원	50,000,000원

① 0원
② 10,752,000원
③ 11,400,000원
④ 14,352,000원
⑤ 15,120,000원

34. 소세지 제조업을 운영하는 ㈜A(중소기업 아님)의 2023년 제1기 부가가치세 확정신고기간(2023년 4월 1일 ~ 6월 30일)과 관련된 다음의 자료를 기초로 하여 ㈜A의 의제매입세액공제액을 계산한 것으로 옳은 것은? 단, 모든 세금계산서는 정당하게 발급하고 수취하였으며, 별도의 언급이 없는 한 제시된 금액은 부가가치세를 포함하지 않은 것이다.

(1) 돼지고기의 매입내역은 다음과 같다.
　 – 국내매입액 258,000,000원(운송회사에 지급한 매입운임 15,000,000원 제외)
　 – 해외수입액의 수입원장상 취득가액은 200,000,000원이며, 관세의 과세가격은 150,000,000원이고 관세는 10,000,000원이다.
　 – 매입 후 사용하지 않고 남아있는 돼지고기의 금액은 50,000,000원이다.
(2) 돼지고기와 관련한 2023년 제1기 공급가액은 1,100,000,000원이며 예정신고 시 의제매입세액공제를 받지 않았다.

① 6,820,000원
② 7,710,000원
③ 8,000,000원
④ 8,630,000원
⑤ 8,800,000원

35. 「부가가치세법」상 세금계산서에 관한 설명이다. 옳지 않은 것은?

① 자기생산·취득재화가 공급의제되는 경우 세금계산서 발급의무가 없으나, 판매목적 타사업장 반출로서 공급의제되는 경우에는 세금계산서를 발급하여야 한다.
② 부동산임대용역 중 간주임대료에 해당하는 부분에 대하여는 세금계산서를 발급하지 않는다.
③ 내국신용장에 의하여 영세율이 적용되는 재화의 공급은 세금계산서 발급의무가 있다.
④ 세금계산서를 발급한 후 계약의 해제로 재화가 공급되지 않아 수정세금계산서를 작성하고자 하는 경우 그 작성일에는 계약 해제일을 기입한다.
⑤ 국내사업장이 없는 비거주자 또는 외국법인에 재화나 용역을 공급한 경우 비거주자 또는 외국법인이 세금계산서 발급을 요구하더라도 세금계산서를 발급할 수 없다.

36. ㈜A는 면세사업인 도서출판업과 과세사업인 부동산임대업을 영위하는 법인이다. 다음 자료를 이용하여 ㈜A의 2023년 제1기 예정신고기간의 사옥매각과 관련된 부가가치세 매출세액을 계산한 것으로 옳은 것은?

> (1) 사옥의 구성내역 및 사용내역
> － 도서출판업에 사용한 면적: 3,900㎡
> － 부동산임대업에 사용한 면적: 2,100㎡
> － 건물의 바닥면적: 1,000㎡
> － 부수토지의 면적: 1,500㎡
> (2) 사옥을 2023년 3월 5일에 매각하기로 하고 500,000,000원(부가가치세 제외)을 받기로 하였다. 건물가액과 부수토지가액의 구분은 불분명하다.
> (3) 과거 사옥의 신축 시 발생한 공통매입세액은 면세사업인 도서출판업과 과세사업인 부동산임대업의 사용면적 비율에 따라 공제받았다.
> (4) 직전기 및 당기의 면세사업과 과세사업의 공급가액 비율은 각각 40 : 60 및 30 : 70이다.
> (5) 토지와 건물의 계약일 현재 기준시가 및 감정평가액은 다음과 같다.
>
> | 구분 | 기준시가 | 감정평가액 |
> |---|---|---|
> | 토지 | 400,000,000원 | 405,000,000원 |
> | 건물 | 400,000,000원 | 495,000,000원 |

① 6,820,000원
② 7,710,000원
③ 8,000,000원
④ 9,625,000원
⑤ 27,500,000원

37. 다음 자료를 이용하여 과세사업과 면세사업을 겸영하는 ㈜A의 2023년 제2기 확정신고 시 기계장치 B에 대한 공통매입세액 정산액을 계산한 것으로 옳은 것은? 단, 별도의 언급이 없는 한 제시된 금액은 부가가치세가 포함되지 않은 금액이며, 세금계산서 및 계산서는 적법하게 발급·수취되었다.

> (1) ㈜A의 과세기간별 공급가액의 내역은 다음과 같다.
>
> | 구분 | 과세공급가액 | 면세공급가액 |
> |---|---|---|
> | 2023년 제1기 | 500,000,000원 | － |
> | 2023년 제2기 | 600,000,000원 | 200,000,000원 |
>
> (2) 2023년 제1기 과세사업 관련 매입가액과 면세사업 관련 매입가액은 각각 240,000,000원(전액 매입세액공제대상임)과 60,000,000원이다. 이 매입가액에는 공통매입가액은 포함되어있지 않다.
> (3) ㈜A는 2023년 4월 15일 기계장치 B를 40,000,000원에 구입하여 과세사업과 면세사업에 공통으로 사용하였다. 구입 당시 면세사업과 과세사업의 예정공급가액 비율은 35 : 65이다.

① 200,000원(환급)
② 200,000원(납부)
③ 400,000원(환급)
④ 400,000원(납부)
⑤ 500,000원(납부)

38. 갑 씨는 2023년 3월 20일에 토지를 증여받았다. 다음 중 옳지 않은 것은?

① 당해 증여일 1년 전에 동일인(증여자가 직계존속이 아님)으로부터 증여받은 건물의 합계액이 10,000,000원인 경우, 그 가액을 증여세 과세가액에 가산한다.
② 갑 씨의 주소 또는 거소가 분명하지 아니한 경우로서 조세채권의 확보가 곤란한 경우에 증여자는 갑 씨가 납부할 증여세에 대하여 연대납세의무를 진다.
③ 갑 씨가 증여받은 토지를 증여세 과세표준과 세액의 결정을 받지 않은 시점인 6월 15일에 당사자 간의 합의에 따라 당초 증여자에게 반환한다면, 처음부터 증여가 없었던 것으로 본다.
④ 갑 씨가 증여받은 토지를 7월 2일에 당초 증여자에게 반환한다면, 당초 증여에 대해서는 증여세가 부과되지만 그 반환에 대하여는 증여세를 부과하지 아니한다.
⑤ 증여받은 토지의 가액이 5억원이고 증여자가 배우자인 경우에 부과할 증여세는 0원이 된다. 단, 당해 증여일 전 10년 이내에 배우자로부터 증여받은 재산은 2억원이다.

39. 갑은 2023년 3월 1일 질병으로 사망하였다. 다음 자료를 이용하여 상속세 과세표준을 계산하면 얼마인가?

(1) 갑의 상속재산
- 주택: 1,050,000,000원
- 생명보험금: 200,000,000원

(2) 2020년 2월 14일 갑이 여동생에게 증여한 건물(증여 당시의 시가: 50,000,000원, 2023년 3월 1일의 시가: 100,000,000원)이 있다. 증여 당시 증여세 과세표준은 45,000,000원, 증여세 산출세액은 4,500,000원이었다.

(3) 장례비용
- 납골시설의 사용에 소요된 금액: 8,000,000원
- 납골시설 사용금액을 제외한 장례비용: 3,000,000원

(4) 금융기관채무: 100,000,000원

(5) 갑의 동거가족으로는 부인(63세), 아들(28세), 딸(18세)이 있다. 상속세신고 시 상속재산의 분할신고는 하지 않는다.

① 150,000,000원
② 170,000,000원
③ 190,000,000원
④ 250,000,000원
⑤ 270,000,000원

40. 「지방세법」상 취득세의 납세의무자에 관한 설명이다. 옳지 <u>않은</u> 것은?

① 외국인 소유의 취득세 과세대상 물건(차량, 기계장비, 항공기 및 선박만 해당)을 직접 사용하거나 국내의 대여시설 이용자에게 대여하기 위하여 임차하여 수입하는 경우에는 수입하는 자가 취득한 것으로 본다.

② 상속(피상속인이 상속인에게 한 유증 및 포괄유증과 신탁재산의 상속을 포함)으로 인하여 취득하는 경우에는 상속인 각자가 상속받는 취득물건을 취득한 것으로 본다.

③ 「주택법」에 따른 주택조합이 해당 조합원에게 귀속되지 아니하는 부동산(비조합원용 부동산)을 취득하는 경우 그 조합원이 취득세 납세의무를 진다.

④ 권리의 이전에 등기가 필요한 부동산을 배우자 간 서로 교환한 경우 유상으로 취득한 것으로 본다.

⑤ 증여자가 배우자 또는 직계존비속이 아닌 경우로서 부동산을 부담부 증여하는 경우 그 채무액에 상당하는 부분은 부동산을 유상으로 취득하는 것으로 본다.

모의고사 분석표 & 정답 및 해설 ▶ p.142

해커스 회계사 세법개론 실전동형모의고사

PART 2

모의고사 분석표
& 정답 및 해설

제1회 │ 실전동형모의고사

모의고사 분석표

● 직접 작성한 OMR 답안지와 모의고사 분석표의 정답을 대조하여 채점해 보며 본인의 학습상태를 점검해 보시길 바랍니다.
★ 채점 시 ○[정확하게 맞음] / △[찍었는데 맞음] / X[틀림]로 구분하여 채점해 주세요.

구분	정답	채점★			출제 포인트
01	④	○	△	X	「국세기본법」 과세전적부심사청구
02	⑤	○	△	X	「국세기본법」 정의 규정
03	④	○	△	X	「국세기본법」 세무공무원의 비밀유지의무
04	③	○	△	X	「국세기본법」 부과권의 제척기간
05	③	○	△	X	「국세기본법」 납세의무의 승계
06	②	○	△	X	「법인세법」 납세의무자
07	②	○	△	X	「법인세법」 과세소득의 범위
08	②	○	△	X	「법인세법」 익금
09	②	○	△	X	「법인세법」 손금
10	②	○	△	X	「법인세법」 세무조정 및 소득처분
11	③	○	△	X	「법인세법」 의제배당금액
12	③	○	△	X	「법인세법」 산출세액
13	③	○	△	X	「법인세법」 접대비
14	②	○	△	X	「법인세법」 기부금한도초과액
15	④	○	△	X	「법인세법」 대손금 및 대손충당금
16	④	○	△	X	「법인세법」 세무조정으로 인한 각 사업연도 소득금액 증감액
17	③	○	△	X	「법인세법」 감가상각 관련 세무조정
18	④	○	△	X	「법인세법」 신고와 납부
19	②	○	△	X	「법인세법」 연결사업연도 소득
20	③	○	△	X	「소득세법」 납세의무와 납세지
21	③	○	△	X	「소득세법」 추계조사결정
22	⑤	○	△	X	「소득세법」 개인사업자의 사업소득 총수입금액
23	⑤	○	△	X	「소득세법」 의료비 세액공제액
24	③	○	△	X	「소득세법」 부동산임대업자
25	④	○	△	X	「소득세법」 종합소득 산출세액
26	②	○	△	X	「소득세법」 연금소득
27	④	○	△	X	「소득세법」 양도소득세
28	⑤	○	△	X	「소득세법」 원천징수
29	③	○	△	X	「소득세법」 근로소득금액과 기타소득금액
30	③	○	△	X	「부가가치세법」 재화와 용역의 공급
31	②	○	△	X	「부가가치세법」 면세
32	⑤	○	△	X	「부가가치세법」 일반과세자의 납세절차
33	⑤	○	△	X	「부가가치세법」 매출세액에서 공제하는 매입세액
34	③	○	△	X	「부가가치세법」 주사업장 총괄납부
35	②	○	△	X	「부가가치세법」 공급가액
36	③	○	△	X	「부가가치세법」 의제매입세액 공제액
37	④	○	△	X	「부가가치세법」 간이과세자
38	③	○	△	X	「상속세 및 증여세법」 연부연납과 물납
39	②	○	△	X	「상속세 및 증여세법」 증여재산가액
40	④	○	△	X	「지방세법」 취득세

01 ④ 청구가 일부 이유 있다고 인정되는 경우에는 일부 채택하는 결정을 한다. 재조사 결정은 재결청(조세심판원 또는 국세청장)이 구체적인 채택의 범위를 정하기 위하여 사실관계 확인 등 추가적으로 조사가 필요한 경우에는 과세예고통지 및 세무조사결과통지를 한 세무서장이나 지방국세청장으로 하여금 이를 재조사하여 그 결과에 따라 당초 통지 내용을 수정하여 통지하도록 하는 결정을 말한다.

02 ⑤ "세무조사"란 국세의 과세표준과 세액을 결정 또는 경정하기 위하여 질문을 하거나 해당 장부·서류 또는 그 밖의 물건(이하 "장부 등"이라 한다)을 검사·조사하거나 그 제출을 명하는 활동을 말한다. 따라서 상속세 신고에 대한 부과결정도 세무조사에 해당한다.

03 ④ 「국정감사 및 조사에 관한 법률」 제3조에 따른 조사위원회가 국정조사의 목적을 달성하기 위하여 조사위원회의 의결로 비공개회의에 과세정보의 제공을 요청하는 경우에는 예외적으로 과세정보를 제공할 수 있다.

04 ③ ③ 결정 또는 판결이 확정된 날부터 1년 이내에 명의대여자에 대한 부과처분을 취소하고 실제로 사업을 경영한 자에게 경정결정이나 그 밖에 필요한 처분을 할 수 있다.
　　 ④ 중간예납·예정신고기한과 수정신고기한은 과세표준신고기한에 포함되지 아니한다.

05 ③ 유류분을 청구하여 상속재산을 취득한 자도 납세의무를 승계한다.

06 ② ② 신탁소득의 납세의무자는 원칙적으로 수익자이다. 다만, 위탁자가 실질적 수익자인 경우에는 위탁자를 납세의무자로 한다. 신탁재산의 과세방식은 소득원천별로 납세의무자(원칙: 수익자, 예외: 위탁자)에게 과세하는 것이 원칙이다. 그러나 일정한 경우에는 신탁재산 과세방식을 선택하는 것을 허용한다. 일정한 경우에는 ㉠ 「신탁법」에 따른 목적신탁, ㉡ 「신탁법」에 따른 수익증권발행신탁, ㉢ 「신탁법」에 따른 유한책임신탁, ㉣ 수탁자가 신탁재산 처분권 및 수익의 유보·배분액 결정권을 갖는 경우를 말한다.
　　 ① 「국세기본법」상 법인으로 보는 단체는 「법인세법」상 비영리내국법인으로 취급되며 증여세 납세의무를 진다.
　　 ④ 외국에 본점 또는 주사무소를 둔 단체(국내에 사업의 실질적 관리장소가 소재하지 아니하는 경우만 해당)는 외국법인이다.
　　 ⑤ 내국법인은 관할지방국세청장의 승인을 받아 발행주식의 100%(우리사주조합을 통하여 근로자가 취득한 주식 등 발행주식총수의 5% 이내의 주식은 제외)를 보유하는 다른 내국법인과 합하여 연결납세방식을 적용받을 수 있다.

07 ② ① 「국세기본법」상 법인으로 보는 법인격이 없는 단체에 대해서도 법인세가 부과된다(비영리내국법인으로 취급된다).
　　 ③ 합병이나 분할에 의한 해산의 경우에는 각 사업연도 소득에 대한 법인세 납세의무를 지며, 청산소득에 대한 납세의무는 없다.
　　 ④ 「국세기본법」 제13조 제4항에 따른 법인으로 보는 단체는 비영리법인으로 보며, 수익사업에 대해 법인세 납세의무가 있다.
　　 ⑤ 수익자가 특정되지 아니하거나 존재하지 아니하는 경우에는 그 신탁의 위탁자가 신탁재산을 가진 것으로 본다.

08 ② ① 영리내국법인이 특수관계인인 개인으로부터 유가증권을 시가보다 낮은 가액으로 매입하여 보유하는 경우 시가와 매입가액의 차액은 그 유가증권을 매입한 사업연도의 익금으로 본다. 토지를 저가매입한 경우에는 취득가액을 조정하지 않는다.

③ 채무의 출자전환 시 발생한 채무면제이익은 익금에 산입하는 것을 원칙으로 하나, 이월결손금 보전에 충당한 경우에는 익금불산입한다.

④ 주식배당도 의제배당으로서 익금에 산입한다.

⑤ 의제배당에 대하여도 수입배당금액의 익금불산입 규정을 적용한다.

09 ② 징벌적 손해배상금으로 지급한 손해배상금 중 실제 발생한 손해를 초과하여 지급하는 금액만 손금에 산입하지 아니한다. 따라서 전액 손금불산입하는 것은 아니다.

10 ② 1. 합병 후 주가

$$\frac{40,000 \times 40,000주 + 10,000 \times 20,000주}{40,000주 + 20,000주} = 30,000$$

2. 현저한 이익

$$(30,000 - 10,000 \times 1주) = 20,000 \geq 30,000 \times 30\%$$

3. 분여이익의 계산(갑): $(40,000 - 30,000) \times 40,000주 \times 40\% = 160,000,000$

4. 갑의 손해 중 을에게 이전된 이익: $160,000,000 \times 5\% = 8,000,000$
   갑의 손해 중 병에게 이전된 이익: $160,000,000 \times 5\% = 8,000,000$

11 ③ (1) 총발행되는 무상주 = $300,000,000 \div 5,000 = 60,000주$

(2) 1차 배정 주식수 = $60,000주 \times 20\% = 12,000주$

(3) 2차 배정 주식수 = $15,000주 - 12,000주 = 3,000주 \rightarrow 5\%$

(4) 의제배당 = $12,000 \times (250,000,000 \div 300,000,000) \times 5,000 + 3,000 \times 5,000 = 65,000,000$

구분	1차 배정분(20%)	2차 배정분(5%)	합계
주식발행초과금	-	2,500,000	
과세되는 잉여금	50,000,000	12,500,000	
합계	50,000,000	15,000,000	65,000,000

12 ③ 1. 결손금 소급공제(제8기 재계산)

구분	소급공제 전	소급공제 후	근거
과세표준	300,000,000	200,000,000	소급공제 100,000,000
산출세액	40,000,000	20,000,000	감면세액과 동일
공제감면세액	(20,000,000)	(20,000,000)	감면세액은 유지
결정세액	20,000,000	0	한도 26,000,000

• 이월결손금 = $200,000,000 - 100,000,000 = 100,000,000$

2. 제9기 산출세액

• 과세표준 = $150,000,000 - \text{Min}(150,000,000 \times 80\%, 100,000,000) - 20,000,000 = 30,000,000$

• 산출세액 = $30,000,000 \times 9\% = 2,700,000$

13 ③ 1. 접대비 해당액: 55,360,000 + 1,000,000 = 56,360,000
- 고객이 조직한 임의단체에 지급한 금품은 접대비에 포함한다.
- 현물접대비는 시가와 장부가액 중 큰 금액으로 한다.

2. 접대비 한도액

구분	금액	근거
일반접대비	38,400,000	36,000,000 + (860,000,000 - 20,000,000 - 30,000,000 - 10,000,000) × 0.3%
문화접대비	7,680,000	Min(10,000,000, 38,400,000 × 20%)
합계	46,080,000	

3. 접대비 한도초과: 56,360,000 - 46,080,000 = 10,280,000

14 ② 1. 의제기부금
(1) 회계처리

(차) 현금	300,000,000	(대) 건물	150,000,000
		유형자산처분이익	150,000,000

(2) 세법상 재구성

(차) 현금	300,000,000	(대) 건물	150,000,000
기부금(일반)	50,000,000	유형자산처분이익	200,000,000

기부금 50,000,000원과 유형자산처분이익 50,000,000원이 동시에 누락됨

2. 일반기부금 한도초과액

구분	금액	근거
일반기부금	50,000,000	500,000,000 × 70% - 300,000,000
한도액	14,000,000	[650,000,000 + 50,000,000 - Min(700,000,000 × 80%, 600,000,000)] × 10%
한도초과	36,000,000	

- 기준소득금액 = 차가감소득금액 + 기부금(특례·일반·우리사주)
- 기준금액 = 기준소득금액 - Min(기준소득금액 × 80%, 이월결손금)

15 ④ 1. 당기 대손금

구분	대손인정	근거
기초채권	20,000,000	당기 중 대손사유 확정
당기상계	5,000,000	
합계	25,000,000	

2. 대손금(유보)

구분	기초	감소	증가	기말
대손금	50,000,000	20,000,000		30,000,000

3. 세무상 설정대상 채권

전기 말	당기 말
대손충당금 한도액 ÷ 설정률 = (10,000,000 - 5,000,000) ÷ 2% = 250,000,000(대손설정채권)	500,000,000 - 200,000,000 + 30,000,000 = 330,000,000

4. 대손실적률: 25,000,000 ÷ 250,000,000 = 10%
5. 대손충당금 한도초과액: 35,000,000 - 330,000,000 × 10% = 2,000,000
6. 각 사업연도 소득에 미치는 영향
   (-)5,000,000(전기 한도초과) - 20,000,000(당기 대손확정) + 2,000,000(당기 한도초과) = △23,000,000

16 ④ 소득금액 변동액 = 3,000,000 - 2,000,000 + 1,000,000 = 2,000,000(증가)
   (1) 업무무관부동산의 취득을 위해 지출한 금액은 자산으로 처리하며, 보유 중에 발생한 지출한 금액은 손금불산입하고 기타사외유출한다.
   [손금불산입] 토지(취득세)   1,000,000   유보
   [손금불산입] 업무무관비용   2,000,000   기타사외유출
   (2) 현금결제형 주식매수선택권은 권리행사일이 속하는 사업연도의 손금으로 한다.
   [손금산입]   장기미지급비용   2,000,000   △유보
   (3) 파견직원들에게 지급한 직장체육비·직장회식비 등은 손금으로 인정한다. 다만, 건설현장에 파견된 직원의 인건비이므로 손금불산입(유보) 처분한 후 향후 해당 자산을 감가상각하거나 처분하는 시점에 손금으로 추인한다.
   [손금불산입] 건설중인자산   1,000,000   유보

17 ③ 1. 건물(정액법)

회사 계상액	30,000,000	
범위액	40,000,000	800,000,000 × 0.05
시인부족액	10,000,000	제12기(유보잔액): 48,000,000 - 40,000,000 = 8,000,000

손금산입: Min(10,000,000, 8,000,000) = 8,000,000

2. 기계장치(정률법)

회사 계상액	30,000,000	
범위액	23,162,000	[(200,000,000 - 134,000,000) + (10,000,000 - 2,000,000)] × 0.313
상각부인액	6,838,000	

- 전기 세무조정 자료가 주어져 있는 유형이다. 세무상 기초가액을 구하는 것이 핵심이다.

18 ④ ① 신설 내국법인(합병·분할에 의하여 설립된 법인은 제외)은 중간예납의무가 없다.
② 「주식회사 등의 외부감사에 관한 법률」에 따라 감사인에 의한 감사를 받은 내국법인은 성실신고확인서를 제출하지 아니할 수 있다.
③ 신고를 하지 아니하고 본점 등을 이전한 경우나 사업부진 기타의 사유로 인하여 휴업 또는 폐업상태에 있는 경우에는 수시부과 사유에 해당하므로 법인세를 부과할 수 있다.
⑤ 내국법인으로서 각 사업연도의 소득금액이 없거나 결손금이 있는 법인의 경우도 법인세 과세표준과 세액을 신고하여야 한다.

19 ② ① 완전자법인이 둘 이상일 때에는 해당 법인 모두가 연결납세방식을 적용하여야 한다.
③ 연결모법인의 완전 지배를 받지 아니하게 된 연결자법인은 해당 사유가 발생한 날이 속하는 연결사업연도의 개시일부터 연결납세방식을 적용하지 아니한다.
④ 연결모법인이 새로 다른 내국법인을 완전 지배하게 된 경우에는 완전 지배가 성립한 날이 속하는 연결사업연도의 다음 연결사업연도부터 해당 내국법인은 연결납세방식을 적용해야 한다.
⑤ 손금에 산입할 수 없다.

20 ③ 내국법인의 국외사업장에 파견된 직원만 거주자로 보는 것이며, 현지 채용된 임직원은 거주자로 의제하지 아니한다.

21 ③ 사업소득금액 = Min[(1), (2)] + 충당금·준비금 환입액 = 77,000,000
(1) 기준경비율

구분	금액	계산 근거
수입금액	120,000,000	사업용 유형자산 양도가액 포함
(-) 매입비용	5,000,000	사업용 고정자산 매입비용은 제외
(-) 임차료	5,000,000	
(-) 인건비	15,000,000	25,000,000 - 10,000,000
(-) 수입금액 × 기준경비율	18,000,000	120,000,000 × 30% × 1/2
사업소득금액	77,000,000	

(2) 단순경비율의 배수 적용
(120,000,000 - 120,000,000 × 80%) × 3.4배 = 81,600,000

22 ⑤

구분	금액	근거
(1) 손익계산서상 매출액	23,500,000	25,000,000 - 700,000 - 800,000
(2) 가. 장려금 수령	2,000,000	장려금을 수령한 것은 총수입금액에 포함
나. 시용판매	500,000	구입의사를 표명한 때를 수입시기로 함
다. 무인판매기	1,200,000	무인판매기에서 현금을 인출하는 때를 수입시기로 함
라. 위탁판매	800,000	1,600,000 × 50%
(3) 총수입금액	28,000,000	

23 ⑤ (1) 상황 1(지출 1 + 2가 특정의료비에 해당함)

유형	지출액	대상액	공제율	세액공제액
1. 난임시술비	1,500,000	1,500,000	30%	450,000
2. 특정의료비	18,000,000	17,000,000	15%	2,550,000
3. 일반의료비	500,000		15%	
합계	20,000,000	18,500,000		3,000,000

대상액 = 20,000,000 - 50,000,000 × 3% = 18,500,000

(2) 상황 2(지출 1만 특정의료비에 해당함)

유형	지출액	대상액	공제율	세액공제액
1. 난임시술비	1,500,000	1,500,000	30%	450,000
2. 특정의료비	8,000,000	8,000,000	15%	1,200,000
3. 일반의료비	10,500,000	7,000,000*	15%	1,050,000
합계	20,000,000	16,500,000		2,700,000

대상액 = 20,000,000 - 50,000,000 × 3% = 18,500,000

* 일반의료비 지출액 한도액 연 700만원

24 ③ 1. 주택임대소득

(1) 총임대료: 1,500,000 × 12개월 = 18,000,000

(2) 주택임대소득: 18,000,000 × (1 - 60%) - 4,000,000 = 3,200,000

2. 분리과세 시 결정세액

3,200,000 × 14% = 448,000

25 ④ 1. 종합소득 과세표준: 52,200,000 + 15,000,000 - 2,500,000 = 64,700,000

구분	이자	배당	비고
가. 현금배당		20,000,000	Gross-up
나. 정기예금	20,000,000		
다. 집합투자기구		5,000,000	
라. 비영업대금	5,000,000		
합계	25,000,000	25,000,000	
Gross-up		2,200,000	

2. 종합소득산출세액: Max[(1), (2)] = 8,300,000

(1) 일반산출세액: (64,700,000 - 20,000,000) × 기본세율 + 2,800,000 = 8,245,000

(2) 비교산출세액: 12,500,000 × 기본세율 + 45,000,000 × 14% + 5,000,000 × 25% = 8,300,000

26 ② 연금계좌의 운용실적에 따라 증가된 금액을 그 소득의 성격에도 불구하고 연금저축계좌 또는 퇴직연금계좌에서 법령상 정하는 연금형태로 인출하는 경우의 그 연금은 연금소득에 해당한다.

27 ④ 감정평가업자가 해당 이축권을 감정평가한 가액을 별도로 신고한 경우 그 가액은 기타소득으로 과세한다.

28 ⑤ 소득금액변동통지서를 수령한 날이 속하는 달의 다음 달 10일까지 원천징수하는 경우 가산세를 부담하지 아니한다.

29 ③ 1. 근로소득금액

구분	금액	근거
급여	35,000,000	
잉여금처분상여	8,800,000	잉여금처분결의일
주택자금이익		중소기업의 직원은 비과세
본인학자금		업무 관련성이 있는 경우 비과세
고용보험료	600,000	회사 대납액은 총급여에 포함
식대	1,800,000	현물로 별도 지급받음
총급여액	46,200,000	
(-) 근로소득공제	12,060,000	
근로소득금액	34,140,000	

2. 기타소득금액

구분	금액	근거
특강료	200,000	500,000 × (1 - 60%)
주택입주지체상금	240,000	1,200,000 × (1 - 80%)
손해배상금	700,000	재산권에 관한 계약임
상표권 대여	500,000	3,000,000 - Max[2,500,000, 3,000,000 × 60%]
골동품 양도	-	박물관 양도분은 비과세
기타소득금액	1,640,000	

30 ③ ① 재화의 인도대가로서 다른 재화를 인도받거나 용역을 제공받는 교환계약에 따라 재화를 인도하거나 양도하는 것은 재화의 공급으로 본다. 이 경우 과세표준은 자기가 공급한 재화의 시가이다.
② 용역의 공급으로 본다.
④ 저작권의 양도는 권리의 양도에 해당하므로 재화의 공급으로 본다. 만일, 저작권을 대여하는 경우에는 용역의 공급으로 본다.
⑤ 「민사집행법」 또는 「국세징수법」에 따른 경매·공매로 재화를 인도하는 것은 재화의 공급으로 보지 않는다.

31 ② 도서는 면세하며, 전자출판물은 도서에 포함한다. 다만, 「음악산업진흥에 관한 법률」, 「영화 및 비디오물의 진흥에 관한 법률」 및 「게임산업진흥에 관한 법률」의 적용을 받는 것은 제외한다.

32 ⑤ 재화의 수입에 대한 부가가치세는 세관장이 「관세법」에 따라 징수한다.

33 ⑤ 대가를 수령하지 않더라도 매입세액을 공제한다.

34 ③ ① 법인에 한하여 지점을 총괄납부 사업장으로 할 수 있다.

② 주사업장 총괄납부 사업자가 되려는 자는 그 납부하려는 과세기간 개시 20일 전에 신청하여야 한다.

④ 총괄납부 포기는 승인사항이 아니다.

⑤ 종된 사업장 관할세무서장에게 변경신청서를 제출하여야 한다.

35 ②

구분	과세표준	근거
㈜A	-	토지·건물의 일괄공급:
	100,000,000	건물 ⓒ 1,000,000,000 × 10%*1
	180,000,000	건물 ㉠ 1,000,000,000 × 90% × 20%*2
㈜B	8,000,000	완성도지급기준: 10,000,000 × (10% + 50% + 20%)
합계	288,000,000	

*1 건물 ⓒ: 기준시가가 없으므로, 장부가액의 비율로 안분한다.
　 따라서 총 장부가액 중에서 건물 ⓒ이 차지하는 비율 10%(1억/10억)만큼이 공급가액의 비율이다.
*2 건물 ㉠: 기준시가가 있는 자산의 장부가액비율을 우선 적용한 후, 이를 기준시가의 비율에 따라 다시 정리한다.

구분	[1단계] 장부가액	[2단계] 기준시가	최종비율
토지	90%	× 80%	72%
건물 ㉠		× 20%	18%
건물 ⓒ	10%	-	10%

장기할부판매거래와 달리 완성도지급기준에서는 대가수령을 하지 않은 경우에 선발급세금계산서 특례가 인정되지 않는다.

36 ③

구분	금액	근거
1. 당기사용(과세)	18,360,000	30,600,000* × (18,600,000/31,000,000)
2. 기말재고	5,508,000	30,600,000* × (9,300,000/31,000,000) × (90/150)
3. 적용대상 매입액	23,868,000	
4. 대상 한도액	45,000,000	90,000,000 × 50%
5. 대상액	23,868,000	
6. 공제율	2/102	
7. 의제매입세액공제액	468,000	

* 31,000,000 - 400,000(운임) = 30,600,000

37 ④

구분	금액	근거
1. 납부세액	1,320,000	66,000,000 × 20% × 10%
2. 재고납부세액	100,000	
3. 세금계산서 등 수취세액공제	(165,000)	33,000,000 × 0.5%
4. 최종 납부세액	1,255,000	

38 ③ 일반상속재산의 상속세의 연부연납기간은 10년으로 하고, 증여세의 연부연납기간은 5년으로 한다.

39 ②

구분	금액	근거
1. 저리대출이익		500,000,000 × (4.6% - 3%) < 10,000,000 → 적용하지 않음
2. 증여재산반환		증여세신고기한까지 반환하였으므로 당초 증여는 없는 것으로 봄
3. 저가양수	150,000,000	[500,000,000 - 200,000,000] - Min(500,000,000 × 30%, 300,000,000)
합계	150,000,000	

40 ④ 사실상 취득한 경우에는 취득세 납세의무가 있다.

제2회 | 실전동형모의고사

모의고사 분석표

● 직접 작성한 OMR 답안지와 모의고사 분석표의 정답을 대조하여 채점해 보며 본인의 학습상태를 점검해 보시길 바랍니다.
★ 채점 시 ○[정확하게 맞음] / △[찍었는데 맞음] / X[틀림]로 구분하여 채점해 주세요.

구분	정답	채점★			출제 포인트
01	③	○	△	X	「국세기본법」 납세의무의 성립과 확정
02	③	○	△	X	「국세기본법」 우선징수권
03	②	○	△	X	「국세기본법」 제2차 납세의무
04	③	○	△	X	「국세기본법」 납부의무의 소멸
05	④	○	△	X	「국세기본법」 수정신고 및 경정청구
06	②	○	△	X	「법인세법」 수입배당금 익금불산입액
07	④	○	△	X	「법인세법」 의제배당
08	④	○	△	X	「법인세법」 인건비의 손금산입
09	②	○	△	X	「법인세법」 접대비 한도초과액
10	④	○	△	X	「법인세법」 기타사외유출
11	④	○	△	X	「법인세법」 세무조정
12	⑤	○	△	X	「법인세법」 감가상각비
13	④	○	△	X	「법인세법」 자산의 취득가액
14	③	○	△	X	「법인세법」 대손충당금 손금산입 한도초과액
15	③	○	△	X	「법인세법」 충당금의 손금산입
16	②	○	△	X	「법인세법」 세무조정과 소득처분
17	④	○	△	X	「법인세법」 청산소득금액
18	④	○	△	X	「법인세법」 중소기업의 과세표준과 세액 계산
19	②	○	△	X	「법인세법」 비영리내국법인의 법인세 납세의무와 과세소득
20	③	○	△	X	「소득세법」 납세의무
21	③	○	△	X	「소득세법」 종합소득공제액
22	②	○	△	X	「소득세법」 보험료 및 의료비 관련 세액공제액
23	⑤	○	△	X	「소득세법」 퇴직소득 과세
24	②	○	△	X	「소득세법」 금융소득금액
25	②	○	△	X	「소득세법」 사업소득금액
26	③	○	△	X	「소득세법」 종합소득금액
27	①	○	△	X	「소득세법」 근로소득의 총급여액
28	④	○	△	X	「소득세법」 원천징수
29	②	○	△	X	「소득세법」 양도차익
30	③	○	△	X	「부가가치세법」 과세표준
31	②	○	△	X	「부가가치세법」 과세대상
32	③	○	△	X	「부가가치세법」 과세표준
33	③	○	△	X	「부가가치세법」 세금계산서
34	④	○	△	X	「부가가치세법」 부동산 양도
35	⑤	○	△	X	「부가가치세법」 간이과세의 포기
36	①	○	△	X	「부가가치세법」 과세/면세재화를 모두 판매하는 소매업자
37	④	○	△	X	「부가가치세법」 일반과세자의 가산세
38	⑤	○	△	X	「상속세 및 증여세법」 주식의 평가
39	①	○	△	X	「상속세 및 증여세법」 상속세 과세가액
40	④	○	△	X	「종합부동산세법」 재산세

01 ③ 소득세의 납세의무자가 과세표준 및 세액을 신고하지 아니함에 따라 발생하는 무신고가산세의 납세의무 성립시기는 법정신고기한이 경과하는 때이다. 납부지연가산세 및 원천징수 등 납부지연가산세의 납세의무 성립시기는 법정납부기한 경과 후 1일마다 그 날이 경과하는 때이다.

02 ③ ㄱ. 지방세나 공과금의 체납처분 또는 강제징수를 할 때 그 체납처분 또는 강제징수금액 중에서 국세 및 강제징수비를 징수하는 경우의 그 지방세나 공과금의 체납처분비 또는 강제징수비는 국세에 우선한다. 그러나 공과금 자체는 국세에 우선하지 못한다.

ㄴ. 당해세 우선의 원칙

ㄷ. 담보가 설정되지 아니한 일반채권과 국세는 국세우선의 원칙에 따라 국세가 우선한다.

ㄹ. 담보권의 설정일과 법정기일 중 법정기일이 빠른 경우 국세가 우선한다. 국가의 결정에 의하여 납세의무가 확정되는 채권의 법정기일은 납세고지서 발송일이다.

03 ② 제2차 납세의무를 지는 사업양수인은 양도인과 특수관계인이거나 양도인의 조세회피를 목적으로 사업을 양수한 자이어야 한다.

04 ③ ㄱ. 현행 세법상 상속세는 물납이 허용된다.

ㄴ. 제척기간이 도과하면 납세의무가 소멸한다.

ㄷ. 충당할 것을 청구한 날에 세금을 납부한 것으로 본다.

ㄹ. 명의대여자 → 실질귀속자

05 ④ ④ 납세의무자가 법정신고기한이 지난 후 6개월 이내에 기한 후 신고를 하면 무신고가산세를 감면한다. 과소신고가산세를 감면하는 것은 아니다.

① 수정신고는 확정력이 있다.

② 기한 후 신고한 자도 수정신고할 수 있다.

③ 경정청구만으로는 확정력이 없다.

⑤ 통상적인 경정은 과세표준의 법정신고기한이 지난 후 5년 이내 가능하다.

06 ② 1. 익금불산입 대상 배당금

$$90,000,000 \times \frac{35,000주^*}{45,000주} = 70,000,000$$

* 선입선출법 적용(처분된 5,000주는 최초 취득한 40,000주에서 일부 처분된 것으로 봄)

2. 익금불산입액 계산

$$[70,000,000 - 200,000,000 \times \frac{5.25억원^*}{100억원}] \times 80\% = 47,600,000$$

주식 취득가액 적수 계산 시 배당기준일 이전 3개월 내에 취득한 주식(10. 13. 취득분 10,000주)은 포함하지 아니한다. 수입배당금 익금불산입 규정이 적용되는 주식만이 대상이다. 수입배당금 익금불산입액 계산 시 구매자금대출이자는 지급이자에 포함한다.

* (600,000,000 ÷ 40,000주) × 35,000주 = 525,000,000

07 ④ 자기주식 취득 당시 시가와 액면가액을 비교하는 것이 아니라, 소각 당시 시가와 취득가액을 비교하여 소각 당시 시가가 취득가액을 초과하는 경우에는 자기주식을 자본에 전입함에 따라 수령하게 되는 무상주를 의제배당으로 과세한다.

08 ④ ① 법인이 임원 또는 직원이 아닌 고용관계가 없는 지배주주 등에게 지급한 여비 또는 교육훈련비는 손금불산입한다. 따라서 임원인 지배주주에게 지급한 여비 또는 교육훈련비는 손금에 산입한다.
② 상근이 아닌 법인의 임원에게 지급하는 보수는 부당행위계산 부인대상을 제외하고 이를 손금에 산입한다.
③ 법인이 그 임원 또는 직원을 위하여 지출한 직장문화비·직장회식비는 손금에 산입한다. 이 경우 직원은 「파견근로자보호 등에 관한 법률」에 따른 파견근로자를 포함한다.
⑤ 임원은 퇴직 시까지 부담한 부담금의 합계액을 퇴직급여로 보아 임원퇴직금 한도초과 여부를 검토하여야 한다. 즉, 한도가 있으므로 전액 손금에 산입하는 것은 아니다.

09 ②

구분	금액	근거
1. 접대비	110,000,000	한도초과금액 중 판매관리비 계상액을 먼저 부인함
2. 한도액	104,300,000	12,000,000 + 30,000,000 + 300억 × 0.2% + (100억 × 0.2% + 100억 × 0.03%) × 10%
3. 한도초과	5,700,000	

- 한도금액 계산 시 일반수입금액 한도부터 먼저 적용한다.
  일반매출액: (500억원 − 200억원) + 100억원(중단사업매출액) = 400억원
  특수관계인 매출액: 200억원
- 부당행위계산에 의하여 익금에 산입된 금액은 수입금액에 포함하지 아니한다.

10 ④ $5,000,000 \times (10,000,000/80,000,000^*) = 625,000$
$^*(2,000,000 \div 10\% + 3,000,000 \div 5\%) = 80,000,000$
- 재고자산에 대한 특정차입금이자는 손금에 산입한다.
- 귀속이 불분명하여 대표자상여로 처분한 금액에 대한 소득세를 법인이 대납한 경우와 학자금대여액은 가지급금으로 보지 아니한다.
- 중소기업에 근무하는 직원(지배주주 등인 직원은 제외한다)에 대한 주택구입 또는 전세자금의 대여액에 한하여 업무무관가지급금으로 보지 않는다. 따라서 대표이사에 대한 주택자금 대여액은 부당행위계산부인 적용 대상 대여금에 포함한다.
- 직원에 대한 경조사비 또는 학자금(자녀의 학자금을 포함한다)의 대여액은 부당행위계산부인 규정을 적용하지 아니한다.

11 ④ 임대료지급기간이 1년을 초과하는 경우 이미 경과한 기간에 대응하는 임대료 상당액과 비용은 이를 각각 해당 사업연도의 익금과 손금으로 한다. 그러나 임대료지급기간이 1년 이하인 경우에는 별도의 세무조정이 필요 없다.

12 ⑤

정률법	22기		23기	
1. 회사계상액		26,000,000		35,000,000
손익계산서	20,000,000		25,000,000	
즉시상각의제	6,000,000		10,000,000	
2. 상각범위액		10,600,000		21,080,000
취득가액	100,000,000		100,000,000	
(당기)즉시상각의제	6,000,000		10,000,000	
감가상각누계액	-		(20,000,000)	
유보잔액	-		15,400,000	
합계	106,000,000		105,400,000	
상각률	× 0.2 × 6/12		× 0.2	
3. 상각부인액		15,400,000		13,920,000

유보잔액: 15,400,000 + 13,920,000 = 29,320,000

13 ④

④ 특수관계인인 개인으로부터 유가증권을 저가매입한 경우에는 시가와 매입가액의 차액을 익금에 산입하고 시가를 취득원가로 본다.

① 적격물적분할에 따라 분할법인이 취득하는 주식의 세무상 취득가액은 물적분할한 순자산의 시가이다. 단, 압축기장충당금을 설정할 수 있다.

② 일괄매입 시에는 시가를 기준으로 안분계산하고, 시가가 불분명한 경우에는 감정가액, 「상속세 및 증여세법」 상 보충적 평가가액의 순서로 안분계산한다.

③ 현재가치할인차금 등을 계상하지 아니하고 취득원가를 명목가액으로 결산에 반영한 경우에는 명목가액을 세법상 취득가액으로 본다.

⑤ 특정차입금이자는 비용으로 처리하였더라도 세법상 자산의 취득원가로 본다.

14 ③

1. 당기 대손금 관련 세무조정

구분	대손인정	대손금 유보			
기초채권	4,000,000				
당기상계		기초	감소	증가	기말
기말채권		4,000,000	4,000,000	3,000,000	3,000,000
합계	4,000,000				

2. 세무상 설정대상 채권

구분	전기 말	당기 말
재무상태표	246,000,000	220,000,000
유보	4,000,000	3,000,000
설정대상 채권	250,000,000	223,000,000

3. 대손실적률: 4,000,000 ÷ 250,000,000 = 1.6%

4. 대손충당금 한도초과액: 33,000,000(기말잔액) - 223,000,000 × 1.6% = 29,432,000

15 ③ ③ 적격합병 여부에 관계없이 합병법인은 피합병법인의 대손충당금 및 퇴직급여충당금은 승계한다.

① 「법인세법」상 충당금이 아니므로 손금불산입한다.

② 법인이 대손충당금을 설정하는 경우 동일인에 대한 매출채권과 매입채무가 있는 경우에도 이를 상계하지 아니하고 대손충당금을 계상할 수 있다. 다만, 당사자와의 약정에 의하여 상계하기로 한 때에는 그러하지 아니하다.

④ 보험차익은 일시상각충당금만 설정가능하며, 동종의 자산을 취득하여야 한다.

⑤ 국고보조금 등을 지급받은 날이 속하는 사업연도의 다음 사업연도의 개시일부터 1년 이내에 국고보조금 등으로 사업용 자산을 취득하거나 개량하여야 한다.

16 ② 1. 합병 후 주가 계산

$$합병\ 후\ 주가 = \frac{합병법인\ 기업가치\ +\ 피합병법인\ 기업가치}{합병\ 후\ 주식수}$$

$$= \frac{38,000 \times 40,000주\ +\ 10,000 \times 10,000주}{40,000주\ +\ 5,000주}$$

$$= 36,000$$

2. 현저한 이익 해당 여부

$$\frac{1주당\ 평가차익}{합병법인의\ 1주당\ 평가액} \geq 30\%\ 또는\ 총평가차익\ 3억원$$

$$\frac{36,000\ -\ 10,000 \times 2주}{36,000} = 44.44\% \geq 30\%$$

3. 분여이익 금액 계산

이익을 분여한 주주		이익을 분여받은 주주	
주주	이익분여액	㈜병(법인주주)	정(개인주주)
㈜갑 (법인주주)	60,000,000	60,000,000 × 40% = 24,000,000	60,000,000 × 60% = 36,000,000
을(개인주주)	20,000,000	20,000,000 × 40% = 8,000,000	20,000,000 × 60% = 12,000,000
합계	80,000,000	80,000,000 × 40% = 32,000,000	80,000,000 × 60% = 48,000,000

17 ④

구분	금액	계산근거
① 잔여재산가액	90,000,000	(5,000,000 + 40,000,000 + 70,000,000 + 15,000,000) - 40,000,000
② 세무상 자기자본	40,000,000	40,000,000 + Max[(20,000,000 + 18,000,000 - 40,000,000), 0]
③ 청산소득금액	50,000,000	① - ②

• 해산등기일 전 2년 이내 자본금에 전입한 잉여금이 있는 경우에는 해당 금액을 자본금에 전입한 것으로 보지 않는다.

18 ④ ④ 토지 등 양도소득에 대한 법인세는 소급공제 대상이 아니다.

① 이월결손금 공제한도는 당해연도 각 사업연도 소득금액(일반법인) 또는 연결소득 개별 귀속액(연결법인)의 80%로 한다. 다만, 중소기업, 회생계획 이행 중인 법인, 경영정상화 계획을 이행 중인 법인 등은 각 사업연도 소득의 100%까지 이월결손금을 공제할 수 있다.

19 ② 미사용액을 5년이 되기 전에 일시 환입할 수 있다.

20 ③ ③ 국외원천소득에 한하여 국내로 지급되거나 국내송금된 것만 과세한다. 따라서 국내소득은 그 지급방식에 관계없이 모두 과세한다.
① 국외에서 근무하는 대한민국 공무원은 거주자로 본다.
② 거주자에 해당하므로 무제한 납세의무자에 해당한다.
④ 비거주자가 거주자가 된 경우에는 국내에 주소를 가지거나 국내에 주소가 있는 것으로 보는 사유가 발생한 날부터 거주자로 본다.
⑤ 외국의 공무원은 비거주자에 해당한다.

21 ③ 1. 인적공제 = 1,500,000 × 5명 + 3,000,000 = 10,500,000

구분	기본공제	추가공제	비고
본인	○		
배우자	○		총급여 500만원 이하
부친	○	1,000,000	분리과세소득, 경로우대자
모친	-		1,200만원 초과 시 전액 과세
장남	○	2,000,000	장애인
장녀	○		

2. 연금보험료공제: 2,000,000
3. 특별소득공제: 500,000
4. 종합소득공제: 1. + 2. + 3. = 13,000,000

22 ② 1. 보험료세액공제
400,000 × 12% + Min(1,000,000, 1,500,000) × 15% = 198,000
2. 의료비세액공제

유형	지출액	대상액	공제율	세액공제액
1. 난임치료비	2,500,000	2,500,000	30%	750,000
2. 특정의료비	1,000,000	1,000,000	15%	150,000
3. 일반의료비	10,000,000	7,000,000(한도)	15%	1,050,000
합계	13,500,000	10,500,000		1,950,000

적용대상액 = 13,500,000 - 50,000,000 × 3% = 12,000,000

23 ⑤

구분	이월공제
① 종합소득에 대한 외국납부세액공제	10년*
② 퇴직소득에 대한 외국납부세액공제	퇴직소득(양도소득)에 대한 외국납부세액이 공제한도를 초과하는
③ 양도소득에 대한 외국납부세액공제	경우에는 그 초과하는 금액은 이월공제를 적용받을 수 없다.

* 21. 1. 1. 이후 소득세신고 시 이월공제기간(5년)이 경과하지 않은 분부터 적용함

24 ②

구분	이자	배당	비고
(1) 은행예금이자	12,000,000		
(2) 직장공제회	-	-	분리과세
(3) 주식배당		15,000,000	Gross-up (○)
(4) 집합투자기구		10,000,000	Gross-up (×)
(5) 외국법인배당		5,000,000	Gross-up (×)
소계	12,000,000	30,000,000	
Gross-up		1,650,000	
합계	12,000,000	31,650,000	43,650,000

- 집합투자기구로부터의 이익: 집합투자기구로부터의 이익 중 상장주식(벤처기업) 및 해당 증권을 대상으로 하는 장내파생상품의 거래나 평가로 발생한 손익은 포함하지 아니한다. 또한, 집합투자기구로부터의 이익은 Gross-up 대상 배당소득이 아니다.

25 ②

구분	금액	근거
당기순이익	50,000,000	
판매장려금	-	지급받은 장려금은 총수입금액 포함, 지급한 장려금은 필요경비에 포함
비품처분이익	(-)1,000,000	간편장부대상자의 사업용 유형고정자산(양도소득세 과세대상 제외) 처분손익은 총수입금액에 포함하지 아니함
이자수익	(-)1,500,000	사업소득 아님
소득세비용	2,500,000	
손해배상금	-	업무관련성 있음. 단 고의·중과실이 있는 경우 필요경비 불산입
배우자 급여	-	실제 업무에 종사하고 있음
업무용 승용자동차	-	업무용 승용자동차 강제 상각규정은 복식부기의무자(성실신고확인대상자 포함)에 한함
가사용 소비	1,500,000	3,500,000 - 2,000,000
사업소득금액	51,500,000	

26 ③ 1. 금융소득

구분	이자소득	배당소득	근거
가. 비영업대금이익	10,000,000		원금부터 회수한 것으로 봄 (210,000,000 - 200,000,000)
나. 채권이자	3,000,000		채권보유기간 이자는 과세함
다. 무상주		20,000,000(G)	무조건 종합과세
합계	13,000,000	20,000,000	33,000,000

① Gross-up 금액 = Min[20,000,000, (33,000,000 - 20,000,000)] × 11% = 1,430,000
② 종합과세되는 금융소득금액 = 33,000,000 + 1,430,000 = 34,430,000

2. 사업소득: 100,000,000 - 70,000,000 = 30,000,000
3. 기타소득: 20,000,000 × (1 - 60%) = 8,000,000
4. 종합소득금액: 1. + 2. + 3. = 72,430,000 .

27 ①

구분	금액	근거
(1) 급여	24,000,000	
(2) 인정상여		근로를 제공한 날을 수입시기로 함
(3) 자가운전보조금	1,200,000	(300,000 - 200,000) × 12
(4) 연구보조비	1,200,000	(300,000 - 200,000) × 12 중소기업 또는 벤처기업의 기업부설연구소에서 연구활동에 종사하는 자에게 지급하는 연구보조비 중 월 20만원 이내 금액은 비과세함
(5) 출산수당	300,000	자녀수와 관계없이 월 10만원 비과세*
(6) 식대	1,200,000	식사와 식사대를 받은 경우 식사대는 전액 과세
(7) 주택자금대여이익		중소기업의 직원이 얻은 주택자금대여이익에 한하여 근로소득에 포함하지 않음
합계	27,900,000	

* 근로자 또는 그 배우자의 출산이나 6세 이하(해당 과세기간 개시일을 기준으로 판단) 자녀의 보육과 관련하여 사용자로부터 받는 급여로서 월 10만원 이내의 금액은 비과세한다.

28 ④

「법인세법」에 따라 처분된 상여·배당 및 기타소득에 대한 원천징수세액은 다음의 날에 지급한 것으로 본다.
(1) 법인세 과세표준을 결정 또는 경정하는 경우: 소득금액변동통지서를 받은 날
(2) 법인세 과세표준을 신고하는 경우: 그 신고일 또는 수정신고일

29 ②

구분	전체	양도가액(채무인수)
실제양도가액	800,000,000	400,000,000
실제취득가액	(-)600,000,000	(-)300,000,000
기타필요경비	(-)50,000,000	(-)25,000,000
양도차익	150,000,000	75,000,000

30 ③

구분	과세표준	근거
(1) 상품 매출	94,000,000	100,000,000 - 1,000,000 - 2,000,000 - 3,000,000
(2) 마일리지 결제		자기적립마일리지로 결제한 금액은 과세표준에 포함하지 아니한다.
(3) 용역 매출	5,000,000	특수관계인 이외의 자에게 저가로 공급한 것은 실제로 받은 대가를 공급가액으로 함
(4) 기계 처분	3,500,000	
(5) 비품(개인적 공급)	1,500,000	2,000,000 × (1 - 25%)
합계	104,000,000	

31 ② ② 고객시승용으로 전용한 것은 간주공급으로 보지 아니한다. 자동차판매업 관련 과세사업에 사용하고 있기 때문이다.
　① 자기생산·취득재화를 비영업용 승용차로 사용·소비하거나 그 자동차의 유지를 위하여 사용·소비하는 것
　③ 폐업 시 잔존 재화
　④ 특수관계인에게 사업용 부동산임대용역을 무상으로 제공하는 경우 과세대상에 해당한다.
　⑤ 주요자재를 부담하고 완성된 재화를 인도하는 것은 재화의 공급에 해당한다. 매입세액공제를 받은 재화를 거래처(고객)에게 인도한 것은 사업상 증여에 해당한다.

32 ③

구분	과세표준	근거
(1) 상품매출	3,000,000	장기할부(1,000,000 × 3)
(2) 완성도지급기준	5,000,000	10,000,000 × (10% + 40%)
(3) 건물매각	3,500,000	중간지급조건부 계약(7,000,000 × 50%)
(4) 선발급세금계산서	300,000	
합계	11,800,000	

재화 또는 용역의 공급시기가 되기 전에 재화 또는 용역에 대한 대가의 전부 또는 일부를 받고, 그 받은 대가에 대하여 세금계산서 또는 영수증을 발급하면 그 세금계산서 등을 발급하는 때를 각각 그 재화 또는 용역의 공급시기로 본다. 대가를 수령한 경우에는 동일한 과세기간에 공급시기가 도래하지 아니하여도 된다.

33 ③ ③ 계약의 해제로 재화 또는 용역이 공급되지 아니한 경우에는 계약이 해제된 때에 그 작성일은 계약해제일로 적고 비고란에 처음 세금계산서 작성일을 덧붙여 적은 후 붉은색 글씨로 쓰거나 음(-)의 표시를 하여 발급한다.
　① 공급받는 자가 재화 또는 용역의 공급시기가 속하는 과세기간에 대한 확정신고기한까지 세금계산서를 발급받은 경우 매입세액공제를 받을 수 있다. 단, 지연수취에 대한 가산세(0.5%)는 부담한다.

34 ④

구분	금액	근거
토지	-	면세
건물	53,333,333	$200,000,000 \times \dfrac{64}{160} \times \dfrac{2}{3}$

　① 감정가액은 공급일이 속하는 직전 과세기간의 개시일부터 공급일이 속하는 과세기간 종료일까지의 감정가액만 인정하므로 2023년 9월 9일 감정가액은 인정하지 않는다. 따라서 기준시가를 사용한다.
　② 건물 공급가액 중 과세사업에 사용하던 비율(3개층 중에서 2개층)에 해당하는 분만큼 공급가액으로 한다.

35 ⑤ 간이과세포기신고서를 제출한 개인사업자가 3년이 지난 후 다시 간이과세를 적용받으려면 그 적용받으려는 과세기간 개시 10일 전까지 간이과세적용신고서를 관할세무서장에게 제출하여야 한다.

36 ①

구분	금액	근거
1. 매출세액		6,165,000	
(1) 상품매출	6,000,000	
(2) 트럭매각	165,000	3,000,000 × 55%(직전 과세기간) × 10%
2. 매입세액	7,600,000	
(1) 상품매입	4,000,000	
(2) 트럭매입	600,000	10,000,000 × 60%(당해 과세기간) × 10%
(3) 건물매입	3,000,000	60,000,000 × 50%(면적비율) × 10%
3. 납부(환급)세액	△1,435,000	

- 건물: 공통매입세액은 면적비율이 제시되어 있는 경우 그에 따라 구분하여야 한다.

37 ④
- ④ 위장수취 세금계산서: 그 공급가액 × 2%
- ① 미등록 가산세: 등록신청일의 전날까지 공급가액합계액 × 1%
- ② 타인명의 등록 가산세: 배우자명의로 등록한 경우는 타인명의 등록으로 보지 않는다.
- ③ 위장발급 세금계산서: 그 공급가액 × 2%
- ⑤ 가공매입 세금계산서: 세금계산서 등에 적힌 금액 × 3%

38 ⑤
- ① 평가기준일 이전·이후 각 2개월 동안 평균액
- ② 순자산가치로만 평가한다.
- ③ 시가로 하지 아니한다.
- ④ 장래의 추정이익을 사용하지 아니한다.

39 ①

구분	금액	근거
상속재산가액	1,000,000,000	
추정상속재산	100,000,000	200,000,000 - Min(500,000,000 × 20%, 200,000,000)
사전증여재산가액		상속인 이외의 자는 5년 이내 사전증여합산
과세가액공제액	(-)15,000,000	10,000,000(일반장례비 한도) + 5,000,000(봉안시설)
상속세과세가액	1,085,000,000	

40 ④
- ㄴ. 위탁자가 재산세 납세의무자이다.
- ㄷ. 재산세 과세기준일은 6월 1일이다.

제**3**회 실전동형모의고사

모의고사 분석표

● 직접 작성한 OMR 답안지와 모의고사 분석표의 정답을 대조하여 채점해 보며 본인의 학습상태를 점검해 보시길 바랍니다.
★ 채점 시 ○[정확하게 맞음] / △[찍었는데 맞음] / X[틀림]로 구분하여 채점해 주세요.

구분	정답	채점★	출제 포인트
01	②	○ △ X	「국세기본법」 공시송달 요건
02	④	○ △ X	「국세기본법」 종합
03	①	○ △ X	「국세기본법」 조세불복제도
04	④	○ △ X	「국세기본법」 납세자의 권리
05	①	○ △ X	「법인세법」 사업연도와 납세지
06	③	○ △ X	「법인세법」 세무조정 및 소득처분
07	⑤	○ △ X	「법인세법」 자산의 취득가액
08	④	○ △ X	「법인세법」 접대비 관련 기타사외유출
09	③	○ △ X	「법인세법」 세무조정
10	②	○ △ X	「법인세법」 기부금 세무조정
11	⑤	○ △ X	「법인세법」 손익의 귀속사업연도
12	②	○ △ X	「법인세법」 주식가액 및 가상자산가액
13	③	○ △ X	「법인세법」 감가상각 관련 유보잔액
14	③	○ △ X	「법인세법」 대손금 및 대손충당금 관련 세무조정
15	④	○ △ X	「법인세법」 내국법인의 소득처분
16	④	○ △ X	「법인세법」 부당행위계산의 부인
17	①	○ △ X	「법인세법」 「조세특례제한법」상 공제받을 수 있는 세액공제액
18	④	○ △ X	「법인세법」 과세표준 및 세액의 계산, 신고 및 납부
19	③	○ △ X	「소득세법」 납세의무자와 납세지
20	④	○ △ X	「소득세법」 이자소득금액과 배당소득금액
21	①	○ △ X	「소득세법」 사업소득 총수입금액
22	①	○ △ X	「소득세법」 근로소득 총급여액
23	③	○ △ X	「소득세법」 과세대상 총 연금액
24	①	○ △ X	「소득세법」 소득금액계산의 특례
25	③	○ △ X	「소득세법」 교육비 세액공제액
26	⑤	○ △ X	「소득세법」 양도소득세가 과세되는 경우
27	④	○ △ X	「소득세법」 양도소득금액
28	③	○ △ X	「소득세법」 거주자의 종합소득 신고, 납부 및 징수
29	④	○ △ X	「부가가치세법」 재화와 용역의 공급
30	③	○ △ X	「부가가치세법」 과세대상
31	④	○ △ X	「부가가치세법」 납세의무
32	④	○ △ X	「부가가치세법」 면세와 영세율
33	⑤	○ △ X	「부가가치세법」 공급시기
34	④	○ △ X	「부가가치세법」 과세/면세재화를 모두 판매하는 소매업자
35	④	○ △ X	「부가가치세법」 과세표준
36	②	○ △ X	「부가가치세법」 매출세액에서 공제하는 매입세액
37	④	○ △ X	「상속세 및 증여세법」 종합
38	①	○ △ X	「상속세 및 증여세법」 증여세
39	④	○ △ X	「상속세 및 증여세법」 증여세 산출세액
40	③	○ △ X	「지방세법」 과점주주에 대한 취득세

01 ② 서류를 송달받아야 할 자가 정당한 사유로 송달받기를 거부한 경우는 유치송달 사유이다. 공시송달은 원칙적으로 송달받을 자를 찾을 수 없는 경우에 한하여 인정되는 방법이다.

02 ④ ④「형사소송법」에 따른 소송에 대한 판결이 확정되어 뇌물, 알선수재 및 배임수재에 의하여 받는 금품을 받은 것으로 확인된 경우에는 판결이 확정된 날부터 1년까지 국세부과의 제척기간이 연장된다.
③ 수정신고 중 신고납세세목인 경우에 세액을 확정하는 효력이 있다.

03 ① ㄱ. 다음의 처분에 대해서는 「국세기본법」상 불복을 제기할 수 없다.
① 「조세범 처벌절차법」에 따른 통고처분
② 「감사원법」에 따라 심사청구를 한 처분이나 그 심사청구에 대한 처분
③ 「국세기본법」 및 세법에 따른 과태료 부과처분
ㄴ. 심사청구의 의결은 국세청장이 직접 하는 것이 원칙이 아니고, 국세심사위원회에서 하는 것이 원칙이다.
ㄷ. 심사청구 또는 심판청구에 대한 처분에 대해서는 이의신청, 심사청구 또는 심판청구를 제기할 수 없다. 다만, 재조사 결정에 따른 처분청의 처분에 대해서는 해당 재조사 결정을 한 재결청에 대하여 심사청구 또는 심판청구를 제기할 수 있다.
ㄹ. 법인은 국선대리인 선임을 신청할 수 없다.

04 ④ 세무조사 연기 절차
[1단계] 납세자의 세무조사 연기신청
[2단계] 연기신청을 받은 관할세무관서의 장은 연기신청 승인 여부를 결정하고 그 결과(연기 결정 시 연기한 기간을 포함한다)를 조사 개시 전까지 통지하여야 한다.
[3단계] 세무조사 연기 사유가 소멸하여 세무조사를 개시하려는 경우 관할세무서장은 조사를 개시하기 5일 전까지 조사를 받을 납세자에게 연기 사유가 소멸한 사실과 조사기간을 통지하여야 한다.

05 ① 법령이나 정관 등에 사업연도에 관한 규정이 없는 내국법인은 따로 사업연도를 정하여 법인 설립신고 또는 사업자등록과 함께 납세지 관할세무서장에게 사업연도를 신고하여야 한다. 다만, 이러한 신고를 하지 아니하는 경우에는 매년 1월 1일부터 12월 31일까지를 그 법인의 사업연도로 한다.

06 ③ ③ 세무상 처분손실: 600,000 - 800,000 = 200,000
장부상 처분이익: 100,000
세무조정: 300,000(익금불산입)
① 자기주식소각이익은 익금항목이 아니다. 따라서 세무조정하지 아니한다.
② 「보험업법」에 따른 유형자산의 평가로 재평가이익은 세법상 익금에 해당하므로 별도로 세무조정하지 아니한다.
④ 전기 세무조정 시 재산세를 손금불산입(기타사외유출)하였으므로 당기에 환입액을 익금불산입(기타)한다. 환급금 이자는 익금불산입(기타) 항목이다.
⑤ 비특수관계인으로부터 자산을 고가매입하였더라도 정상가액(시가의 130%)을 초과하여 매입한 경우가 아니면 의제기부금 규정은 적용되지 아니한다.

07 ⑤ 출자법인이 현물출자로 인하여 피출자법인을 새로 설립하면서 그 대가로 주식만 취득하는 현물출자의 경우 주식의 취득원가는 현물출자한 순자산의 시가로 한다.

08 ④ 1. 접대비 한도초과

구분	금액	근거
1. 접대비	109,000,000	120,000,000 - 2,000,000(배당) - 4,000,000(기타사외유출) - 5,000,000(전기분)
2. 한도액	86,900,000	36,000,000 + 30,000,000 + 95억 × 0.2% + 95억 × 0.2% × 10%
3. 한도초과	22,100,000	

접대비는 발생주의에 따라 지출한 때 접대비로 본다.

2. 접대비 한도에 반영되는 매출액

	일반 매출액	특수관계인 매출액	합계
손익계산서	20,000,000,000	10,000,000,000	30,000,000,000
전기 위탁매출	(-)500,000,000		(-)500,000,000
사업상증여		(-)500,000,000	(-)500,000,000
한도 반영액	19,500,000,000	9,500,000,000	29,000,000,000

3. 기타사외유출로 처분되는 금액
4,000,000(적격증빙미수취) + 22,100,000(한도초과) = 26,100,000

09 ③

구분	소득금액조정합계표	유보	비고
가. 자산수증이익	1,000,000	1,000,000	시가 - 장부가액
나. 매출세액	(500,000)	△500,000	예수금에 불과함
다. 지분법적용투자주식	2,000,000	2,000,000	배당금수익
수입배당금익금불산입	(600,000)		기타
라. 잉여금처분	3,000,000		기타
마. 취득세 환급	(300,000)	△300,000	
합계	4,600,000	2,200,000	

10 ② 1. 차가감소득금액

100,000,000 + 10,000,000(비지정기부금) = 110,000,000

2. 기준금액

110,000,000 + 5,000,000(특례) + 10,000,000(일반) - Min(125,000,000 × 80%, 75,000,000)
= 50,000,000

현물기부금으로서 특수관계인에게 지출한 일반기부금은 시가와 장부가액 중 큰 금액으로 한다.

3. 특례기부금

구분	지출액	한도액	전기이월액 손금	한도초과액
전기	15,000,000	15,000,000	15,000,000	-
당기	5,000,000	10,000,000		-
합계	20,000,000	25,000,000	15,000,000	-

한도액: 50,000,000 × 50% = 25,000,000

4. 일반기부금

구분	지출액	한도액	전기이월액 손금	한도초과액
당기	10,000,000	3,000,000		7,000,000

한도액: (50,000,000 - 20,000,000) × 10% = 3,000,000

5. 각 사업연도 소득금액 = 110,000,000 - 15,000,000 + 7,000,000 = 102,000,000

11 ⑤ ⑤ 원칙적인 임대료(임차료)의 귀속시기는 지급 약정일이다. 다만, 임대료 지급기간이 1년을 초과하는 경우 발생주의에 따라 익금(손금)을 하여야 한다.

① 매매계약을 체결한 날이 속하는 사업연도로 한다.

② 중소기업이 장기할부판매조건에 대해 회수기일도래기준을 적용할 경우, 인도일 이전에 회수하였거나 회수할 금액은 인도일에 회수한 것으로 본다.

③ 매출할인은 약정에 의한 지급기일(지급기일이 정하여 있지 아니한 경우에는 지급한 날)을 귀속시기로 하므로 제23기의 매출액에서 차감하여야 한다.

④ 미지급이자의 경우 원천징수 대상 여부와 관계없이 발생주의를 수용한다.

12 ②

구분	세무상 가액	근거
㈜A의 주식	12,000,000	정상가액(10,000,000 × 130% = 13,000,000)보다 낮은 가액으로 취득하였으므로 매입가액을 취득가액으로 인정한다. 법률에 정한 감액사유가 없는 한 평가손실은 인정되지 않는다.
㈜B의 주식	5,500,000	5,000,000 + 200주 × 50% × 5,000(의제배당)
㈜C의 가상자산	3,000,000	가상자산은 선입선출로 평가한다. 즉, 처분하는 가상자산의 원가를 선입선출로 평가할 뿐 기말 현재 남아있는 자산의 평가는 인정하지 아니한다.

13 ③

	22기		23기	
1. 회사계상액		105,000,000		100,000,000
손익계산서	100,000,000		100,000,000	
즉시상각의제	5,000,000			
2. 상각범위액		25,250,000		55,500,000
취득가액	500,000,000		550,000,000	
(누적)즉시상각의제	5,000,000		5,000,000	
합계	505,000,000		555,000,000	
상각률	× 0.1 × 6/12		× 0.1	
3. 상각부인액		79,750,000		44,500,000

- 취득세는 자산의 취득원가에 해당하므로 수선비와 달리 600만원 특례규정 적용되지 아니함

23기 말 유보잔액 = 79,750,000 + 44,500,000 = 124,250,000

14 ③ 1. 당기 대손금

구분	대손인정	대손금 유보				
기초채권						
당기상계	7,000,000	구분	기초	감소	증가	기말
기말채권		대손금	2,000,000	2,000,000		
합계	7,000,000	대손충당금	1,500,000	1,500,000	12,000,000	12,000,000

중소기업의 경우 부도발생일로부터 6개월 경과한 외상매출금은 대손 인정함

2. 대손실적률

7,000,000 ÷ (348,000,000 + 2,000,000) = 2%

3. 대손충당금 한도초과

구분	금액	근거
회사계상액	20,000,000	
한도액	8,000,000	400,000,000 × 2%
한도초과액	12,000,000	

거래일로부터 2년 경과한 중소기업의 외상매출금(미수금 포함)은 결산조정사항임

4. 소득금액에 미친 순영향

(-)2,000,000 + (-)1,500,000 + 12,000,000 = 8,500,000

15 ④ ④ 업무용 승용차 임차료 상당액 중 한도초과액과 처분손실은 기타사외유출로 처분한다.
임차료 또는 처분손실은 법인에 자산이 없으므로 기타사외유출로 처분할 수밖에 없다. 그럼에도 향후 이월손금은 인정한다.
① 건설자금이자는 유보로 처분한다.
② 기타소득 → 기타사외유출
③ 기타 → △유보
⑤ 청산소득에 대한 법인세 계산 시 유보잔액을 고려한다.

16 ④ ① 주권상장법인이 발행주식총수의 100분의 10의 범위에서 「상법」에 따라 부여한 주식매수선택권의 행사로 주식을 시가보다 낮은 가액으로 양도한 경우에는 조세의 부담을 부당하게 감소시킨 것으로 보지 않는다.
② 원칙적으로 임직원에 대한 주택자금의 무상대여는 부당행위계산 부인대상이다. 다만, 중소기업에 근무하는 직원(지배주주 등인 직원은 제외)에 대한 주택구입 또는 전세자금의 대여액은 업무무관가지급금으로 보지 않는다.
③ 토지의 시가가 불분명한 경우로 감정평가업자의 감정가액이 2 이상인 경우에는 평균액으로 한다.
⑤ 특수관계인에 대한 금전 대여의 경우 대여기간이 5년을 초과하는 대여금이 있으면 해당 대여금에 한정하여 당좌대출이자율을 시가로 한다.

17 ①

구분	감면 후 세액	최저한세 계산	재계산
1. 각 사업연도 소득금액	500,000,000		500,000,000
2. 이월결손금	(-)250,000,000*		(-)250,000,000
3. 과세표준	250,000,000	250,000,000	250,000,000
× 세율	9%, 19%	10%	9%, 19%
4. 산출세액	27,500,000	25,000,000	27,500,000
5. 연구인력개발비 세액공제	(-)10,000,000		(-)2,500,000
6. 감면 후 세액	17,500,000		25,000,000
7. 외국납부세액공제			(-)2,000,000
8. 결정세액			23,000,000

* 이월결손금 공제액 = Min[500,000,000 × 80% , 250,000,000] = 250,000,000
- 「조세특례제한법」상 공제받을 수 있는 세액공제액은 연구인력개발비 세액공제액 2,500,000원이다.

18 ④ ④ 다만, 현금흐름표는 제출하지 않더라도 무신고로 보지 않는다.
① 중소기업은 2개월 이내 분납할 수 있다.
② 외국납부세액공제는 이월공제 가능하다.
③ 법인의 배당소득은 원천징수대상이 아니다.
⑤ 결손금 소급공제를 신청하지 아니한 경우에는 경정청구가 가능하지 아니하다.

19 ③ 1과세기간 중 183일 이상 국내 거소를 둔 경우에만 거주자로 보며, 과세기간을 연속하여 판단하지는 않는다.

20 ④

구분	이자	배당	비고
(1) ㈜A 무상주	-	5,000,000(G)	자기주식처분이익 자본전입은 발생시기에 관계 없음
㈜B 무상주	-	2,500,000	소각일로부터 2년 이내 자본전입
(3) 장기채권 이자	3,000,000	-	분리과세신청하지 않았으므로 종합과세
(4) 비영업대금 이익	10,000,000	-	무조건 종합과세
소계	13,000,000	7,500,000	20,500,000

① Gross-up 금액 = Min[20,500,000 - 20,000,000, 5,000,000] × 11% = 55,000
② 종합과세되는 금융소득금액 = 20,500,000 + 55,000 + 8,000,000(출자공동사업자의 배당) = 28,555,000

21 ① (1) 임대수익: 24,000,000 × (12/24) = 12,000,000
- 초월산입, 말월불산입
(2) 간주임대료
A주택 (600,000,000 - 300,000,000) × 60% × 5% = 9,000,000원
B주택 (200,000,000 - 0) × 60% × 5% = 6,000,000원
운용수익 차감 (2,000,000)원
간주임대료 13,000,000원
- 임대주택의 간주임대료 계산할 때에는 건설비는 3억원으로 의제한다.
(3) 총수입금액: 12,000,000 + 13,000,000 = 25,000,000원

22 ①

구분	월정액급여	총급여	근거
(1) 기본급	1,500,000	18,000,000	
(2) 식사대	250,000	600,000	(250,000 - 200,000) × 12
(3) 자가운전보조금	100,000	1,200,000	(300,000 - 200,000) × 12
(4) 잉여금처분에 의한 상여		5,000,000	잉여금처분결의일
(5) 자녀보육수당(6세 이하)	200,000	1,200,000	(200,000 - 100,000) × 12
(6) 연장근로·야근근로 수당		600,000	연 240만원까지 비과세
(7) 단체순수보장성보험료			복리후생적 성질의 급여는 월정액급여 제외
총급여액	2,050,000	26,600,000	

23 ③ 1. 과세제외기여금(과세기준일 이후)
소득공제받지 않은 50,000,000원은 과세기준일 이전 45,000,000원과 과세기준일 이후 5,000,000원으로 구성되어 있다.
따라서 과세기준일 이후 납입한 75,000,000원 중 5,000,000원만 과세제외기여금이다.
2. 공적연금(총연금액)

$$18,000,000 \times \frac{825,000,000}{675,000,000 + 825,000,000} - 5,000,000(\text{과세제외기여금}) = 4,900,000$$

24 ① ㄷ. 특수관계인의 소득금액이 주된 공동사업자에게 합산과세되는 경우, 그 합산과세되는 소득금액에 대해서 특수관계인은 그의 손익분배비율에 해당하는 그의 소득금액을 한도로 주된 공동사업자와 연대하여 납세의무를 진다.
ㄹ. 「국세기본법」에 따라 경정을 청구한 경우에는 그 중도 해지일이 속하는 과세기간의 종합소득금액에 포함된 이자소득금액에서 그 감액된 이자소득금액을 뺄 수 없다.

25 ③

구분	금액	근거
본인 대학 등록금	4,000,000	
모친 등록금	5,000,000	기본공제대상자인(소득금액 제한 없음)을 위하여 지출한 장애인특수교육비는 직계존속을 위해 지출한 것도 공제대상임
장남 교육비		학자금 대출을 받아 지급한 것은 교육비 공제대상 아님(추후 본인이 학자금 대출 원리금 상환 시 공제받을 수 있음)
장녀 교육비*	2,600,000	Min[3,000,000, 2,600,000]
교육비 합계	11,600,000	
교육비 세액공제액	1,740,000	11,600,000 × 15%

* 교과서대금 200,000 + 방과후 학교 수업료 1,900,000 + 교복구입비용 Min[700,000, 500,000]
취학 전 아동이 아닌 경우 학원 수강료는 세액공제 대상 아님

26 ⑤

① 재산분할로 소유권을 이전하는 것은 양도로 보지 않는다.
② 자녀에게 증여세가 과세되며, 거주자 B에게 과세되는 세금은 없다.
③ 판매를 목적으로 주택을 신축하여 판매하는 경우에는 주택신축판매업으로 보아 사업소득으로 과세한다.
④ 파산선고에 따라 양도소득세 과세대상 자산을 경매로 넘기는 것은 비과세이다.

27 ④

구분	금액	계산근거
양도가액	1,500,000,000	실지거래가액
필요경비	(-)763,500,000	
① 환산취득가액		1,500,000,000 × 4.5억원/9억원 = 750,000,000
② 의제필요경비		450,000,000 × 3% = 13,500,000
양도차익	736,500,000	
고가주택 양도차익	147,300,000	736,500,000 × (15억원 - 12억원)/15억원
장기보유특별공제액	(-)58,920,000	147,300,000 × 40%
양도소득금액	88,380,000	

28 ③

폐업 또는 휴업한 면세사업자도 사업장 현황신고의무가 있다.

29 ④

① 사업자단위 과세사업자의 경우 판매목적 타사업장반출은 재화의 공급으로 보지 않는다.
② 질권, 저당권 또는 양도담보의 목적으로 동산, 부동산 및 부동산상의 권리를 제공하는 것은 재화의 공급으로 보지 않는다.
③ 전기, 가스, 열 등 관리할 수 있는 자연력도 물건에 포함되어 재화로 본다.
⑤ 주된 사업과 관련하여 우연히 또는 일시적으로 공급되는 재화 또는 용역은 별도의 공급으로 보되, 과세 및 면세 여부 등은 주된 사업의 과세 및 면세 여부 등을 따른다.

30 ③ ③ 반환하지 아니하는 입회금을 받는 것은 권리의 공급에 해당한다.
　① 조세의 물납은 재화의 공급에 해당하지 아니한다.
　② 보세구역으로 반입하는 것은 재화의 수입에 해당하지 아니한다.
　④ 화주가 선주로부터 금전(조출료)을 받는 것은 용역공급에 대한 반대급부로 받는 것이 아니므로 용역의 공급으로 볼 수 없다.
　⑤ 손해배상금은 재화의 공급에 대한 대가로 받은 것이 아니므로 재화의 공급이 아니다.

31 ④ ④ 국가 및 지방자치단체도 과세사업을 하는 경우 납세의무자가 될 수 있다. 도소매업, 숙박업 등은 과세사업에 해당한다.
　① 매입세액불공제대상인 용역은 과세사업에 사용하더라도 대리납부의무가 있다.
　② 영세율거래도 과세거래이므로 영세율적용대상 거래만 있는 사업자도 신고의무가 있다.
　③ 과세의 대상이 되는 행위 또는 거래의 귀속이 명의일 뿐이고 사실상 귀속되는 자가 따로 있는 경우에는 사실상 귀속되는 자에 대하여 「부가가치세법」을 적용한다.
　⑤ 고속철도에 의한 여객운송사업은 사업 부가가치세 과세사업에 해당한다.

32 ③ 수출업자와 직접 도급계약에 의하여 수출재화를 임가공하는 수출재화임가공용역(수출재화염색임가공을 포함)은 영세율을 적용한다. 다만, 사업자가 부가가치세를 별도로 적은 세금계산서를 발급하는 경우에는 10% 세율을 적용한다.

33 ⑤ 사업자가 보세구역 안에서 보세구역 밖의 국내에 재화를 공급하는 경우가 재화의 수입에 해당할 때에는 수입신고 수리일을 재화의 공급시기로 본다.

34 ④

구분	금액		근거
1. 매출세액		5,165,000	
(1) 상품매출	5,000,000		
(2) 트럭매각	165,000		3,000,000 × 55%(직전 과세기간) × 10%
2. 매입세액		7,500,000	
(1) 상품매입	4,000,000		
(2) 트럭매입	500,000		10,000,000 × 50%(당해 과세기간) × 10%
(3) 건물매입	3,000,000		6,000,000 × 50%(당해 과세기간)
3. 납부(환급)세액		△2,335,000	

• 건물과 관련된 부가가치세액은 다음과 같다.
　106,000,000 × [48,000,000/(32,000,000 + 48,000,000 × 1.1)] × 10% = 6,000,000
• 건물: 공통매입세액은 면적비율이 제시되어 있는 경우 그에 따라 구분하나, 면적비율이 제시되지 않은 경우 공급가액 비율에 의한다.

35 ④

일자	구분	과세표준	비고
4. 3.	선수금	50,000,000	대가수령부분만 과세함
5. 2.	무상기증	-	면세
5. 24.	직매장반출	-	총괄납부사업자는 직매장반출 과세 ×
6. 23.	직수출	55,000,000	50,000 × 1,100 = 55,000,000*
6. 30.	계속적 공급	2,000,000	대가의 각 부분을 받기로 한 때
	합계	107,000,000	

* 대가를 수령하였을지라도 환가하지 않은 경우에는 공급시기(선적일)의 환율을 적용함

36 ②

② 공급시기가 속하는 과세기간에 대한 확정신고기한까지 세금계산서를 교부받은 경우에는 매입세액 공제가 가능하다.

① 사업자등록을 신청한 사업자가 사업자등록증 발급일까지의 거래에 대하여 해당 사업자 또는 대표자의 주민등록번호를 적어 발급받은 경우는 매입세액을 공제한다. 사업자등록신청 전에 대표자의 주민등록번호를 적어 발급받는 것은 해당이 없다.

③ 토지 조성원가에는 토지를 나대지로 사용하는 경우뿐만 아니라 신축 건물의 부지로 사용하는 경우를 포함한다.

④ 면세사업 관련 매입세액은 매입세액공제 대상이 아니다.

⑤ 비영업용 소형승용차에 해당한다.

37 ④

④ 상속세(증여세)의 연부연납기한은 10년(5년)이 원칙이며, 가업상속의 경우 등 연부연납기간이 연장되는 경우가 있다.

① 상속개시일이 속하는 달의 말일부터 6개월까지 신고하여야 한다. 따라서 2023년 9월 30일까지 신고하여야 한다.

② 분납기한은 2개월이다.

③ 연부연납은 납부할 세액이 2천만원 이상인 경우에 한하여 가능하다.

38 ①

수증자에게 법인세 또는 소득세가 부과되는 경우에는 증여세를 부과하지 아니한다.

39 ④

구분	부친	조부	근거
증여재산가액	100,000,000	100,000,000	
증여재산공제	(-)25,000,000	(-)25,000,000	증여세 과세가액기준으로 안분
증여세 과세표준	75,000,000	75,000,000	
증여세 산출세액	7,500,000	9,750,000	조부는 30% 할증과세

증여세 산출세액 합계 = 7,500,000 + 9,750,000 = 17,250,000

40 ③

감자로 인해 지분이 증가하는 경우에는 취득행위가 없으므로 취득세 납세의무가 없다.

제4회 | 실전동형모의고사

모의고사 분석표

● 직접 작성한 OMR 답안지와 모의고사 분석표의 정답을 대조하여 채점해 보며 본인의 학습상태를 점검해 보시길 바랍니다.
★ 채점 시 ○(정확하게 맞음) / △(찍었는데 맞음) / X(틀림)로 구분하여 채점해 주세요.

구분	정답	채점★			출제 포인트
01	②	○	△	X	「국세기본법」 종합
02	③	○	△	X	「국세기본법」 납세의무
03	②	○	△	X	「국세기본법」 과세와 환급
04	①	○	△	X	「국세기본법」 토지의 압류
05	④	○	△	X	「국세기본법」 심판청구
06	②	○	△	X	「법인세법」 의제배당세액
07	①	○	△	X	「법인세법」 업무용 승용차
08	①	○	△	X	「법인세법」 세무조정
09	④	○	△	X	「법인세법」 수입배당금 익금불산입액
10	⑤	○	△	X	「법인세법」 접대비, 기부금, 대손금 및 지급이자
11	③	○	△	X	「법인세법」 손금
12	⑤	○	△	X	「법인세법」 자산·부채의 평가 및 유형자산의 감가상각
13	③	○	△	X	「법인세법」 각사업연도소득금액
14	②	○	△	X	「법인세법」 가지급금 인정이자
15	③	○	△	X	「법인세법」 각사업연도소득금액 증감액
16	①	○	△	X	「법인세법」 대손금 및 대손충당금
17	③	○	△	X	「법인세법」 세무조정
18	⑤	○	△	X	「법인세법」 세액공제
19	④	○	△	X	「법인세법」 고유목적사업준비금의 최대 손금산입 범위액
20	①	○	△	X	「소득세법」 이자소득금액
21	⑤	○	△	X	「소득세법」 기타소득
22	④	○	△	X	「소득세법」 사업소득금액
23	⑤	○	△	X	「소득세법」 총급여액
24	⑤	○	△	X	「소득세법」 소득금액계산의 특례
25	④	○	△	X	「소득세법」 연금소득 및 퇴직소득
26	②	○	△	X	「소득세법」 퇴직소득금액
27	⑤	○	△	X	「소득세법」 종합소득의 신고, 납부 및 징수
28	③	○	△	X	「소득세법」 인적공제액
29	③	○	△	X	「소득세법」 양도소득금액
30	⑤	○	△	X	「부가가치세법」 과세대상
31	④	○	△	X	「부가가치세법」 과세표준
32	④	○	△	X	「부가가치세법」 면세와 영세율
33	④	○	△	X	「부가가치세법」 과세표준
34	④	○	△	X	「부가가치세법」 매입세액공제 및 납부세액
35	⑤	○	△	X	「부가가치세법」 세금계산서
36	②	○	△	X	「부가가치세법」 매입세액으로 공제할 수 있는 금액
37	②	○	△	X	「부가가치세법」 종합
38	④	○	△	X	「상속세 및 증여세법」 종합
39	⑤	○	△	X	「상속세 및 증여세법」 주식
40	⑤	○	△	X	「종합부동산세법」 종합

01 ② ② 원천징수하는 소득세·법인세는 소득금액 또는 수입금액을 지급하는 때에 납세의무의 성립과 확정이 이루어진다.

① 무신고가산세의 납세의무 성립시기는 법정신고기한이 경과하는 때이다.

③ 국세의 징수를 목적으로 하는 국가의 권리는 이를 행사할 수 있는 때부터 다음의 구분에 따른 기간 동안 행사하지 아니하면 소멸시효가 완성된다.

1. 5억원 이상의 국세: 10년

2. 1 외의 국세: 5년

④ 사기로 부가가치세를 포탈한 경우 그 부가가치세를 부과할 수 있는 날부터 10년의 기간이 끝난 날 이후에는 부과할 수 없다.

02 ③ ① 분할로 법인이 소멸하는 경우 분할신설법인과 분할합병의 상대방 법인은 분할법인에 부과되거나 분할법인이 납부하여야 할 국세 및 강제징수비에 대하여 분할로 승계된 재산가액을 한도로 연대하여 납부할 의무가 있다.

② 상속인 및 수유자는 납세의무를 승계한다.

④ 이의신청, 심사청구, 심판청구, 「감사원법」에 따른 심사청구 또는 「행정소송법」에 따른 소송에 대한 결정이나 판결이 확정됨에 따라 그 결정 또는 판결의 대상이 된 과세표준 또는 세액과 연동된 다른 세목이나 과세기간의 과세표준 또는 세액의 조정이 필요한 경우의 부과제척기간은 결정 또는 판결이 확정된 날부터 1년으로 한다.

⑤ 사업양수인은 사업양도일 이전에 확정된 국세에 대해서만 제2차 납세의무를 진다.

03 ② 경정청구에 의해 국세를 환급하는 경우 환급가산금의 기산일은 '경정청구일'이 아니라 당초 '국세 납부일'이다.

04 ①

구분	채권액	배당액
강제징수비	10,000,000	10,000,000
소액임금채권	10,000,000	10,000,000
증여세(당해세)	80,000,000	80,000,000
담보권설정일(2023년 7월 26일) > 부가가치세 법정기일(2023년 8월 20일)		
피담보채권	60,000,000	60,000,000
기타임금채권	20,000,000	20,000,000
부가가치세	100,000,000	
합계	280,000,000	180,000,000

05 ④ 조세심판원장이 심판청구를 받았을 때에는 조세심판관회의가 심리를 거쳐 결정한다. 다만, 심판청구의 대상이 대통령령으로 정하는 금액에 미치지 못하는 소액[3천만원(지방세의 경우는 1천만원)]이거나 경미한 것인 경우나 청구기간이 지난 후에 심판청구를 받은 경우에는 조세심판관회의의 심리를 거치지 아니하고 주심조세심판관이 심리하여 결정할 수 있다.

비교 정리하면, 심사청구에 대한 결정의 주체가 국세심사위원회가 아니라 국세청장인 반면, 심판청구에 대한 결정의 주체는 조세심판원장이 아닌 조세심판관회의 또는 조세심판관합동회의이다.

06 ②

구분	금액	근거
감자대가	40,000,000	2,000주 × 20,000
취득원가	8,500,000	1,000주 × 0 + 1,000 × 8,500*
의제배당	31,500,000	

감자결의일부터 2년 이내에 과세되지 않은 무상주가 있는 경우 과세되지 않은 무상주가 먼저 소각된 것으로 보며 그 주식 등의 당초 취득가액은 '0'으로 함

* 10,000 × 70%(= 7,000주/10,000주) + 5,000 × 30%(= 3,000주/10,000주) = 8,500

07 ①

[1단계] 회사계상액 - 상각범위액(정액법, 5년)

20,000,000 - 24,000,000 = △4,000,000 (손금산입, △유보)

[2단계] 업무미사용금액 손금불산입

취득 관련 비용	유지 관련 비용	업무사용비율	업무사용금액	업무외사용금액
24,000,000	6,000,000	50%*	15,000,000	15,000,000

* 업무사용비율 = 15,000,000/30,000,000 = 50%

[3단계] 감가상각비 연간한도 초과

24,000,000 × 50% - 8,000,000 = 4,000,000 (손금불산입, 유보)

업무용 승용차(B)와 관련된 유보잔액: △4,000,000 + 4,000,000 = 0

08 ①

① 소액미술품 손금산입 규정은 해당 미술품 등의 취득가액이 거래단위별로 1천만원 이하인 것으로 한정한다. 다만, 결산조정사항이므로 자산으로 처리한 경우에는 별도의 세무조정이 필요하지 않다.

② 채무면제이익 3천만원을 익금에 산입하여야 한다.

③ 다음의 단기 소모성 자산에 대해서는 이를 그 사업에 사용한 날이 속하는 사업연도의 손금으로 계상한 것에 한하여 이를 손금에 산입한다.

> ① 어업에 사용되는 어구(어선용구 포함)
> ② 영화필름, 공구, 가구, 전기기구, 가스기기, 가정용 기구·비품, 시계, 시험기기, 측정기기 및 간판
>   → (주의) 금형은 제외한다.
> ③ 대여사업용 비디오테이프 및 음악용 콤팩트디스크로서 개별자산의 취득가액이 30만원 미만인 것
> ④ 전화기(휴대용 전화기를 포함) 및 개인용 컴퓨터(그 주변기기를 포함)

④ 지분율 1% 이상인 경우에는 소액주주에 해당하지 아니한다.

⑤ 단기금융자산등의 취득 시 발생하는 부대비용은 취득원가에 가산하지 아니한다. 따라서 손금산입하여야 한다.

09 ④ 수입배당금 익금불산입

수입배당금	지급이자 배제	비율	익금불산입
20,000,000	12,000,000 × 3,650억원 ÷ 36,500억원 = 1,200,000	100%	18,800,000

배당금 지급법인별로 계산하여야 하므로, 중간배당금과 기말배당금은 모두 합산하여 계산하여야 한다.

수입배당금액의 익금불산입 계산 시 차감하는 지급이자에는 이미 손금불산입된 금액과 연지급수입의 지급이자는 제외한다.

10 ⑤ 임원에게 주택자금을 대여한 경우 적정이자를 수취하더라도 업무무관가지급금에 해당하므로 지급이자 손금불산입 규정은 적용된다.

11 ③ 출자공동사업자 사이에는 출자비율에 따라 경비를 안분한다.

12 ⑤ ⑤ 재고자산평가방법을 신고하지 않은 법인이 재고자산평가방법을 신고하고자 할 때는 재고자산평가방법 변경신고를 준용한다. 따라서 2023년 9월 30일(평가방법을 적용하려는 사업연도의 종료일 전 3개월이 되는 날까지)까지 변경신고를 하여야 한다.
① 주식 등을 발행한 법인이 파산한 경우의 해당 주식 등의 장부가액은 특수관계 여부와 관계없이 사업연도 종료일 현재의 시가로 감액하고 그 감액한 금액을 해당 사업연도의 손비로 계상할 수 있다.
② 일반법인의 비화폐성 외화자산·부채는 평가(환산)하지 않는다.
③ 기준내용연수의 50% 이상이 경과된 중고자산을 다른 법인 또는 개인사업자로부터 취득한 경우에는 수정내용연수를 적용할 수 있다. 이때 수정내용연수는 기준내용연수의 50%로 하되 1년 미만은 없는 것으로 한다. 그 하한선의 적용은 다음과 같다.
  • 5년 × 50% = 2.5 → 2년 ~ 5년
④ 신규 취득자산의 상각월수 계산 시 1월 미만의 일수는 1월로 본다. → 6개월(7월 ~ 12월)

13 ③ 1. 의제기부금(고가매입)
150,000,000 − 100,000,000 × 130% = 20,000,000 (→ 특례기부금)
[손금산입] 토지 20,000,000 (△유보)
2. 기준금액 = 100,000,000 + 10,000,000(법인세) − 20,000,000(고가매입) + 25,000,000(특례)
   + 10,000,000(일반) − 25,000,000(이월결손금) = 100,000,000
3. 특례기부금

구분	지출액	한도액	전기이월액 손금	한도초과액
전기	10,000,000	10,000,000	10,000,000	-
당기	25,000,000	40,000,000	-	-
합계	35,000,000	50,000,000	10,000,000	-

한도액: 100,000,000 × 50% = 50,000,000
4. 일반기부금

구분	지출액	한도액	전기이월액 손금	한도초과액
당기	10,000,000	6,500,000		3,500,000

한도액: (100,000,000 − 35,000,000) × 10% = 6,500,000
5. 각사업연도소득금액 = 100,000,000 + 10,000,000 − 20,000,000 − 10,000,000 + 3,500,000
= 83,500,000

14 ② 특수관계가 소멸된 경우에는 부당행위계산부인 규정을 적용할 수 없다. 해당 대여금은 특수관계소멸 시점에 사외유출(상여처분)하여야 한다.

15 ③ 소득금액 변동액 = 3,000,000 - 2,000,000 = 1,000,000 (증가)

가. 업무무관 부동산의 취득을 위해 지출한 금액은 자산으로 처리하며, 보유 중에 발생한 지출한 금액은 손금불산입하고 기타사외유출한다.

| [손금불산입] 토지(취득세) | 1,000,000 | 유보 |
| [손금불산입] 업무무관비용 | 2,000,000 | 기타사외유출 |

나. 현금결제형 주식매수선택권은 권리행사일이 속하는 사업연도의 손금으로 한다.

| [손금산입] 장기미지급비용 | 2,000,000 | △유보 |

다. 파견직원들에게 지급한 직장체육비·직장회식비 등은 손금으로 인정한다. 다만, 공사건설현장의 인건비는 공사원가에 해당하므로 전액 당기 손금처리한다.

16 ① 1. 당기 대손금

(1) 당기 상계액: 중소기업이 아니므로 부도발생일로부터 6개월 경과된 외상매출금은 모두 손금부인한다.

(2) 전기 말 대손금 부인액 중 회수된 금액은 익금불산입하되 당기 대손금과는 상관없다.

(3) 당기 대손금은 없다.

2. 대손금 유보

기초	감소	증가	기말
3,000,000	2,000,000	5,000,000	6,000,000

3. 대손충당금 한도초과액

구분	금액	근거
회사계상액	X	
한도액	6,060,000	(500,000,000 + 100,000,000 + 6,000,000) × 1%(대손실적률 없음)
한도초과액	1,940,000	

∴ X = 8,000,000

17 ③ 1. 재고자산변경신고는 사업연도종료일로부터 3개월 이전에 신고하여야 그 해당 사업연도부터 효력이 인정된다.
2. 2023. 10. 7.에 변경신고하였으므로, 2023 사업연도에는 변경되지 아니한다. 따라서 제품과 재공품 평가는 임의변경에 해당하며, 세법상 재고자산 가액은 Max[당초 신고한 방법, 선입선출법]으로 한다.
3. 단순착오는 차이금액만 익금산입한다. (원재료)
4. 저장품은 평가방법을 신고하지 않았으므로 선입선출법으로 평가한다.
    (1) 세무상 평가방법 및 평가금액

        원재료   총평균법(당초 신고)   =   51,000,000
        재공품   Max[선입선출법, 선입선출법] =   76,000,000
        제품   Max[선입선출법, 후입선출법] = 120,000,000
        저장품   선입선출법(무신고)   =   32,000,000

    (2) 세무조정

구분	상황	장부상 평가	세무상 평가	차이조정
원재료	단순착오	50,000,000	51,000,000	1,000,000
재공품	임의변경	73,000,000	76,000,000	3,000,000
제품	임의변경	116,000,000	120,000,000	4,000,000
저장품	무신고	31,000,000	32,000,000	1,000,000
합계				9,000,000

18 ⑤ ⑤ 내국법인이 사실과 다른 회계처리로 인하여 경정을 받음으로써 각 사업연도의 법인세에서 과다 납부한 세액을 공제하는 경우 그 공제하는 금액은 과다 납부한 세액의 20%를 한도로 하며, 공제 후 남아 있는 과다 납부한 세액은 이후 사업연도에 이월하여 공제한다.
① 재해손실세액공제신청서 제출기한은 다음과 같다.
- 과세표준신고기한이 경과되지 아니한 법인세의 경우에는 그 신고기한. 다만, 재해발생일부터 신고기한까지의 기간이 3월 미만인 경우에는 재해발생일부터 3월
- 과세표준신고기한이 경과한 법인세의 경우에는 재해발생일 현재 미납된 법인세와 납부하여야 할 법인세의 경우에는 재해발생일부터 3월
② 재해발생일 현재 부과되지 아니한 법인세도 공제대상에 포함한다.
③ 국외사업장이 2개 이상의 국가에 있는 경우 국가별로 구분하여 한도를 계산한다.
④ 외국납부세액 이월공제기간은 10년으로 하고 기한 내 공제받지 못한 이월세액은 공제기간 종료 다음 과세연도에 손금산입한다.

19 ④

구분	금액	계산근거
이자·배당소득	100,000,000	(80,000,000 + 20,000,000) × 100%
기타수익사업소득	70,000,000	[100,000,000 - Min(100,000,000 × 80%, 10,000,000) - 20,000,000] × 100%
합계	170,000,000	

20 ①

구분	금액	내용
1. 저축성보험	12,000,000	100,000,000 - 88,000,000
2. 연체이자	-	사업소득
3. 보유기간 이자	10,000,000	매매차익 중 보유기간 이자만 과세
4. 파생결합사채로부터의 이익	-	파생결합사채로부터의 이익은 2024년까지는 배당소득으로 과세함(2025년부터 이자소득으로 과세)
5. 비영업대금의 이익	2,000,000	42,000,000 - 40,000,000
합계	24,000,000	

- 저축성 보험차익: 보험가입기간이 10년 미만인 경우에는 과세된다.
- 채권을 양도하는 경우 발생한 채권의 보유기간 이자 상당액은 채권을 양도하는 때 과세한다. 따라서 2022년 발생분도 채권을 매각하는 때인 2023년 귀속 이자소득에 포함된다.

21 ⑤ 서화·골동품을 양도하고 받은 대가는 기타소득으로 과세하는 것이 원칙이나, 다음과 같이 사업장을 갖추는 경우에는 사업소득으로 과세한다.

   ⊙ 서화·골동품의 거래를 위하여 사업장 등 물적시설(인터넷 등 정보통신망을 이용하여 서화·골동품을 거래할 수 있도록 설정된 가상의 사업장을 포함한다)을 갖춘 경우

   ⊙ 서화·골동품을 거래하기 위한 목적으로 사업자등록을 한 경우

22 ④

구분	금액	근거
당기순이익	230,000,000	
甲의 급여	(+)100,000,000	
이자수익	(-)21,000,000	
의료기기 처분	(-)5,000,000	
초과인출금 지급이자	(+)18,000,000	① 16,000,000(높은 이자율부터 적용) ② 5,000,000 × (876억원 - 730억원)/365억 = 2,000,000
사업소득금액	322,000,000	

23 ⑤

구분	월정액급여	총급여	근거
급여	1,500,000	18,000,000	
상여금	-	4,000,000	
자가운전보조금	50,000	600,000	(250,000 - 200,000) × 12
식사대	200,000	2,400,000	식사를 제공하는 경우로서 별도로 지급된 식사대는 전액 과세
자녀보육수당	300,000	2,400,000	(300,000 - 100,000) × 12
연장근로수당		1,100,000	직전 과세기간 총급여액이 3,000만원 이하이고 월정액급여가 210만원 이하인 생산직 근로자의 연장·야근근로수당: 연 240만원 한도 내 비과세
총급여액	2,050,000	28,500,000	

24 ⑤ ① 거주자 1인과 그의 특수관계인이 공동사업자에 포함되어 있는 경우로서 손익분배비율을 거짓으로 정하는 등 사유가 있는 경우에는 그 특수관계인의 소득금액은 주된 공동사업자의 소득금액으로 본다.
② 다른 종합소득과 결손금을 우선 통산한 후 소급공제 신청할 수 있다.
③ 사업소득에서 발생한 결손금은 그 과세기간의 종합소득과세표준을 계산할 때 근로소득금액·연금소득금액·기타소득금액·이자소득금액·배당소득금액에서 순서대로 공제한다.
④ 출자공동사업자의 배당소득은 부당행위계산부인 규정을 적용할 수 있다.

25 ④ 임원퇴직급여에 한도액 계산 시 총급여액에는 근무기간 중 해외현지법인에 파견되어 국외에서 지급받는 급여는 포함한다.

26 ②

구분	계산	금액
12. 1. 1. ~ 19. 12. 31.	100,000,000* × 30% × 8년 = 240,000,000 * 17. 1. 1. ~ 19. 12. 31. 평균 총급여	240,000,000
20. 1. 1. ~ 23. 12. 31.	140,000,000* × 20% × 4년 = 112,000,000 * 21. 1. 1. ~ 23. 12. 31. 평균 총급여	112,000,000
합계		352,000,000

27 ⑤ ① 「부가가치세법」상 면세사업만을 영위하는 사업자는 사업장 현황신고를 하여야 한다.
② 과세표준확정신고를 하여야 할 거주자가 출국하는 경우에는 출국일이 속하는 과세기간의 과세표준을 출국일 전날까지 신고하여야 한다.
③ 종합소득의 납부할 세액이 1천만원을 초과하는 경우에는 납부기한이 지난 후 2개월 이내에 분할납부할 수 있다.
④ 반기의 마지막 달의 다음 달 10일까지 납부할 수 있다.

28 ③

구분	기본공제	추가공제	비고
본인	O	1,000,000	종합소득금액이 3천만원 이하 + 부양가족이 있는 여성에 해당하므로 부녀자 공제 적용. 그러나 배우자가 없으므로 한부모 공제 적용함
부친	O	1,000,000	사망일 전날을 기준으로 70세 이상이므로 경로우대자공제 기타 식량작물재배업은 사업소득에서 제외함
모친	-	-	종합소득금액 100만원 초과
아들	O	-	
동생	O	2,000,000	장애인공제
합계	6,000,000	4,000,000	10,000,000

29 ③

구분	전체	양도가액(채무인수)
실제양도가액	1,500,000,000	500,000,000
실제취득가액	(-)900,000,000	(-)300,000,000
기타필요경비	(-)24,000,000	(-)8,000,000
양도차익	576,000,000	192,000,000
장기보유특별공제액		(-)19,200,000
양도소득금액		172,800,000

30 ⑤

① 재화의 형식적 이전에 해당하여 재화의 공급으로 보지 않는다.

② 「신탁법」에 따라 수탁자를 변경하는 것도 재화의 공급으로 보지 않는다.

③ 골프장 경영자가 골프장 이용자로부터 일정기간 거치 후 반환하는 입회금을 받은 경우는 재화의 공급으로 보지 않는다. 반대로, 일정기간 거치 후 반환하지 않는 입회금을 받는 경우에는 재화의 공급으로 본다.

④ 외상매출금을 양도하는 것은 재화의 공급으로 보지 않는다. 외상매출채권 자체는 재화로 보지 않기 때문이다.

31 ④

1. 과세·면세 면적 판정

구분	주택	상가
건물	40㎡	60㎡
부수토지	(60 + 40) × 40/100 × 5 = 200	(60 + 40) × 60/100 × 5 + (800 − 500) = 600

2. 총임대료: ① + ② + ③ = 5,809,500

   ① 임대료 $\qquad$ 1,500,000 × 3 = 4,500,000

   ② 간주임대료 $\qquad$ 91,250,000 × 1.8% × 91/365 = 409,500

   ③ 관리비 $\qquad$ 300,000 × 3 = 900,000

3. 건물 및 토지 임대료 기준시가 비율로 안분

   ① 건물 임대료 $\qquad$ 5,809,500 × 1억/5억 = 1,161,900

   ② 토지 임대료 $\qquad$ 5,809,500 × 4억/5억 = 4,647,600

4. 상가건물·토지에 대한 과세표준을 면적비율로 안분

   ① 상가건물 $\qquad$ 1,161,900 × 60% = 697,140

   ② 상가토지 $\qquad$ 4,647,600 × 75% = 3,485,700

5. 과세표준 = 697,140 + 3,485,700 = 4,182,840

32 ④ ① 국내사업장에서 계약하고 대가를 수령한 위탁판매수출(물품 등을 무환으로 수출하여 해당 물품이 판매된 범위에서 대금을 결제하는 계약에 의한 수출)을 하고 판매대금을 외화로 수령하는 경우에는 영세율을 적용한다. 이 경우 대금결제방식과 무관하므로 원화로 수령하더라도 영세율을 적용한다.

② 내국신용장에 의해 공급되는 재화(금지금은 제외)는 공급받는 자인 비거주자가 지정하는 사업자에게 인도하는 경우에 관계없이 영세율을 적용한다.

③ 우리나라에서 생산되어 식용으로 제공되지 않는 관상용의 거북이, 새·열대어·금붕어 및 갯지렁이에 대하여는 면세하나, 외국산은 과세한다.

⑤ 국내사업장 없는 비거주자나 외국법인에게 상품 중개용역을 제공하고 용역대금을 외화로 받는 경우에 영세율을 적용한다.

33 ④

구분	과세표준	근거
1월 4일		상품권 판매 관련 공급시기: 재화가 실제로 인도되는 때
1월 25일	10,000,000	부당행위계산부인 적용(시가로 계산함)
2월 5일	48,500,000	30,000 × 950원 + 20,000 × 1,000원 외화의 환산 ① 공급시기가 되기 전에 원화로 환가한 경우: 환가한 금액 ② 공급시기 이후에 외국통화나 그 밖의 외국환 상태로 보유하거나 지급받는 경우: 공급시기의 기준환율 등에 따라 계산한 금액
2월 15일	17,000,000	선발급세금계산서를 인정하여, 세금계산서를 발급한 때를 공급시기로 함
3월 3일	6,000,000	판매목적 타사업장에 반출 시 공급가액 ① 원칙: 취득가액 ② 취득가액에 일정액을 더하여 공급하여 자기의 다른 사업장에 반출하는 경우: 그 취득가액에 일정액을 더한 금액
3월 20일	-	지방자치단체에 무상으로 공급하는 재화는 면세
계	81,500,000	

34 ④ 공급시기가 속하는 과세기간이 끝난 후 20일 이내에 사업자 등록을 신청한 경우 등록신청일부터 공급시기가 속하는 과세기간 기산일(1월 1일 또는 7월 1일)까지 역산한 기간 내의 매입세액은 공제받을 수 있다.

35 ⑤ ⑤ 미용, 욕탕 및 유사 서비스업을 경영하는 자가 공급하는 재화 또는 용역에 대해서는 공급받은 자가 사업자등록증을 제시하고 세금계산서 발급을 요구하더라도 세금계산서를 발급할 수 없다.

② 사업자가 재화 또는 용역의 공급시기가 되기 전에 세금계산서를 발급하고 그 세금계산서 발급일부터 7일 이내에 대가를 받으면 해당 세금계산서를 발급한 때를 재화 또는 용역의 공급시기로 본다.

④ 거래처별로 1역월 이내에서 사업자가 임의로 정한 기간의 공급가액을 합하여 그 기간의 종료일을 작성 연월일로 하여 세금계산서를 발급할 수 있다.

36 ②

구분	예정신고	확정신고
기계장치	2,000,000 × 50% = 1,000,000	2,000,000 × 55% - 1,000,000 = 100,000
공장건물	-	5,000,000 × 80% × 55% = 2,200,000
원재료	-	-
합계	1,000,000	2,300,000

① 기계장치: 예정신고와 확정신고 시 정산
② 건물: 과세사업 전환 → 확정신고 시에만 적용함
③ 원재료: 과세사업 전환 → 감가상각자산만 적용하므로 적용대상 아님

37 ② 직전 과세기간 공급가액의 합계액이 1억 5천만원 미만인 법인사업자도 예정고지한다.

38 ④ ① 증여 당시의 가액으로 평가한다.
　　② 상속세를 부과하지 아니한다. 비과세와 상속세 과세가액에 산입하지 아니하는 것은 다른 개념이다.
　　③ 상속세 비과세대상이다.
　　⑤ 영리법인은 법인세가 부과되며, 상속세 납세의무자가 아니다.

39 ⑤ 1. 1주당 순자산가치
　　　　(30억원 - 20억원) ÷ 100,000주 = 10,000원
　　2. 1주당 순손익가치
　　　　[900 × (1/6) + 1,200 × (2/6) + 1,500 × (3/6)] ÷ 10% = 13,000원
　　3. 1주당 가치 = 10,000 × 40% + 13,000 × 60% = 11,800원
　　4. 상속재산 = 11,800 × 5,000 = 59,000,000원

40 ⑤ 법인은 소유한 주택의 공시가격 합산금액에 관계없이 종합부동산세를 납부하여야 한다.

모의고사 분석표

● 직접 작성한 OMR 답안지와 모의고사 분석표의 정답을 대조하여 채점해 보며 본인의 학습상태를 점검해 보시길 바랍니다.
★ 채점 시 ○[정확하게 맞음] / △[찍었는데 맞음] / X[틀림]로 구분하여 채점해 주세요.

구분	정답	채점★			출제 포인트
01	④	○	△	X	「국세기본법」 국세부과 및 세법적용의 원칙
02	④	○	△	X	「국세기본법」 납세의무의 성립, 확정 및 소멸
03	⑤	○	△	X	「국세기본법」 국세우선권
04	④	○	△	X	「국세기본법」 국세환급금
05	③	○	△	X	「국세기본법」 과세전적부심사
06	⑤	○	△	X	「법인세법」 사업연도와 납세지
07	②	○	△	X	「법인세법」 소득금액조정합계표
08	④	○	△	X	「법인세법」 세무조정 및 소득처분
09	⑤	○	△	X	「법인세법」 접대비 한도초과액
10	①	○	△	X	「법인세법」 과세표준금액
11	①	○	△	X	「법인세법」 자산·부채의 평가 및 손익의 귀속시기
12	③	○	△	X	「법인세법」 기계장치의 감가상각범위액
13	⑤	○	△	X	「법인세법」 세무조정이 각사업연도소득금액에 미치는 영향
14	④	○	△	X	「법인세법」 확정급여형 퇴직연금충당금
15	③	○	△	X	「법인세법」 신고조정 대손사유
16	③	○	△	X	「법인세법」 과세표준의 계산
17	③	○	△	X	「법인세법」 외국납부세액공제액
18	②	○	△	X	「법인세법」 「조세특례제한법」상 세액공제액
19	④	○	△	X	「법인세법」 중간예납
20	③	○	△	X	「소득세법」 거주자 및 납세지
21	④	○	△	X	「소득세법」 이자 및 배당소득
22	②	○	△	X	「소득세법」 사업소득금액
23	⑤	○	△	X	「소득세법」 근로소득금액
24	④	○	△	X	「소득세법」 양도소득과세표준
25	⑤	○	△	X	「소득세법」 기타소득금액
26	⑤	○	△	X	「소득세법」 소득금액 및 세액의 계산
27	④	○	△	X	「소득세법」 종합소득공제액
28	①	○	△	X	「소득세법」 양도소득세
29	④	○	△	X	「소득세법」 종합소득 및 퇴직소득에 대한 신고, 납부 및 징수
30	②	○	△	X	「부가가치세법」 과세표준
31	④	○	△	X	「부가가치세법」 사업장 및 사업자등록
32	⑤	○	△	X	「부가가치세법」 면세
33	③	○	△	X	「부가가치세법」 납세의무
34	④	○	△	X	「부가가치세법」 매입세액공제액
35	②	○	△	X	「부가가치세법」 부동산 양도
36	③	○	△	X	「부가가치세법」 간이과세자
37	②	○	△	X	「부가가치세법」 신고와 환급
38	③	○	△	X	「상속세 및 증여세법」 종합
39	③	○	△	X	「상속세 및 증여세법」 과세가액
40	⑤	○	△	X	「지방세법」 부동산 취득 세율

01 ④ 국세를 납부할 의무(세법에 징수의무자가 따로 규정되어 있는 국세의 경우에는 이를 징수하여 납부할 의무)가 성립한 소득, 수익, 재산, 행위 또는 거래에 대해서는 그 성립 후의 새로운 세법에 따라 소급하여 과세하지 아니한다.

02 ④ ① 원천징수하는 소득세 또는 법인세는 소득금액 또는 수입금액을 지급하는 때에 납세의무가 성립하며, 동시에 특별한 절차 없이 납세의무가 확정된다.
② 세법에 따라 확정된 세액을 증가시키는 경정은 당초 확정된 세액에 관한 「국세기본법」 또는 세법에서 규정하는 권리·의무관계에 영향을 미치지 아니한다.
③ 역외탈세(역외거래에서 부정행위로 국세를 포탈)의 경우 부과제척기간은 15년이다.
⑤ 과세예고통지는 소멸시효 중단 사유가 아니다.

03 ⑤ 세무서장은 그 행위(사해행위)의 취소를 법원에 청구할 수 있다.

04 ④ 세무서장은 국세환급금에 관한 권리의 양도 요구가 있는 경우에 양도인 또는 양수인이 납부할 국세 및 강제징수비가 있으면 그 국세 및 강제징수비에 충당하고, 남은 금액에 대해서는 양도의 요구에 지체 없이 따라야 한다.

05 ③ 세무조사 결과 통지 및 과세예고통지를 하는 날부터 국세부과 제척기간의 만료일까지의 기간이 3개월 이하인 경우에 과세전적부심사청구가 배제된다.

06 ⑤ 원천징수한 법인세의 납세지는 해당 원천징수의무자의 소재지로 한다. (예를 들면, 원천징수의무자의 본점 또는 주사무소 등)

07 ② 가산조정금액 - 차감조정금액 : 4,800,000 - 3,850,000 = 950,000

가산조정		차감조정	
(2) 접대비 한도초과액	3,000,000	(4) 자산수증이익(이월결손금 보전)	2,000,000
		(5) 환급금이자	50,000
(7) 평가이익	1,800,000	(7) 금융자산	1,800,000
합계	4,800,000	합계	3,850,000

• 기부금한도초과액은 소득금액조정합계표에 작성되지 않으므로 반영하지 않는다.
• 채무면제이익 또는 자산수증이익을 이월결손금 보전에 충당할 경우에는 익금불산입한다. 이때 이월결손금은 공제가능기간에 관계없다.
• 자기주식소각이익은 익금불산입항목이므로 별도의 세무조정이 없다.

08 ④ ① 교환으로 취득하는 자산의 취득원가는 교환으로 취득한 자산의 시가이다. 따라서 손금산입 200,000(△유보)로 처리한다.

② 전기 말에 손금불산입 250,000(유보)로 처리하고, 당기에는 손금산입(익금불산입) 250,000(△유보)로 처리하여야 한다. 당기손익에 반영된 금액이 '0'이고 각 사업연도소득에는 △250,000원을 반영하여야 하기 때문이다.

③ 잉여금처분액을 결산에 손비로 계상한 경우에는 손금불산입한다. 그러나 잉여금처분액을 잉여금처분계산서에 반영한 경우에는 별도의 세무조정은 필요 없다.

⑤ 실제 발생한 손해액이 분명하지 아니한 경우에는 2/3금액만 손금불산입한다.

09 ⑤ 1. 접대비 해당액: 80,000,000 - 5,000,000(주주가 부담할 접대비) + 5,000,000(고객단체) = 80,000,000
2. 접대비 한도액

구분	금액	근거
1. 일반접대비	56,000,000	36,000,000 + 60억 × 0.3% + (40억 × 0.3% + 40억 × 0.2%) × 10%
2. 문화접대비	11,200,000	Min(12,000,000, 56,000,000 × 20%)
합계	67,200,000	

전기 매출누락액을 당기 매출액에 포함한 것은 기업회계상 당기 매출액에 포함되지 아니한다.
간주공급은 기업회계기준상 매출액이 아니므로 수입금액에 포함하지 않는다.
3. 접대비 한도초과액: 80,000,000 - 67,200,000 = 12,800,000

10 ① 1. 의제기부금(저가양도)
80,000,000 × 70% - 40,000,000 = 16,000,000 (→ 특례기부금)
2. 차가감소득금액 = 20,000,000 + 12,000,000 - 15,000,000 + 3,000,000(비지정) = 20,000,000
3. 기준금액
20,000,000 + 20,000,000(특례) - Min(40,000,000 × 60%, 20,000,000) = 20,000,000
4. 특례기부금

구분	지출액	한도액	전기이월액 손금	한도초과액
당기	20,000,000	10,000,000	-	10,000,000

한도액: 20,000,000 × 50% = 10,000,000
5. 과세표준금액
20,000,000 + 10,000,000 - Min(30,000,000 × 80%, 20,000,000) = 10,000,000

11 ① ② 취득원가에 포함한다. → 취득원가에 포함하지 아니한다.
③ 익금 또는 손금에 산입한다. → 익금 또는 손금에 산입하지 아니한다.
④ (단기매매증권 및 파생상품의 취득가액에는 부대비용을) 더한다. → 더하지 않는다.
⑤ 장부가액 → 시가

12 ③ 세무상 미상각잔액 × 당초 신고내용연수(정률법)
(100,000,000 - 35,000,000 + 10,000,000) × 0.313 = 23,475,000

13 ⑤ 1. 사용수익기부자산의 취득원가

[손금산입] 사용수익기부자산   20,000,000   (△유보)

금전 외의 자산을 국가 또는 지방자치단체, 특례 또는 일반기부금 단체에게 기부한 후 그 자산을 사용하거나 그 자산으로부터 수익을 얻는 경우 그 자산의 취득가액은 장부가액으로 한다.

     2. 사용수익자산의 감가상각비 시부인

(1) 1단계: $10,000,000 \times \dfrac{20,000,000}{100,000,000} = 2,000,000$

(2) 2단계

구분	금액	계산근거
회사계상액	8,000,000	10,000,000 - 2,000,000
상각범위액	8,000,000	(100,000,000 - 20,000,000) × 0.2 × 6/12
상각부인액	-	

[손금불산입] 사용수익기부자산 감가상각비   2,000,000   (유보)

     3. 각 사업연도 소득금액에 미치는 영향: (-)20,000,000 + 2,000,000 = (-)18,000,000

14 ④ 1. 퇴직연금충당금 한도액: Min[추계액 기준, 운용자산 기준] = 21,000,000

구분	추계액 기준	운용자산 기준
① 퇴직급여추계액(운용자산)	120,000,000	120,000,000
② 세무상 퇴직급여충당금 잔액	(-)10,000,000	-
③ 퇴직연금충당금 설정 전 잔액	(-)89,000,000	(-)89,000,000
한도액	21,000,000	31,000,000

- ② 세무상 퇴직급여충당금 잔액 = 30,000,000 - (20,000,000 - 10,000,000) - 10,000,000
- ③ 퇴직연금충당금 설정 전 잔액 = 99,000,000 - 10,000,000(지급액)

     2. 퇴직연금충당금 세무조정: 0 - 21,000,000 = △21,000,000 (신고조정)

     3. 퇴직연금충당금 유보

△99,000,000(기초) - △10,000,000(지급액) + △21,000,000 = △110,000,000

15 ③

강제신고조정사항	결산조정사항
① 「민법」·「상법」·「어음법」·「수표법」에 따라 소멸시효가 완성된 채권	① 채무자의 파산·강제집행·사업폐지·사망·실종·행방불명 등으로 인하여 회수할 수 없는 채권
② 「채무자회생 및 파산에 관한 법률」에 따른 회생계획인가의 결정 또는 법원의 면책결정에 따라 회수불능으로 확정된 채권	② 「민사소송법」에 따른 화해 결정 및 화해권고 결정에 따라 회수불능으로 확정된 채권
③ 「민사집행법」의 규정에 따라 채무자의 재산에 대한 경매가 취소된 압류채권	③ 부도발생일로부터 6개월 이상 지난 어음·수표·중소기업의 외상매출금(부도발생일 이전의 것에 한함, 저당권설정 채권 제외)으로 1,000원을 공제한 금액
④ 「서민의 금융생활 지원에 관한 법률」에 따른 채무조정을 받아 신용회복지원협약에 따라 면책으로 확정된 채권	④ 회수기일이 6개월 이상 지난 채권 중 30만원(채무자별 채권가액의 합계액을 기준으로 함) 이하의 채권
⑤ 법인이 다른 법인과 합병하거나 분할하는 경우로서 결산조정사항에 해당하는 채권을 합병등기일 또는 분할등기일이 속하는 사업연도까지 손금으로 계상하지 않은 경우 그 대손금은 해당 법인의 합병등기일 또는 분할등기일이 속하는 사업연도의 손금으로 한다.	⑤ 중소기업창업투자회사의 창업자에 대한 채권으로서 중소벤처기업부장관이 기획재정부장관과 협의하여 정한 기준에 해당한다고 인정한 것
	⑥ 금융회사의 채권 중 감독기관 등의 대손 승인을 받은 채권
	⑦ 중소기업의 외상매출금 등(미수금 포함)으로서 거래일로부터 2년이 경과한 외상매출금 등. 다만, 특수관계인과의 거래로 인하여 발생한 외상매출금 등은 제외

16 ③

① 비과세소득 및 소득공제액은 이월하여 공제할 수 없다.

② 추계로 각 사업연도소득금액을 계산하는 경우에는 이월결손금을 공제하지 않으나, 천재지변 등으로 장부가 멸실되어 추계하는 경우에는 그러하지 않다.

④ 법인은 합병 시 승계한 이월결손금을 자산수증이익 및 채무면제이익으로 보전할 수 없다.

⑤ 직전 사업연도 법인세액에는 토지 등 양도소득에 대한 법인세 및 가산세는 제외한다. 참고로 중간예납세액을 계산할 때는 가산세를 포함한다.

17 ③

1. 과세표준: $100,000,000 + 200,000^{*1)} + 300,000^{*2)} = 100,500,000$

   $^{*1)}$ 직접외국납부세액: 200,000

   $^{*2)}$ 간접외국납부세액: $600,000 \times \dfrac{1,200,000}{3,000,000 - 600,000} = 300,000$

2. 산출세액: $100,500,000 \times 9\% = 9,045,000$

3. 외국납부세액공제액: Min(①, ②) = 135,000

   ① 외국법인세액: $200,000 + 300,000 = 500,000$

   ② 한도액: $9,045,000 \times \dfrac{1,200,000 + 300,000}{100,500,000} = 135,000$

   • 간접외국납부세액은 익금에 산입되므로 국외원천소득에 합산한다.

18 ② 1. 결정세액

구분	감면 후 세액	최저한세 계산	재계산
1. 「조세특례제한법」상 손금산입		8,000,000	8,000,000
2. 과세표준	195,000,000	203,000,000	203,000,000
× 세율	× 9%(19%)	× 7%	× 9%(19%)
3. 산출세액	17,550,000	14,210,000	18,570,000
4. 근로소득증대 세액공제	(-)8,000,000		(-)4,360,000
5. 감면 후 세액	9,550,000		14,210,000
6. 외국납부세액공제			(-)1,000,000
7. 연구·인력개발비세액공제			(-)1,000,000
8. 결정세액			12,210,000

2. 감면 배제해야 할 금액

적용배제 순서	배제되는 세액	계산근거
① 손금산입	1,020,000	5,000,000 × 9% + 3,000,000 × 19%
② 세액공제	3,640,000	8,000,000 - 4,360,000(근로소득 증대 세액공제)
합계	4,660,000	14,210,000 - 9,550,000

3. 「조세특례제한법」상 공제가능 세액공제액: 4,360,000 + 1,000,000 = 5,360,000

19 ④ ① 해당 중간예납기간의 법인세액을 기준으로 하는 방법

$$\left[\text{과세표준} \times \frac{12}{6} \times \text{세율} \right] \times \frac{6}{12} - \text{감면공제세액} - \text{기납부세액}$$

- 기납부세액: 원천징수세액, 해당 중간예납기간에 법인세로서 부과한 수시부과세액
② 내국법인이 납부하여야 할 중간예납세액의 일부를 납부하지 아니한 경우 신고불성실가산세는 적용하지 않으나 납부지연가산세는 적용한다.
③ 모든 내국법인 → 중소기업에 한함
⑤ 중간예납의무자는 중간예납기간이 지난 날부터 2개월 이내에 중간예납세액을 신고·납부하여야 한다.

20 ③ 주소지가 2 이상인 때에는 「주민등록법」에 의하여 등록된 곳을 납세지로 하고, 거소지가 2 이상인 때에는 생활관계가 보다 밀접한 곳을 납세지로 한다.

21 ④

구분	이자	배당	비고
(1) 정기예금이자	10,000,000	-	14%
(2) 비영업대금 이익	5,000,000	-	14%
(3) 비영업대금 이익	5,000,000	-	원천징수되지 않음
(4) 내국법인 배당	-	7,000,000(G)	14%
(5) 집합투자기구	-	3,000,000	14%
합계	20,000,000	10,000,000	30,000,000

- Gross-up 금액 = Min(7,000,000, 30,000,000 - 20,000,000) × 11% = 770,000
- 종합과세되는 금융소득금액 = 30,000,000 + 770,000 + 5,000,000 = 35,770,000
- 원천징수세액 = (5,000,000 + 10,000,000 + 7,000,000 + 3,000,000) × 14% + 5,000,000 × 25%
  = 4,750,000

22 ②

구분	금액	근거
소득세비용차감전순이익	51,000,000	
위탁상품 매출액	(-)800,000	수탁자가 판매한 날이 수입시기임
유형자산처분이익	(-)5,000,000	간편장부대상자는 비품 등 유형자산처분이익을 과세하지 아니함
건물 감가상각 한도초과액	(-)200,000	1,000,000 - 1,200,000 = (-)200,000 → 시인부족액
기계장치 전기부인액	(-)300,000	
사업소득금액	44,700,000	

- 간편장부대상자의 유형자산처분손익은 사업소득에 포함하지 않고 관련유보도 소멸시킨다. 그러나 간편장부대상자가 시설개체를 위해 유형자산을 폐기하는 때에는 관련 손익(폐기 또는 처분손익)을 사업소득에 포함한다. 이 경우 법인사업자가 유형자산을 처분하는 경우와 마찬가지로 관련 유보금액만 추인하고 시부인 계산은 하지 않는다.

23 ⑤

구분	㈜A	㈜B	근거
급여	12,000,000	15,000,000	
상여	2,000,000		
업무추진비	3,600,000		기밀비명목으로 지급받은 것은 근로소득에 포함됨
식대	-	900,000	150,000 × 6 (B로부터는 식사를 제공받음)
숙직비	-		실비변상정도의 금액은 비과세(일직료, 숙직료, 여비)
자가운전보조금		600,000	별도 여비를 수령하지 않으므로 월 20만원 비과세
건강검진 등		6,500,000	500,000 + 3,000,000 + 3,000,000
합계	17,600,000	23,000,000	근로소득공제는 총급여합계를 기준으로 적용함
근로소득금액	40,600,000(= 17,600,000 + 23,000,000) - 11,340,000 = 29,260,000		

24 ④

구분	금액
1. 양도가액	70,000,000
2. 취득가액	
3. 기타 필요경비	(15,000,000)[*1]
4. 양도차익	55,000,000
5. 장기보유특별공제	(5,500,000)[*2]
6. 양도소득금액	49,500,000
7. 양도소득기본공제	(2,500,000)
8. 양도소득과세표준	47,000,000

[*1] 취득가액을 환산취득가액으로 하는 경우에는 세부담 최소화 가정인 경우 Max[①, ②]를 필요경비로 한다.

① 환산취득가액 + 필요경비개산공제액: $70,000,000 \times \dfrac{10,000,000}{50,000,000} + 10,000,000 \times 3\% = 14,300,000$

② 자본적 지출액 + 양도비용: $13,000,000 + 2,000,000 = 15,000,000$

[*2] $55,000,000 \times 10\%$(5년 이상 6년 미만) = 5,500,000

25 ⑤

구분	금액	근거
(1) 공익사업 지역권설정	800,000	2,000,000 - Max[1,000,000, 2,000,000 × 60%]
(2) 시간강사료	1,000,000	2,500,000 × (1 - 60%)
(3) 원고료	200,000	500,000 × (1 - 60%)
(4) 상표권 양도대가	1,400,000	3,500,000 - Max[1,500,000, 3,500,000 × 60%]
(5) 직무발명보상금	2,000,000	연간 500만원 이하는 비과세(7,000,000 - 5,000,000)
(6) 공익법인 상금	600,000	3,000,000 × (1 - 80%)
(7) 인정기타소득	1,000,000	
합계	7,000,000	

3개월 이상 출강하고 받은 대가는 근로소득이나 계절학기(2개월) 강사료는 기타소득이다.

26 ⑤ 이월결손금을 공제할 때 종합과세되는 금융소득 중 원천징수세율을 적용받는 부분은 이월결손금의 공제대상에서 제외하며, 그 금융소득 중 기본세율을 적용받는 부분에 대해서는 사업자가 그 소득금액의 범위에서 공제 여부 및 공제금액을 결정할 수 있다.

27 ④   1. 인적공제 = 1,500,000 × 6명 + 5,500,000 = 14,500,000

구분	기본공제	추가공제	비고
본인	○	500,000	부녀자공제(종합소득금액 3,000만원 이하)
배우자	○	2,000,000	비과세 급여만 있음
부친	○	1,000,000	분리과세소득, 경로우대자
모친	○		비과세 소득
장남	○		
장녀	○	2,000,000	장애인

  2. 연금보험료공제: 500,000

  3. 특별소득공제: 300,000

  4. 종합소득공제: 1. + 2. + 3. = 15,300,000

* 국민건강보험료 및 노인장기요양보험료는 문제에서 회사가 '대납'하였다는 언급이 없으면 모두 비과세되므로 소득공제대상이 아니다.

28 ①   ㄱ. 해외 주식 양도는 양도소득세 과세대상이다.

     ㄴ. 수용의 경우도 양도소득세 과세대상이다.

     ㄷ. 서화·골동품의 양도는 기타소득 과세대상이다.

     ㄹ. 토지와 함께 양도하는 「개발제한구역의 지정 및 관리에 관한 특별조치법」에 따른 이축권은 양도소득세 과세대상이지만, 이축권 가액을 별도로 평가하여 신고하는 경우에는 기타소득으로 과세한다.

29 ④   분리과세 주택임대소득만 있더라도 과세표준확정신고는 하여야 한다. 다만, 다른 종합소득과 합산하여 과세하지 않을 뿐이다.

30 ②

구분	과세표준	근거
1/5	49,000,000	판매장려금은 과세표준에서 공제하지 아니함
2/16	6,000,000	둘 이상의 과세기간에 걸쳐 공급한 것이 아니므로 임대료 지급일을 공급시기로 함
2/25	8,000,000	6,000,000 + 2,000,000(보전분)
3/23	1,000,000	특수관계인에게 부동산임대용역을 무상으로 제공한 경우에는 과세하며 시가를 공급가액으로 함
합계	64,000,000	

31 ④   사업장 외의 장소도 사업자의 신청에 따라 추가로 사업장으로 등록할 수 있다.

32 ⑤   면세재화의 공급이 영세율 적용 대상인 경우에는 면세의 포기를 신고하여야 영세율을 적용받을 수 있다.

33 ③ ③ 부가가치세 납세의무는 사업자등록 여부와는 관계없다.
① 재화의 수입의 경우 사업자여부와 관계없이 납세의무가 있다.
② 거래징수에 관계없이 부가가치세 납세의무가 있다.
④ 국가·지방자치단체와 지방자치단체조합도 「부가가치세법」상 납세의무자이다.
⑤ 영세율이 적용되므로 「부가가치세법」상 납세의무자에 해당한다.

34 ④

구분	금액	근거
1. 과세사업매입세액	90,000,000	60,000,000 + 30,000,000
2. 공통매입세액	35,000,000	(40,000,000 + 10,000,000) × 70%(과세사업 공급가액 비율)
3. 과세사업전환매입세액	36,750,000	70,000,000 × (1 - 25% × 1) × 70%
합계	161,750,000	

토지조성원가는 토지의 자본적 지출에 해당하므로 매입세액공제대상이 아니다.

35 ②

구분	감정평가액(1차)	감정평가액(2차)	비율
건물(과세)	45,000,000	18,000,000	18%
건물(면세)		27,000,000	27%
부수토지	55,000,000	55,000,000	55%
계	100,000,000	100,000,000	100%

과세사용면적 40% : 면세사용면적 60%
과세표준: 150,000,000 × 18% = 27,000,000

36 ③

구분		세액	근거
납부세액		1,420,000	70,000,000 × 2% + 1,000,000 × 2%
공제세액	세금계산서 등 수취세액공제	176,000	(22,000,000 + 11,000,000 + 2,200,000) × 0.5%
	신용카드매출전표 등 발행세액공제	286,000	(12,000,000 + 10,000,000) × 1.3% 금전등록기 계산서 발행분은 적용하지 않음
	계	462,000	Min[공제세액(462,000), 납부세액(1,420,000)]
예정부과(고지)세액		550,000	
차가감 납부세액(△환급세액)		408,000	

37 ② 2023년 7월 25일이 지난 후 30일 이내에 환급하여야 한다. 즉, 신고납부기한 경과 후 30일 이내 환급하여야 한다.

38 ③ 배우자상속재산 분할기한까지 분할등기하지 아니하더라도 최소 5억원은 공제한다.

39 ③

구분	금액	근거(단위: 백만원)
상속재산	1,000,000,000	
추정상속재산	90,000,000	유가증권: (300 − 150) − Min(300 × 20%, 200) 토지: (1,000 − 800) − Min(1,000 × 20%, 200) ⇒ 해당 없음
사전증여재산	150,000,000	100(상속인 10년 이내) + 50(상속인 이외의 자 5년 이내)
장례비용	(10,000,000)	5(일반장례비용) + 5(봉안비용)
과세가액	1,230,000,000	

40 ⑤ 주택을 증여받는 경우에는 4%의 표준세율에 중과기준세율의 100분의 400을 합한 세율을 적용한다. 즉, 12%의 세율을 적용한다.

제6회 실전동형모의고사

모의고사 분석표

● 직접 작성한 OMR 답안지와 모의고사 분석표의 정답을 대조하여 채점해 보며 본인의 학습상태를 점검해 보시길 바랍니다.
★ 채점 시 ○[정확하게 맞음] / △[찍었는데 맞음] / X [틀림]로 구분하여 채점해 주세요.

구분	정답	채점★			출제 포인트
01	④	○	△	X	「국세기본법」 납세의무자
02	⑤	○	△	X	「국세기본법」 국세부과의 제척기간
03	⑤	○	△	X	「국세기본법」 가산세
04	①	○	△	X	「국세기본법」 납세의무의 성립시기
05	④	○	△	X	「국세기본법」 세무조사
06	③	○	△	X	「법인세법」 납세의무
07	④	○	△	X	「법인세법」 신탁소득
08	②	○	△	X	「법인세법」 자본금과 적립금 조정명세서(을)
09	④	○	△	X	「법인세법」 각 사업연도 소득금액 증감액
10	④	○	△	X	「법인세법」 수입배당금 익금불산입액
11	④	○	△	X	「법인세법」 접대비 관련 세무조정
12	⑤	○	△	X	「법인세법」 감가상각 관련 세무조정
13	④	○	△	X	「법인세법」 손금
14	④	○	△	X	「법인세법」 업무용 승용차
15	④	○	△	X	「법인세법」 자산의 세무상 장부가액 합계액
16	④	○	△	X	「법인세법」 부당행위계산의 부인
17	①	○	△	X	「법인세법」 각 사업연도 소득에 대한 결정세액
18	⑤	○	△	X	「법인세법」 합병매수차익
19	③	○	△	X	「법인세법」 신고와 납부
20	⑤	○	△	X	「소득세법」 납세의무
21	④	○	△	X	「소득세법」 거주자의 소득구분
22	③	○	△	X	「소득세법」 금융소득금액
23	⑤	○	△	X	「소득세법」 총급여액
24	⑤	○	△	X	「소득세법」 공동사업
25	③	○	△	X	「소득세법」 이월결손금
26	⑤	○	△	X	「소득세법」 과세방법
27	①	○	△	X	「소득세법」 퇴직소득산출세액
28	③	○	△	X	「소득세법」 기타소득
29	④	○	△	X	「소득세법」 과세
30	④	○	△	X	「부가가치세법」 납세의무
31	③	○	△	X	「부가가치세법」 과세표준
32	③	○	△	X	「부가가치세법」 영세율과 면세
33	④	○	△	X	「부가가치세법」 과세사업과 면세사업에 공통으로 사용하는 자산
34	③	○	△	X	「부가가치세법」 의제매입세액공제액
35	⑤	○	△	X	「부가가치세법」 세금계산서
36	④	○	△	X	「부가가치세법」 면세사업과 과세사업을 함께 영위하는 법인
37	②	○	△	X	「부가가치세법」 공통매입세액 정산액
38	⑤	○	△	X	「상속세 및 증여세법」 토지의 증여
39	②	○	△	X	「상속세 및 증여세법」 과세표준
40	③	○	△	X	「지방세법」 취득세의 납세의무자

01 ④ 「국세기본법」상 연대납세의무는 한도가 없다. 이와 달리 「소득세법」상 공동사업자의 연대납세의무는 한도가 있다.

02 ⑤ 최초의 신고·결정 또는 경정에서 과세표준과 세액의 계산근거가 된 거래 또는 행위 등이 그 거래·행위 등과 관련된 소송에 대한 판결(판결과 같은 효력을 가지는 화해나 그 밖의 행위를 포함)에 의하여 다른 것으로 확정된 경우의 제척기간은 판결이 확정된 날부터 1년이다.

03 ⑤ 납세자가 세법해석에 관한 질의·회신 등에 따라 신고·납부하였으나 이후 다른 과세처분을 하는 경우에는 가산세를 부과하지 아니한다.

04 ①

구분	세목	납세의무 성립시기	일자	순서
가	양도소득세	과세표준이 되는 금액이 발생한 달의 말일	2023. 3. 31.	1
나	종합소득세	과세기간이 끝나는 때	2023. 12. 31.	4
다	중간예납하는 법인세	중간예납기간이 끝나는 때	2023. 6. 30.	2
라	수입하는 부가가치세	수입신고하는 때	2023. 9. 30.	3

05 ④ 관할세무서장은 다음의 어느 하나에 해당하는 사유가 있는 경우에는 연기한 기간이 만료되기 전에 조사를 개시할 수 있다.
ⓙ 세무조사연기 사유가 소멸한 경우
ⓛ 조세채권을 확보하기 위하여 조사를 긴급히 개시할 필요가 있다고 인정되는 경우

06 ③ ① 국내사업장 유무는 내국법인과 외국법인의 구분기준이 아니다.
② 국가나 지방자치단체조합은 법인세 납세의무자가 아니다.
④ 비영리법인은 외국법인·내국법인 불문하고 청산소득에 대한 법인세 납세의무가 없다.
⑤ 완전모법인의 납세지 관할지방국세청장의 승인을 받아야 한다.

07 ④ 수익자가 특별히 정하여지지 아니하거나 존재하지 아니하는 신탁 또는 위탁자가 신탁재산을 실질적으로 통제하는 등 대통령령으로 정하는 요건을 충족하는 신탁의 경우에는 신탁재산에 귀속되는 소득에 대하여 그 신탁의 위탁자가 법인세를 납부할 의무가 있다.

08 ②

내용	유보금액	비고
(1) 자본금과 적립금조정명세서(을) 기초잔액 합계(당기 중 추인된 항목은 없음)	1,000,000	
(3) 사외유출된 금액의 귀속자가 불분명하여 대표이사에게 상여로 처분하고 그에 관한 소득세를 대납하고 비용처리한 것		기타사외유출
(4) 비용으로 처리된 비업무용 토지에 대한 재산세		기타사외유출
(5) 기타포괄손익으로 처리된 공정가치측정 금융자산 평가이익	△200,000	[익금산입] (기타) [손금산입] (유보)
(6) 사업연도 종료일 현재 회계처리가 누락된 외상매출금	400,000	
(7) 피투자법인이 이익준비금을 자본전입함에 따라 수령한 무상주 액면가액	500,000	의제배당
(8) 자본잉여금으로 처리된 자기주식처분이익		[익금산입] (기타)
(9) 이월결손금보전에 충당한 자산수증이익(단, 자산수증이익은 국고보조금이 아님)		[익금불산입] (기타)
기말잔액	1,700,000	

09 ④

항목	익금산입	익금불산입
(1) 대표이사의 유가증권 저가매입	12,000,000	-
(2) 자기주식소각이익	-	-
(3) 국고보조금	-	-
(4) 이월결손금 보전충당	-	-
합계	12,000,000	-

* 국고보조금을 취득한 것은 자산수증이익으로 회계처리하더라도 이월결손금 보전에 충당할 수 없다.

10 ④

구분	대상배당금	지급이자 배제액	비율	익금불산입
㈜B	6,000,000	(30,000,000 - 15,000,000) × 3억/50억	100%	5,100,000
㈜D	3,000,000	(30,000,000 - 15,000,000) × 6억/50억	80%	960,000
합계액				6,060,000

㈜C로부터 수령한 배당금은 배당기준일로부터 소급한 3개월 이내 취득분이다.
재무상태표상 자산총액: 3,500,000,000 + 1,500,000,000 = 5,000,000,000

11 ④ 1. 접대비 해당액 = 100,000,000 + 20,000,000 = 120,000,000

법인이 그 사용인이 조직한 조합 또는 단체에 복리시설비를 지출한 경우 당해 조합이나 단체가 법인인 때에는 이를 접대비로 본다.

2. 접대비 한도초과액 = 120,000,000 - 15,000,000 = 105,000,000
   ① 판매비와 관리비 계상(복리후생비 포함): 90,000,000
   ② 건물 계상: 15,000,000
3. 건물 감액분 감가상각비
   [1단계] 5,000,000 × (15,000,000/200,000,000) = 375,000
   [2단계] 시부인 조정

구분	금액	근거
회사계상액	4,625,000	5,000,000 - 375,000
범위액	4,625,000	(200,000,000 - 15,000,000) × 0.05 × (6/12)
상각부인액		

12 ⑤ 1. 건물(정액법)

회사계상액			30,000,000
상각범위액			
취득원가	1,000,000,000		
즉시상각(누적)	0		
상각범위액	1,000,000,000	× 0.05 =	50,000,000
시인부족액			(20,000,000)

(1) 소액수선비 특례규정
   10,000,000 < Max[(1,000,000,000 - 320,000,000) × 5%, 6,000,000]
(2) 12기 손금부인액이 30,000,000 있으므로 손금추인한다.

2. 기계(정률법)

회사계상액			30,000,000
상각범위액			
취득원가	200,000,000		
즉시상각(당기)	-		
전기 말 감가상각누계	(134,000,000)		
전기 말 유보	8,000,000		
상각범위액	74,000,000	× 0.313 =	23,162,000
상각부인액			6,838,000

13 ④ 징벌적 손해배상금은 업무관련성과 관계없이 손금에 산입하지 않는다.

14 ④ [1단계] 회사계상액 - 상각범위액(정액법, 5년)

15,000,000 - 15,000,000* = 0

*100,000,000 × 1/5 × 9/12 = 15,000,000

[세무조정 사항 없음]

[2단계] 업무미사용금액 손금불산입

감가상각비	15,000,000
유지관련비용	10,000,000
합계	25,000,000
업무미사용비율	× (1 - 9,000/15,000)
손금불산입	10,000,000

[손금불산입] 업무무관비용 10,000,000 (상여)

[3단계] 감가상각비 이월액

15,000,000 × 60% - 8,000,000 × 9/12 = 3,000,000

[손금불산입] 감가상각비 연간 한도초과 3,000,000 (유보)

15 ④

계정과목	재무상태표상 장부가액	세무조정	세무상 장부가액
외화 매출채권	60,000,000	(-)10,000,000	50,000,000
상품	25,000,000	-	25,000,000
미수금	1,000,000	(-)1,000,000	-
합계	86,000,000	(-)11,000,000	75,000,000

재고자산의 파손, 부패로 인한 평가손실은 장부상 손금으로 계상한 경우에만 세무상 인정된다.

16 ④ ① 특수관계 여부는 거래행위 당시를 기준으로 한다.

② 부당행위 판정 시, 소액주주는 지분율이 1%에 미달하는 주주를 말한다. 지분율이 1%인 주주는 소액주주에 해당하지 아니하므로 부당행위계산의 부인 규정이 적용된다.

③ 비출자임원(소액주주 포함) 및 사용인에게 사택을 무상으로 제공한 경우에는 부당행위계산부인 규정을 적용하지 아니한다.

⑤ 주식의 경우 감정가액이 인정되지 아니한다.

17 ①

구분	감면후세액	최저한세	재계산
과세표준	250,000,000	250,000,000	250,000,000
× 세율	× t	× 7%	× t
산출세액	27,500,000	17,500,000	27,500,000
중소기업투자세액공제	(15,000,000)		(10,000,000)
감면 후 세액	12,500,000		17,500,000
연구인력개발비세액공제			(5,000,000)
외국납부세액공제			(11,000,000)*
결정세액			1,500,000

*외국납부세액공제 한도: 27,500,000 × (100,000,000/250,000,000) = 11,000,000

18 ⑤
1. ㈜을의 양도차익 = (2,000 × 500주 + 100,000) - (800,000 - 200,000) = 500,000
2. 주주 A의 의제배당금액 = (2,000 × 500주 + 100,000) - 200,000 = 900,000
3. ㈜갑의 합병매수차익 = (1,500,000 - 200,000) - (2,000 × 500주 + 100,000) = 200,000

19 ③
① 가산세는 분납대상이 아니다. 납부할 세액이 2천만원을 초과하는 경우에는 1/2을 분납할 수 있다.
→ 분납할 수 있는 세액: (30,000,000 - 2,000,000) × 50% = 14,000,000
② 세무서장은 법인이 휴업 또는 폐업상태에 있는 경우에도 법인세를 포탈할 우려가 있다고 인정되는 경우에는 수시로 그 법인에 대한 법인세를 부과할 수 있다.
④ 내국법인에게 지급하는 배당소득 중 투자신탁의 이익만 원천징수대상 소득에 해당한다.
⑤ 중소기업으로서 직전 사업연도의 산출세액을 기준으로 하는 방법에 따라 계산한 중간예납세액이 50만원 미만인 내국법인은 중간예납세액을 납부할 의무가 없다.

20 ⑤
다음의 신탁을 제외한 신탁의 이익은 「신탁법」 제2조에 따라 수탁자에게 이전되거나 그 밖에 처분된 재산권에서 발생하는 소득의 내용별로 구분한다.

> ㉠ 「법인세법」에 따라 신탁재산에 귀속되는 소득에 대하여 그 신탁의 수탁자가 법인세를 납부하는 신탁
> ㉡ 「자본시장과 금융투자업에 관한 법률」에 따른 투자신탁. 다만, 2024년 12월 31일까지는 집합투자기구로 한정한다.
> ㉢ 「자본시장과 금융투자업에 관한 법률」에 따른 집합투자업겸영보험회사의 특별계정

21 ④
① 고용관계 없이 주식매수선택권을 부여받아 이를 행사함으로서 얻는 이익은 기타소득으로 과세한다.
② 음식점업을 영위하는 사업자가 영업권을 부동산(토지 및 건물)과 함께 양도함으로써 발생하는 소득은 양도소득으로 과세한다.
③ 직장공제회 초과반환금(2003년 직장공제회에 최초로 가입하고 수령)은 이자소득으로 과세한다.
⑤ 계약의 위약 또는 해약으로 인하여 받는 소득으로서 부당이득 반환 시 지급받는 이자는 기타소득으로 과세한다.

22 ③

구분	이자	배당	비고
현금배당		10,000,000	배당결의일
국외배당		30,000,000	
예금이자	10,000,000		
소계	10,000,000	40,000,000	합계 2천만원 초과
출자공동사업배당		5,000,000	
합계	10,000,000	45,000,000	

금융소득금액: 55,000,000 + 10,000,000 × 11% = 56,100,000
• A사 배당금의 귀속시기는 잉여금처분결의일(배당결의일)이 속한 2022년이다.
• 감자차익을 자본에 전입함에 따라 수령한 무상주는 의제배당으로 보지 않는다. 자본전입결의일로부터 소급하여 2년 이내 발생한 것도 마찬가지이다. 자기주식소각이익과는 구분된다.

23 ⑤

구분	금액	비고
(1) 기본급	30,000,000	
(2) 인정상여	10,000,000	수입시기: 근로제공일
(3) 자가운전보조금	2,400,000	200,000 × 12개월
(4) 인정이자	3,000,000	중소기업이 아님
(5) 식대	2,400,000	현물식사만 비과세
(6) 육아휴직급여		비과세
합계	47,800,000	

24 ⑤ 공동사업장은 소득세의 신고 및 납부의무가 없다. 공동사업장에서 발생한 소득은 공동사업자에게 분배되기 때문이다.

25 ③

구분	공제 전 소득금액	[1] 일반사업 결손금	[2] 일반사업 이월결손금	[3] 부동산임대 이월결손금
		30,000,000	10,000,000	10,000,000
① 이자	25,000,000	△5,000,000		
② 배당	15,000,000	△7,000,000	△8,000,000	
③ 부동산임대	7,000,000	△7,000,000		
④ 일반사업	-			
⑤ 근로	8,000,000	△8,000,000		
⑥ 기타	3,000,000	△3,000,000		
합계		0	2,000,000	10,000,000

- 금융소득 중 14%의 세율이 적용되는 부분(종합과세기준금액)에서는 결손금 및 이월결손금을 공제할 수 없다.
- 종합과세기준금액을 계산할 때에는 이자소득부터 먼저 합산하기 때문에 회사의 종합과세기준금액은 이자소득금액 2천만원으로 구성되어 있다. 따라서 이자소득금액에서는 2천만원을 초과한 5,000,000원을 결손금으로 공제한다.

26 ⑤ 공적연금소득만 있거나 근로소득만 있는 경우에는 과세표준확정신고를 하지 아니할 수 있으나, 둘 다 있는 경우에는 과세표준확정신고를 하여야 한다.

27 ①　(1) 근속연수공제

　　① 근속연수: 2016. 1. 1. ~ 2023 3. 31. → 7년 2개월 30일 → 7년 3개월 → 8년

　　② 근속연수공제: 5,000,000 + 6,000,000 = 11,000,000

　　(2) 퇴직소득 산출세액

구분	금액	계산근거
환산급여	208,500,000	(150,000,000 - 11,000,000) × 12/8
환산급여공제	110,525,000	61,700,000 + (208,500,000 - 100,000,000) × 45%
과세표준	97,975,000	
산출세액	12,567,500	[15,360,000 + (97,975,000 - 88,000,000) × 35%] × 8/12

28 ③

내역	기타소득금액	원천징수세액	계산근거
(1) 주택입주 지체상금	300,000	60,000	1,500,000 × (1 - 80%)
(2) 상표권 대여료	400,000	80,000	1,000,000 × (1 - 60%)
(3) 지상권 설정대가	–	–	사업소득으로 과세함
(4) 서화 양도	14,000,000	2,800,000	10,000,000 + (120,000,000 - 100,000,000) × 20%
(5) 출제수당	100,000	20,000	250,000 × (1 - 60%)
(6) 복권당첨금	3,000,000	600,000	
(7) 배임수재 금품	5,000,000	–	
합계		3,560,000	

뇌물, 알선수재 및 배임수재에 의하여 받는 금품은 원천징수대상이 아니다.

29 ④　④ 이혼한 경우에도 이월과세 규정은 적용된다.

　　① 을이 납세의무자이다.

　　② 취득가액만 갑이 지출한 것으로 한다.

　　③ 이월과세가 적용되는 경우에는 을에게 증여세를 부과한다.

　　⑤ 이월과세가 적용되는 경우에는 연대납세의무가 없다.

30 ④　④ 가상자산은 재화로 보지 아니한다.

　　③ 은행이 면세사업자가 된다는 것은 순수하게 금융용역을 제공하는 것에 한한다.

제6회 정답 및 해설　**149**

6회

해커스 회계사 세법개론 실전동형모의고사

31 ③   1. 과세·면세 판정

구분	주택	상가
건물	200㎡	300㎡(60%)
부수토지	800㎡	1,200㎡(60%)

2. 총임대료: 3,000,000 × 2 = 6,000,000
3. 건물 및 토지 임대료 기준시가 안분
  ① 건물임대료: 6,000,000 × 150/400(기준시가비율) × 60%(상가비율) = 1,350,000
  ② 토지임대료: 6,000,000 × 250/400(기준시가비율) × 60%(상가비율) = 2,250,000
4. 과세표준: 6,000,000 × 60% = 3,600,000

32 ③   외교공관 등의 직원에게 공급하는 경우에만 상호주의 원칙을 적용하며, 외교공관에 직접 재화 또는 용역을 공급하는 경우 영세율을 적용하는 것은 상호주의 원칙에 관계없이 적용한다. (호혜주의)(「부가가치세법」 제25조 제2항)

33 ④

구분	과세표준	근거
건물	10,752,000	(50,000,000 + 10,000,000 - 4,000,000) × (1 - 5% × 4) × 24%
기계장치	3,600,000	30,000,000 × (1 - 25% × 2) × 24%
소형승용차		매입세액공제받지 않음
과세표준	14,352,000	

34 ③

구분	금액	근거
1. 적용대상 매입액	408,000,000	258,000,000 + 150,000,000(관세의 과세가격)
2. 공급가액 대비 한도액	550,000,000	1,100,000,000 × 50%
3. 대상액	408,000,000	
4. 공제율	2/102	
5. 의제매입세액공제액	8,000,000	

겸영사업자가 아니므로 기말재고액도 모두 의제매입세액공제대상이다.

35 ⑤   그 비거주자 또는 외국법인이 해당 외국의 개인사업자 또는 법인사업자임을 증명하는 서류를 제시하고 세금계산서 발급을 요구하는 경우에는 세금계산서를 발급하여야 한다.

36 ④ 1. 공급가액 안분

구분	감정평가가액	사용면적비율	구분
토지	405,000,000(45%)	-	면세
건물	495,000,000(55%)	3,900m²(65%)	면세(출판업)
		2,100m²(35%)	과세(임대업)

① 토지와 건물의 공급가액을 안분한 후, 건물의 공급가액 중 과세비율을 산정한다.
② 건물의 취득 시 사용면적의 비율에 따라 안분계산하여 매입세액공제받았으므로 해당 부동산을 공급하는 경우에는 공급가액을 기준으로 안분계산하지 아니하고 직전 과세기간의 사용면적비율에 따라 안분계산한다.
③ 부동산임대업에 따른 매출액 계산이 아니므로 부수토지 면적은 고려할 필요 없다.

2. 매출세액 = 500,000,000 × 55% × 35% × 10% = 9,625,000

37 ② 1. 과세기간별 과세, 면세비율 정리

과세기간	과세	면세	기준	비고
2023년 제1기	80%	20%	매입가액비율	-
2023년 제2기	75%	25%	공급가액비율	정산

2. 공통매입세액 정산
공통매입세액을 매입가액비율, 예정공급가액비율 또는 예정사용면적비율에 의하여 안분계산한 경우 그 정확성이 불안정하므로 이를 보완하기 위해 공통매입세액의 정산절차가 필요하다.

구분	임시비율	정산비율
① 매입가액비율	매입가액비율	실제 공급가액비율
② 공급가액비율	예정공급가액비율	
③ 사용면적비율	예정사용면적비율	실제 사용면적비율

3. 공통매입세액 정산액 4,000,000 × 80% - 4,000,000 × 75% = 200,000(납부)

38 ⑤ ⑤ 동일인으로부터 10년 이내 증여받은 재산은 합산한다. 따라서 10년 이내 증여받은 재산을 합하여 7억원이고 10년 이내 공제되는 증여재산공제가 6억원이므로 증여재산 과세표준은 1억원이다.
① 해당 증여일 전 10년 이내에 동일인(증여자가 직계존속인 경우에는 그 직계존속의 배우자를 포함)으로부터 받은 증여재산가액을 합친 금액이 1천만원 이상인 경우에는 그 가액을 증여세 과세가액에 가산한다.
② 증여자는 다음 중 어느 하나에 해당하는 경우에는 수증자가 납부할 증여세를 연대하여 납부할 의무가 있다.

> ㉠ 수증자의 주소나 거소가 분명하지 아니한 경우로서 증여세에 대한 조세채권을 확보하기 곤란한 경우
> ㉡ 수증자가 증여세를 납부할 능력이 없다고 인정되는 경우로서 강제징수를 하여도 증여세에 대한 조세채권을 확보하기 곤란한 경우
> ㉢ 수증자가 비거주자인 경우

③ 증여세 과세표준 신고기한(6월 30일)까지 증여자에게 반환하는 경우에는 처음부터 증여가 없었던 것으로 본다.
④ 증여세 과세표준 신고기한이 지난 후 3개월 이내에 증여자에게 반환하거나 증여자에게 다시 증여하는 경우에는 그 반환하거나 다시 증여하는 것에 대해서는 증여세를 부과하지 아니한다.

39 ②

구분	금액	근거
상속재산가액	1,050,000,000	
의제상속재산가액	200,000,000	보험금, 퇴직금, 신탁재산
추정상속재산		
사전증여재산가액	50,000,000	증여 당시의 시가(상속인 외의 자는 5년 이내 합산)
비과세상속재산가액		
과세가액불산입		
과세가액공제액	(-)110,000,000	5,000,000 + Min(8,000,000, 5,000,000) + 100,000,000(채무)
상속세과세가액	1,190,000,000	
상속공제	(-)1,020,000,000	1,000,000,000(배우자공제, 일괄공제) + 100,000,000 × 20%
상속세 과세표준	170,000,000	

40 ③ 비조합원용 부동산의 취득은 조합이 취득한 것으로 본다. 따라서 주택조합이 취득세 납세의무를 진다.

Ⅲ 해커스 경영아카데미

답안 작성 유의사항

1. 답안지는 반드시 "컴퓨터용 사인펜"을 사용하여 예시와 같이 바르게 표시하여야 합니다.

   올바른 예시 ●(O)   잘못된 예시 ◐ ⊗ ⊙ (X)

2. 성명란은 한글로 수험자 본인의 성명을 정자체로 기입하고 해당란에 표기합니다.

3. 응시번호란은 숫자로 기입하고 해당란에 표기합니다.

4. 답안지는 표기한 것을 고칠 수 없으며, 긁거나 구김 등으로 인한 답안란의 불가 등 불이익은 수험자의 귀책사유입니다.

5. 그 밖의 자세한 내용은 감독관의 지시에 따르며, 정당한 지시에 불응할 시 퇴실조치 될 수 있습니다.

성 명

[필적 감정용 기재란]
(예시) 본인은 위 응시자와 동일인임을 확인함

문제 책형 ② ●
형

※ 감독관 기재란
수험번호
문제책형
감독관인

응시번호

코드

성 명 (좌측부터 차례대로 표기)

상 별 표기란 (문번 1~20)

세 별 계 표 (문번 1~40)

② 교시 ( )년도 시행 제( )회 공인회계사 자격시험 제1차 시험답안지

답안 작성 유의사항

1. 답안지는 반드시 "컴퓨터용 사인펜"을 사용하여 예시와 같이 바르게 표시하여야 합니다.

   올바른 예시 ● (O)   잘못된 예시 ◐ ⊗ ⊘ (X)

2. 성명란은 한글로 수험자 본인의 성명을 정자체로 기입하고 해당란에 표기합니다.

3. 응시번호란은 숫자로 기입하고 해당란에 표기합니다.

4. 답안지는 표기한 것을 고칠 수 없으며, 긁거나 구김 등으로 인한 답안판독 불가 등을 붙이는 수험자의 책임사유입니다.

5. 그 밖의 자세한 내용은 감독권의 지시에 따르며, 정당한 지시에 불응 시 퇴실조치 될 수 있습니다.

해커스 경영아카데미

성 명

[필적 감정용 기재란]
(예시) 본인은 위 응시자와 동일인임을 확인함

문제 책 형   ② ●
형

※ 감독관 기재란
수험어번호
문제책형
감독관확인

코드

응시번호

성 명
(좌측부터 차례대로 표기)

상 벌

세 별 개 로

② 교시 ( )년도 시행 제( )회 공인회계사 자격시험 제1차 시험답안지

해커스 경영아카데미

답안 작성 유의사항

1. 답안지는 반드시 "컴퓨터용 사인펜" 을 사용하여 예시와 같이 바르게 표시하여야 합니다.
   올바른 예시　●(O)　　잘못된 예시　◑ ⊗ ⓥ ⊘ (X)
2. 성명란은 한글로 수험자 본인의 성명을 정자체로 기입하고 해당란에 표기합니다.
3. 응시번호란은 숫자로 기입하고 해당란에 표기합니다.
4. 답안지는 표기한 것을 고칠 수 없으며, 긁거나 구김 등으로 인한 답안란독 불가 등 불이익은 수험자의 귀책사유입니다.
5. 그 밖의 자세한 내용은 감독관의 지시에 따르며, 정당한 지시에 불응 시 퇴실조치 될 수 있습니다.

성 명

응 시 번 호

코 드

성 명
(좌측부터 차례대로 표기)

성 별 / 세 별 개 론

문번	표기란
1	① ② ③ ④ ⑤
2	① ② ③ ④ ⑤
3	① ② ③ ④ ⑤
4	① ② ③ ④ ⑤
5	① ② ③ ④ ⑤
6	① ② ③ ④ ⑤
7	① ② ③ ④ ⑤
8	① ② ③ ④ ⑤
9	① ② ③ ④ ⑤
10	① ② ③ ④ ⑤
11	① ② ③ ④ ⑤
12	① ② ③ ④ ⑤
13	① ② ③ ④ ⑤
14	① ② ③ ④ ⑤
15	① ② ③ ④ ⑤
16	① ② ③ ④ ⑤
17	① ② ③ ④ ⑤
18	① ② ③ ④ ⑤
19	① ② ③ ④ ⑤
20	① ② ③ ④ ⑤
21	① ② ③ ④ ⑤
22	① ② ③ ④ ⑤
23	① ② ③ ④ ⑤
24	① ② ③ ④ ⑤
25	① ② ③ ④ ⑤
26	① ② ③ ④ ⑤
27	① ② ③ ④ ⑤
28	① ② ③ ④ ⑤
29	① ② ③ ④ ⑤
30	① ② ③ ④ ⑤
31	① ② ③ ④ ⑤
32	① ② ③ ④ ⑤
33	① ② ③ ④ ⑤
34	① ② ③ ④ ⑤
35	① ② ③ ④ ⑤
36	① ② ③ ④ ⑤
37	① ② ③ ④ ⑤
38	① ② ③ ④ ⑤
39	① ② ③ ④ ⑤
40	① ② ③ ④ ⑤

성 명

[필적 감정용 기재란]
(예시) 본인은 위 응시자와 동일인임을 확인함

문 제 책 형　②　●　형

※ 감독관 기재란

시험 수험번호
문제 책형
감독관 확인

② 교시 ( )년도 시행 제( )회 공인회계사 자격시험 제1차 시험답안지

컴퓨터용 사인펜만 사용

답안 작성 유의사항

올바른 예시 ●(O)   잘못된 예시 ● ◉ ⊗ ⊘ (X)

1. 답안지는 반드시 "컴퓨터용 사인펜"을 사용하여 예시와 같이 바르게 표시하여야 합니다.

2. 성명란은 한글로 수험자 본인의 성명을 정자체로 기입하고 해당란에 표기합니다.

3. 응시번호란은 숫자로 기입하고 해당란에 표기합니다.

4. 답안지는 표기한 것을 고칠 수 없으며, 긁거나 구김 등으로 인한 답안판독 불가 등 불이익은 수험자의 귀책사유입니다.

5. 그 밖의 자세한 내용은 감독관의 지시에 따르며, 정당한 지시에 붙음 시 퇴실조치 될 수 있습니다.

	상 법		세 법 개 론		
문번	표기란	문번	표기란	문번	표기란
1	① ② ③ ④ ⑤	21	① ② ③ ④ ⑤	1	① ② ③ ④ ⑤	21	① ② ③ ④ ⑤

응 시 번 호

코드

성 명
(좌측부터 차례대로 표기)

Ħ 해커스 경영아카데미

성 명

[필적 감정용 기재란]
(예시) 본인은 위 응시자와
동일인임을 확인함

문 제 책 형
형   ② ●

※ 감독관 기재란

수 험 생 확 인
문 제 책 형
감 독 관 확 인

② 교시 ( )년도 시행 제( )회 공인회계사 자격시험 제1차 시험답안지

컴퓨터용 사인펜만 사용

해커스 경영아카데미

답안 작성 유의사항

1. 답안지는 반드시 "컴퓨터용 사인펜"을 사용하여 예시와 같이 바르게 표시하여야 합니다.

　올바른 예시　 ● (O)　　잘못된 예시　 ◐ ⊗ ⊙ ⊘ (X)

2. 성명란은 한글로 수험자 본인의 성명을 정자체로 기입하고 해당란에 표기합니다.

3. 응시번호란은 숫자로 기입하고 해당란에 표기합니다.

4. 답안지는 표기한 것을 고칠 수 없으며, 긁거나 구김 등으로 인한 답안란은 불가
　　등 불이익은 수험자의 귀책사유입니다.

5. 그 밖의 자세한 내용은 감독관의 지시에 따르며, 정당한 지시에 따르지 않을 시 퇴실조치
　　될 수 있습니다.

응 시 번 호

코드

상 란

문번	표기란	문번	표기란
1	① ② ③ ④ ⑤	21	① ② ③ ④ ⑤
2	① ② ③ ④ ⑤	22	① ② ③ ④ ⑤
3	① ② ③ ④ ⑤	23	① ② ③ ④ ⑤
4	① ② ③ ④ ⑤	24	① ② ③ ④ ⑤
5	① ② ③ ④ ⑤	25	① ② ③ ④ ⑤
6	① ② ③ ④ ⑤	26	① ② ③ ④ ⑤
7	① ② ③ ④ ⑤	27	① ② ③ ④ ⑤
8	① ② ③ ④ ⑤	28	① ② ③ ④ ⑤
9	① ② ③ ④ ⑤	29	① ② ③ ④ ⑤
10	① ② ③ ④ ⑤	30	① ② ③ ④ ⑤
11	① ② ③ ④ ⑤	31	① ② ③ ④ ⑤
12	① ② ③ ④ ⑤	32	① ② ③ ④ ⑤
13	① ② ③ ④ ⑤	33	① ② ③ ④ ⑤
14	① ② ③ ④ ⑤	34	① ② ③ ④ ⑤
15	① ② ③ ④ ⑤	35	① ② ③ ④ ⑤
16	① ② ③ ④ ⑤	36	① ② ③ ④ ⑤
17	① ② ③ ④ ⑤	37	① ② ③ ④ ⑤
18	① ② ③ ④ ⑤	38	① ② ③ ④ ⑤
19	① ② ③ ④ ⑤	39	① ② ③ ④ ⑤
20	① ② ③ ④ ⑤	40	① ② ③ ④ ⑤

세 별 개 론

문번	표기란	문번	표기란
1	① ② ③ ④ ⑤	21	① ② ③ ④ ⑤
2	① ② ③ ④ ⑤	22	① ② ③ ④ ⑤
3	① ② ③ ④ ⑤	23	① ② ③ ④ ⑤
4	① ② ③ ④ ⑤	24	① ② ③ ④ ⑤
5	① ② ③ ④ ⑤	25	① ② ③ ④ ⑤
6	① ② ③ ④ ⑤	26	① ② ③ ④ ⑤
7	① ② ③ ④ ⑤	27	① ② ③ ④ ⑤
8	① ② ③ ④ ⑤	28	① ② ③ ④ ⑤
9	① ② ③ ④ ⑤	29	① ② ③ ④ ⑤
10	① ② ③ ④ ⑤	30	① ② ③ ④ ⑤
11	① ② ③ ④ ⑤	31	① ② ③ ④ ⑤
12	① ② ③ ④ ⑤	32	① ② ③ ④ ⑤
13	① ② ③ ④ ⑤	33	① ② ③ ④ ⑤
14	① ② ③ ④ ⑤	34	① ② ③ ④ ⑤
15	① ② ③ ④ ⑤	35	① ② ③ ④ ⑤
16	① ② ③ ④ ⑤	36	① ② ③ ④ ⑤
17	① ② ③ ④ ⑤	37	① ② ③ ④ ⑤
18	① ② ③ ④ ⑤	38	① ② ③ ④ ⑤
19	① ② ③ ④ ⑤	39	① ② ③ ④ ⑤
20	① ② ③ ④ ⑤	40	① ② ③ ④ ⑤

성 명 (좌측부터 차례대로 표기)

성 명

[필적 감정용 기재란]
(예시) 본인은 위 응시자와 동일인임을 확인함

문 제 책 형　②　●　형

※ 감독관 기재란

수험번호
문제책형
감독관확인

컴퓨터용 사인펜만 사용

답안 작성 유의사항

1. 답안지는 반드시 "컴퓨터용 사인펜"을 사용하여 예시와 같이 바르게 표시하여야 합니다.

   올바른 예시　●(O)　　잘못된 예시　◐ ⊙ ⊗ ⊘(X)

2. 성명란은 한글로 수험자 본인의 성명을 정자체로 기입하고 해당란에 표기합니다.

3. 응시번호란은 숫자로 기입하고 해당란에 표기합니다.

4. 답안지는 표기한 것을 고칠 수 없으며, 긁거나 구김 등으로 인한 답안란도 불가 등으로 인한 수험자의 귀책사유입니다.

5. 그 밖의 자세한 내용은 감독관의 지시에 따르며, 정당한 지시에 불응 시 퇴실조치 될 수 있습니다.

코드

⓪	⓪	⓪	
①	①	①	
②	②	②	
③	③	③	
④	④	④	
⑤	⑤	⑤	
⑥	⑥	⑥	
⑦	⑦	⑦	
⑧	⑧	⑧	
⑨	⑨	⑨	

응시번호

성명 (좌측부터 차례대로 표기)

상 별

문번	표기란	문번	표기란
1	①②③④⑤	21	①②③④⑤
2	①②③④⑤	22	①②③④⑤
3	①②③④⑤	23	①②③④⑤
4	①②③④⑤	24	①②③④⑤
5	①②③④⑤	25	①②③④⑤
6	①②③④⑤	26	①②③④⑤
7	①②③④⑤	27	①②③④⑤
8	①②③④⑤	28	①②③④⑤
9	①②③④⑤	29	①②③④⑤
10	①②③④⑤	30	①②③④⑤
11	①②③④⑤	31	①②③④⑤
12	①②③④⑤	32	①②③④⑤
13	①②③④⑤	33	①②③④⑤
14	①②③④⑤	34	①②③④⑤
15	①②③④⑤	35	①②③④⑤
16	①②③④⑤	36	①②③④⑤
17	①②③④⑤	37	①②③④⑤
18	①②③④⑤	38	①②③④⑤
19	①②③④⑤	39	①②③④⑤
20	①②③④⑤	40	①②③④⑤

세 별 개 론

문번	표기란	문번	표기란
1	①②③④⑤	21	①②③④⑤
2	①②③④⑤	22	①②③④⑤
3	①②③④⑤	23	①②③④⑤
4	①②③④⑤	24	①②③④⑤
5	①②③④⑤	25	①②③④⑤
6	①②③④⑤	26	①②③④⑤
7	①②③④⑤	27	①②③④⑤
8	①②③④⑤	28	①②③④⑤
9	①②③④⑤	29	①②③④⑤
10	①②③④⑤	30	①②③④⑤
11	①②③④⑤	31	①②③④⑤
12	①②③④⑤	32	①②③④⑤
13	①②③④⑤	33	①②③④⑤
14	①②③④⑤	34	①②③④⑤
15	①②③④⑤	35	①②③④⑤
16	①②③④⑤	36	①②③④⑤
17	①②③④⑤	37	①②③④⑤
18	①②③④⑤	38	①②③④⑤
19	①②③④⑤	39	①②③④⑤
20	①②③④⑤	40	①②③④⑤

해커스 경영아카데미

성명

[필적 감정용 기재란]
(예시) 본인은 위 응시자와 동일인임을 확인함

문제책형　●②
형

※ 감독관 기재란
수험번호
문제책형
감독관확인

해커스
회계사
세법개론 실전동형모의고사

개정 2판 1쇄 발행 2023년 1월 31일

지은이	원재훈
펴낸곳	해커스패스
펴낸이	해커스 경영아카데미 출판팀

주소	서울특별시 강남구 강남대로 428 해커스 경영아카데미
고객센터	02-566-0001
교재 관련 문의	publishing@hackers.com
학원 강의 및 동영상강의	cpa.Hackers.com

ISBN	979-11-6880-906-2 (13320)
Serial Number	02-01-01

**회계사 · 세무사 · 경영지도사
단번에 합격,**
해커스 경영아카데미 cpa.Hackers.com

ⅢⅡ 해커스 경영아카데미

- 원재훈 교수님의 **본 교재 인강** (교재 내 할인쿠폰 수록)
- **공인회계사 기출문제, 시험정보/뉴스** 등 추가학습 콘텐츠
- 선배들의 성공 비법을 확인하는 **시험 합격후기**